赢在流程

华为高效管理之道

孙伟 王兴桥 著

电子工业出版社
Publishing House of Electronics Industry
北京·BEIJING

未经许可，不得以任何方式复制或抄袭本书之部分或全部内容。
版权所有，侵权必究。

图书在版编目（CIP）数据

赢在流程 ：华为高效管理之道 / 孙伟，王兴桥著 .
北京 ：电子工业出版社，2025. 7. -- ISBN 978-7-121
-50560-7

Ⅰ . F632.765.3

中国国家版本馆 CIP 数据核字第 2025758PY2 号

责任编辑：王欣怡　　　文字编辑：刘　甜
印　　　刷：三河市良远印务有限公司
装　　　订：三河市良远印务有限公司
出版发行：电子工业出版社
　　　　　北京市海淀区万寿路 173 信箱　　邮编：100036
开　　本：720×1000　1/16　印张：23　字数：366 千字
版　　次：2025 年 7 月第 1 版
印　　次：2025 年 7 月第 1 次印刷
定　　价：78.00 元

凡所购买电子工业出版社图书有缺损问题，请向购买书店调换。若书店售缺，请与本社发行部联系，联系及邮购电话：(010) 88254888，88258888。
质量投诉请发邮件至 zlts@phei.com.cn，盗版侵权举报请发邮件至 dbqq@phei.com.cn。
本书咨询联系方式：424710364（QQ）。

编委成员

华为已经成为一种现象，成为众多中国企业学习的标杆，对华为的研究，某种意义上也是对中国企业经营管理的研究。德石羿咨询始终致力于对企业标杆管理实践与经营哲学的研究与应用，并将其成功转化为可复制的方法论和工具，深度应用于项目服务实践，沉淀出了以SDBE战略领先模型为核心的系列课题成果。

本课题是德石羿ITSP项目组将华为流程管理、数字化转型经验与众多客户企业需求进行深度融合实践后萃取的理论成果，引用案例多来自项目实践。本课题的研究获得了多位流程管理研究专家、企业管理者等多方面的支持和帮助，他们为本书的内容贡献了自己的智慧，在此向他们致以诚挚敬意和衷心感谢。

孙　伟　前华为人，流程变革专家、供应链及服务体系变革专家、数字化转型专家

王兴桥　前华为人，CBG解决方案架构师、变革&质量运营体系专家、IT产品经理

尹立国　前华为人，研发技术与产品专家、财经技术与数据专家、数字化转型专家

周巧合　前华为人，业务战略规划资深顾问、营销管理专家、流程重构专家

姜志强　前华为人，数字化转型专家、企业数据治理专家

胡春晖　前华为人，流程变革专家、数字化转型专家、六西格玛黑带

曹　勇　前华为人，IT产品经理、4A应用架构与解决方案设计专家

邓　珊　前华为人，流程内控专家、财经变革解决方案专家

付海涛　前华为人，流程变革专家、供应链变革解决方案专家

刘　健　流程架构专家、生产现场管理专家、全面质量管理专家

前 言
FOREWORD

笔者有幸在华为任职15年，历经华为流程与IT变革和数字化转型，见证了华为不断地在变革中成长、发展与壮大，从一家本土小型民营企业变身为一家以流程立身的国际化企业。近年来，外界一直在学习华为的流程管理，希望能够借鉴华为的先进管理经验做大、做强、做优。那么效果如何？这个问题直到笔者离开华为，进入咨询领域，为许多企业做流程变革后才有了真正的答案。一些企业领导者和高层提出："我们对华为的集成产品开发（Integrated Product Development，IPD）很感兴趣，对其流程也十分感兴趣，帮我们做华为那样的流程。"我说，向华为等标杆企业学习没有问题，这可以让企业快速获得经验和方法，但若只追求照搬照抄，并想取得立竿见影的效果是不现实的。1998年，华为学习IBM的IPD时，任正非提出削足适履，穿上"美国鞋"，表明向先进企业学习的决心。但华为并不是简单地照搬照抄，与此跟进的还有相应的举措，邀请上百名IBM顾问深入华为分析现状，将IBM的先进方案、管理经验有序落地于华为；同时任正非为扫清一切变革阻碍，建立新的管理体系、调整组织及业务、建立变革文化等。而这也是华为获得快速发展，做大、做强、做优的关键所在。

笔者结合多年流程变革咨询服务经验，以及在华为等标杆企业参与流程体系建设的经验，总结并提炼了六大主要影响流程变革的因素。

第一，保持业务战略方向的正确。正确的业务战略是流程长期、有效执行的保障。企业的业务战略朝令夕改，使得流程频繁调整，最终人人都会厌恶流程、抵制流程。华为的战略一旦确定就会保持3年左右的稳定期，流程架构也相对稳定，流程建设接受度也较高。

第二，流程变革要以客户为中心。华为在流程建设中，始终坚持以客户为中心，通过对标业界标杆，如爱立信、IBM等世界级企业，不断优化自身的业务流，实现了业务的高效运转。如今，华为每年在LTC流程中流转的资金就多达千亿美元。可见，流程的每一步改进，都会对企业的财务状况产生深远影响。

第三，流程、组织与IT集成，支撑战略及业务目标的实现。对于企业来说，要想正确执行战略，实现战略及业务目标，就必须确保业务成功；业务成功需要企业将业务装进流程的"管道"，因为流程是业务逻辑的实际体现路径。华为已经建设了包括集成产品开发、财经变革（Integrated Financial Services，IFS）、从问题到解决（Issue To Resolved，ITR）、从线索到机会（Leads To Cash，LTC）等十七大流程，覆盖了企业的全业务。

同时，企业围绕流程来建设组织，保障流程体系的高效运行。正如华为内部所言："组织与流程，应像眼镜蛇一样，蛇头不断地追随目标摆动，拖拽整个蛇身随之而动，相互的关节并不因摆动而不协调。"

流程要跑得快，需要IT系统的支撑。IT系统是流程执行的支撑，其建设规划从流程开始，为流程服务，因流程而架构其功能，促进流程正确、高效且高质量输出。

第四，需要一把手旗帜鲜明、坚定不移地领导变革。企业的CEO和高管必须对流程变革项目作出承诺，且深度参与。他们是变革的发起者、领导者与捍卫者，要将流程变革的规划告知全体员工。历史上著名的变革：商鞅变法、张居正改革（又称万历中兴），背后都有一个热烈拥抱变革的"老板"。商鞅的背后是秦孝公，张居正的背后是万历皇帝。

在20多年前的一次管理变革讨论中，IBM询问任正非是否已有全面变革的决心。IBM指出，大多数西方企业并没有真正准备进行变革，因为变革往往意味着自我革新,而真正能够成功实现变革的企业在全球范围内都是屈指可数的。它们的成功离不开企业高层变革的决心。

第五,消除变革阻力,团结利益相关者。笔者在做流程变革咨询时发现,虽然一些企业遭受挫折,但好消息是这些企业都有积极变革的决心。这对流程变革至关重要。在华为,有能力、有责任心的干部才是流程变革的利益相关者。流程变革过程也是一个筛选过程,把志同道合的人筛出来,把反对的人剔除。这样变革的队伍越滚越大,形成良性循环,更高效地推动流程变革,提升企业战斗力。

第六,流程变革要有战略耐心。变革不是一蹴而就的,也无法毕其功于一役,企业一旦启动变革就要把变革作为一项战略任务去抓,流程变革亦如此。从1998年到2023年,华为每年将营收的1.5%~2%投入流程、数字化建设上,至今依然看不到结束的那一天。20多年如一日,华为通过在流程与数字化等管理体系建设上投入的确定性应对管理改进中的不确定性。

为了更好地帮助企业构建简洁、高效、统一、支撑战略目标达成的流程管理体系,锻造并强化企业的核心竞争力,从而更好地持续为客户创造价值,实现企业的经营目标与商业成功。笔者结合为美宜佳、台铃、万华化学等数十家千亿级企业提供流程变革咨询服务的经验,并融合华为、IBM等世界级企业的流程体系建设理念与实践,用6大篇15章对企业成功的流程之道进行解密。

第一篇 理念思想篇:从流程文化与流程定位出发,阐述组织、战略与流程的关系,揭示企业开展流程变革的底层逻辑;

第二篇 顶层设计篇:对齐战略,规划并设计分层分级的流程架构,从全局视角看清企业的业务全貌,以更好支撑企业战略及经营目标的达成;

第三篇 运营管理篇:瞄准业务目标,周而复始地运转,创造价值,涵盖流程推行、流程质量管理、流程绩效管理等内容;

第四篇 持续改进篇:通过流程问题评估、运作质量评估及成熟度评估，客观分析流程现状与客户期望值及与竞争对手的差距，并以"多产粮食、增加土地肥力"为导向，优化升级流程体系；

第五篇　支撑平台篇：建立流程管理组织，主导和协同企业流程变革，并就流程信息化、数字化建设与转型进行简要论证与说明；

第六篇　变革管理篇：结合德石羿开展的流程变革咨询项目实践，提炼并总结成功开展流程变革的时机、路径与节奏等。

本书不但有流程体系建设的理论、方法与工具，还配有笔者所服务企业的流程变革咨询案例。通过案例的生动演绎，让企业经营者和管理者摆脱迷茫，理解流程变革的底层逻辑，掌握流程变革的方法论。

衷心希望本书及其工具、方法能让读者朋友们有所启发，并提供切实有效的帮助。因为笔者水平有限，若您有有益的建议，恳请不吝指正。

目录
CONTENTS

第一篇 理念思想篇

第1章
流程文化：打造高绩效的流程化组织，从人治走向法治 / 003

1.1 用流程解放管理，打造企业持续增长的经营能力 / 004
1.2 企业管理的最高目标：打造不依赖个人的流程化组织 / 012

第2章
流程定位：是执行业务的规则和路径，是组织价值创造的机制 / 023

2.1 流程是金钱和教训换来的最佳实践，是核心战略资产 / 024
2.2 流程管理：让企业的"血管"更加坚韧，高效创造价值 / 035
2.3 案例：业务流程持续建设促进华为业务高速发展 / 041

第二篇
顶层设计篇

第3章
业务架构：对齐战略，设计面向未来的业务架构蓝图 / 055

3.1 业务架构是企业治理结构、业务能力与价值链的正式蓝图 / 056

3.2 遵循业务架构设计理念与原则，确保"一张蓝图"绘到底 / 062

3.3 以客户为核心，设计业务架构，有效沟通业务与IT / 067

第4章
流程架构规划：战略承接，价值流牵引，端到端拉通 / 079

4.1 内涵价值：一张业务蓝图，清晰反映企业业务概貌 / 080

4.2 体系化：建立分层分级的流程架构，支撑战略目标达成 / 086

4.3 统一规划流程架构，沿着客户端到端拉通 / 094

4.4 让最懂业务的人来建流程架构，让最懂方法的人来引导 / 100

第5章
流程架构设计：把价值流和业务能力落到可执行层面 / 105

5.1 流程架构设计要与企业战略和业务需求适配 / 106

5.2 按照流程架构设计的标杆对照法，设计企业流程蓝图 / 110

5.3 端到端流程集成，评审发布流程架构 / 120

第6章
流程建设：流程过程资产管理，保障便于理解与执行 / 127

6.1 流程设计：聚焦客户价值链，设计高效的业务流程 / 128

6.2 将流程制度化、文本化，保证权威性 / 135

6.3 流程标准文件化，确保流程的准确性和高质量执行 / 138

6.4 流程图：可视化描述流程参与角色与活动逻辑 / 145

第三篇
运营管理篇

第7章
流程运营：瞄准业务目标，周而复始地运转并达成目标 / 155

7.1 流程运营创造价值，提升业务效率，管控全程风险 / 156

7.2 流程推行：练拳不练功，到老一场空 / 160

7.3 流程赋能与宣贯：让流程深入人心并得到切实执行 / 172

第8章
流程质量：质量是企业核心竞争力，必须构筑在流程中 / 179

8.1 将质量要求落实到流程中，一张皮运作 / 180

8.2 内控必须构筑在流程中，保障企业高质量发展 / 187

第9章
流程绩效：让流程充满活力，持续提升业务效率 / 195

9.1 流程绩效反映流程的核心竞争力，与业务绩效并存 / 196
9.2 设置流程绩效指标体系，衡量并落实业务流程目标 / 202
9.3 流程绩效评价：监控流程绩效，让流程绩效提升有的放矢 / 208
9.4 综合分析流程绩效结果，促进流程持续改进 / 212

第四篇
持续改进篇

第10章
流程评估：深化洞察，疏通堵点，让流程更加高效 / 219

10.1 定期监控与检查流程，确保流程更具合理性与有效性 / 220
10.2 流程管理利器：不同流程成熟度模型的解密 / 226

第11章
流程优化：对准客户需求，导向多产粮食，增加土地肥力 / 235

11.1 不可持续的就不能永恒，烦琐的管理哲学要简化 / 236
11.2 流程优化要以提高一线战斗力为宗旨 / 240
11.3 持续优化，让企业赢得持久的竞争优势 / 248

第五篇
支撑平台篇

第12章
流程组织：明晰流程管理的运作机制，形成闭环管理 / 261

12.1 高效流程需要组织支撑，建立流程运作管理组织 / 262
12.2 流程管理中的"名角"协同作战，管好流程 / 270
12.3 建立对事负责的流程责任制，真正做到无为而治 / 279

第13章
流程平台：搭建完善的流程信息化平台，支撑业务高效运作 / 289

13.1 加强企业的信息化建设，打造流程高铁 / 290
13.2 流程与信息化治理策略、核心理念与治理模式 / 298
13.3 以流程为导向，建设流程IT系统，提高流程效能 / 302

第14章
流程数字化：让流程更敏捷，服务更高效，成本更低廉 / 311

14.1 流程是数字化转型的根本：没有流程，数字化无从谈起 / 312
14.2 用数字化来重构业务流程，提升客户体验，赢得客户 / 318
14.3 流程数字化：持续提高组织效率，增强企业核心竞争力 / 321

第六篇
变革管理篇

第15章
流程变革：以战略为指引，以客户为中心，反映业务本质 / 329

15.1 SDBE战略指引：构建从战略到执行的流程化组织能力 / 330

15.2 流程变革时机与导向：聚焦战略目标，指向作战和胜利 / 333

15.3 流程变革思想：打造混凝土团队，保障价值产出 / 339

15.4 掌握变革的强度和节奏，支撑业务稳健发展 / 345

参考资料 / 353

FIRST ARTICLE

第一篇

理念思想篇

第1章
流程文化：打造高绩效的流程化组织，从人治走向法治

组织是匹配业务的，业务发生一定的变化，组织也会有相应调整，不同的组织架构模式所呈现的战斗力是不同的。高水平的组织架构就好比核裂变，能让组织爆发"蘑菇云"的能量。

战略决定业务，业务决定流程，流程决定组织，组织匹配客户。为了让组织发挥最大力量，企业要建设客户导向的流程化组织，实现组织运作与个人行为的流程化、标准化、协同化，摆脱对"能人"的依赖，真正实现从人治转向法治，在企业内部营造以客户为中心的流程文化。

1.1
用流程解放管理，打造企业持续增长的经营能力

面对当前供给过剩和宏观经济增速放缓的挑战，叠加数字化、智能化等新技术变革，许多产业已经进入存量、减量竞争时代，企业也陷入所谓的"红海市场"，极度内卷，面临机会稀缺、增长困难、盈利艰难的局面。

然而，华为、美的等标杆企业依然能在寒冬中有质量地可持续增长，关键在于它们将流程视作组织的核心竞争力，通过构建卓越的流程体系，用流程的确定性应对客户需求的不确定性，实现高效运营，从而在行业中保持遥遥领先。

1.1.1 客户永远是企业之魂，而流程让企业之魂永存

企业的生命不是企业家的生命。西方企业已实现了企业家的更替，不影响企业的发展。在中国，许多企业的存续仍与企业家个人紧密相关，一旦企业家离开或更换，企业生命也随之结束。**企业要建立以客户为中心、以生存为底线的管理体系**，而不是依赖企业家个人的决策。一旦管理体系规范化并有效运作，企业之魂将从企业家个人转变为客户需求。客户是持久存在的，这个魂是持久存在的，从而确保企业的持续发展与生命力。

简言之，客户是企业存在的根本，也是企业竞争力的核心。企业需要通过深入分析客户需求，识别并满足客户的真正需求，从而提供超越客户期望的产品和服务，为客户持续创造价值。

第 1 章　流程文化：打造高绩效的流程化组织，从人治走向法治

【案例】技术与客户需求脱节之殇：柔宇科技从巅峰走向破产

2024年11月18日，柔宇科技因资不抵债，宣告正式破产。要知道，柔宇科技作为昔日备受瞩目的独角兽企业、折叠屏手机"鼻祖"，市场估值在2020年达到500亿元，进入"2020中国新经济独角兽200强榜单"的前12名，创始人刘自鸿则以145亿元身价位列"胡润百富榜"第376名。

柔宇科技之所以走向破产，主要原因之一是未充分关注客户需求。譬如，它生产的FlexPai柔派折叠屏手机等产品没有考虑到消费者对折叠屏手机的实用性、耐用性及价格敏感度等的诉求。

过度专注于柔性显示技术的突破，却忽视了市场对于产品形态、功能、成本等方面的接受底线。最终结果是产品尽管有技术亮点，但是很难进行大规模普及，更难以形成有效的市场需求，从而让企业在商业运营上陷入困境。2017年至2019年，企业收入虽快速增长，年收入达到2.27亿元，但亏损却达到了11亿元。

同样，当年诺基亚与柯达也因为远离和轻视客户的需求，认为客户应该按照自己说的来，最后的结果就是被客户抛弃。客户是企业之魂，只要瞄准客户需求，就永远不会迷航。

然而，客户需求不断变化，企业要实现持续的商业成功，就必须紧跟客户需求。流程作为业务运作的载体，是捕捉客户需求的关键工具，能有效应对客户需求的不确定性。

【案例】华为LTC流程源自客户采购流程

LTC流程源于客户采购流程，如图1-1所示，是从客户的视角，拉通从客户到回款的端到端的销售流程，目的是更好地做生意，最终实现企业面向客户的卓越运营。

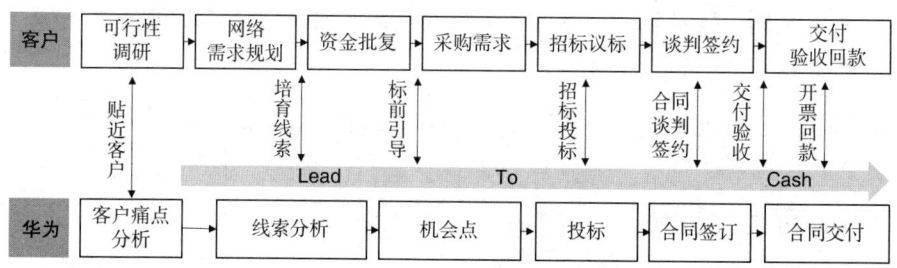

图1-1 LTC流程源于客户采购流程

图1-1展示了华为LTC流程是端到端的销售流程，横向拉通、纵向集成，所有活动都是为了响应客户的采购流程。可见，华为将"**以客户为中心，从客户中来，到客户中去**"的核心理念，深深嵌入LTC流程的每个环节，确保每一步行动都可以更快速、及时地去响应市场需求，紧密连接客户。

华为的成功经验表明，让企业之魂永存的是流程。企业可以用有限的、清晰明确的流程，来应对业务方面的不确定性。

任正非说过："华为的宏观商业模式，就是产品发展的路标，企业管理的目标是流程化组织建设。同时，牢记客户是企业之魂。"可见，所有组织及工作的方向，包括战略、流程、组织、文化和核心价值观及经营理念，都要对齐客户。

总的来说，企业要以客户为中心，以流程为抓手，快速响应客户需求，赢得市场竞争，从而获得持续的商业成功。

1.1.2 战略，确保做正确的事；流程，确保正确地做事

战略源自古希腊语"Strategos"，意为军事将领、地方行政长官，后演变成军事术语，从《战争论》开始传播，逐渐应用到政治、经济等领域。从企业角度来看，战略明确方向，指导企业"做正确的事"。

第1章 流程文化：打造高绩效的流程化组织，从人治走向法治

战略就是先略后战，关键是做好取舍。也就是，做什么，不做什么？为什么选择做这个而不做其他的？比如，企业在什么样的细分市场提供什么样的产品和解决方案，以及设计什么样的商业模式。

【案例】美国零售商Costco的优质低价战略

在2006到2016年间，迅猛崛起的电商给美国传统零售业带来了巨大冲击。可是传统零售商Costco（开市客）却逆势而上，10年间市值增长1.7倍，营收年平均增长率达到6%。这得益于其出色的商业战略，Costco在战略上坚持有所为与有所不为。

有所为就是Costco坚持优质低价，不断为客户提供高价值附加服务；有所不为是不被高利润诱惑。曾有人找到Costco的总裁，建议热狗汽水组合涨价5分钱，几年下来就能增加7000多万美元的收入。Costco总裁回应道，企业要的不是通过涨价来赚钱，而是在原有价格基础上再减5分钱的前提下增加7000多万美元收入的办法。这就是Costco在战略上的定力与取舍，依靠为客户提供优质低价的商品与高附加值的服务提升客户体验。

当企业战略定下，明确发展目标后，也锚定了业务发展方向。接下来，需要将战略转化成企业的执行能力。此时，企业要通过流程的组织能力来承载企业战略，贯彻战略意图，确保企业在运营上高效做正确的事。

战略选择决定业务，业务决定流程。可见，流程是企业战略实施落地的"执行者"，更是将战略具体化、可操作化的桥梁，如图1-2所示。

有一个形象的比喻：如果把企业比作一片土地，战略的作用是，促使其作物生长以供人们生活。当这片土地还很小的时候，用喷洒的方式灌溉即可，而不需要河道；当它变为广袤之地（由很多村庄组成）时，此时需要河道来确保这片土地的每一寸都得到滋润。

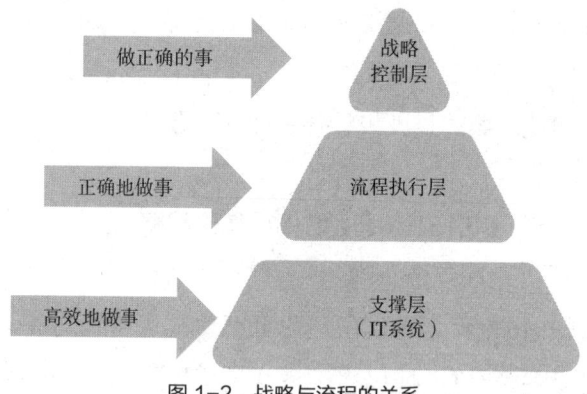

图 1-2 战略与流程的关系

用一句话概括，流程是河道，是企业战略得以实现的途径。河道该如何设置，取决于如何让这片土地灌溉后得到最好的结果。

【案例】华为流程架构分级：将宏观战略细化到可落地执行层面

华为流程的分级很有深度，划分为六层：L1、L2、L3、L4、L5、L6，从流程大类到流程组、流程、子流程、流程活动，一直到最后的具体任务都一一细化。华为流程架构分级模型如图 1-3 所示。

L1~L2：流程管理，通过回答"为什么做"的问题，支撑企业的战略和业务目标达成，体现企业业务概貌，覆盖企业所有业务。

L3~L4：落实方针政策和管控要求，通过回答"做什么"的问题，聚焦战略执行，体现创造客户价值的业务流，以及为实现业务流高效运作所需要的支撑业务。

L5~L6：将流程要求落实到角色，回答"怎么做"的问题，完成流程目标所需要的具体活动及任务，体现流程的价值。

L1 到 L6 级流程从宏观到微观，将战略目标分解为具体操作过程，成为支撑华为战略执行落地的桥梁。

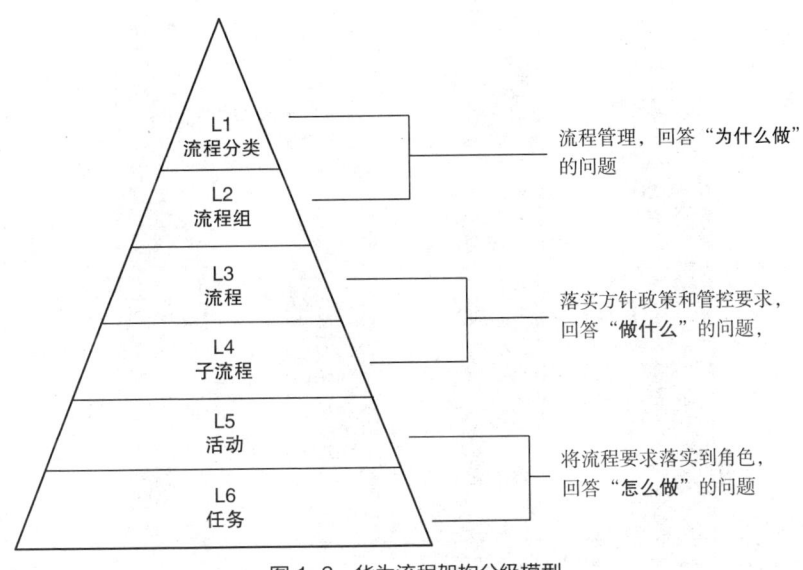

图 1-3 华为流程架构分级模型

很多的企业战略方向是正确的，但多数倒在了实现战略的道路上，我们把这种情况称为"一条腿走路"。如何避免这种情形？最简单的方式就是建流程，让业务及目标始终围着流程转，并通过不断优化流程，来实现运营方面的优化；同时依托流程打造一个流程化的管理体系，甚至是流程化组织，从而实现从战略制定、执行再到运营的例行化和高价值性。

1.1.3　流程化，将个人能力转变为组织能力，复制成功

基业长青、持续成功是每一个企业的追求，但是企业的持续成长和不断发展受到很多因素的影响。其中最关键的因素是企业战略和组织能力。

组织能力是企业家精神、管理流程、目标与激励、文化四种能量的集合，不断驱动企业成长。在企业不同的成长阶段，四种能量的分布是不一样的，如图1-4所示。

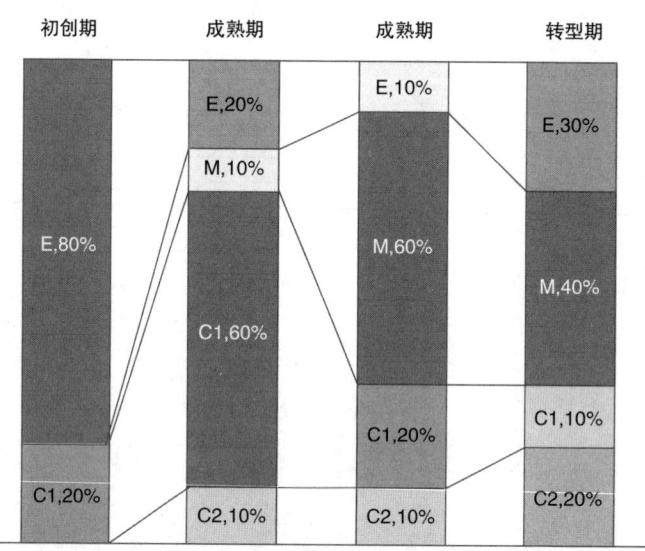

E：Entrepreneurship，企业家精神
M：Management Process，管理流程
C1：Cause，目标与激励
C2：Culture，文化

图 1-4　企业不同时期能量的分布

处于初创期的企业最需要的是什么？企业家精神，其次是目标与激励。什么是企业家精神？企业家精神是企业家的特殊技能（包括精神和技巧，如独特的个人素质、价值取向、思维模式、经营理念等）的集合与抽象表达，是一种重要而特殊的无形生产要素，是对企业家理性和非理性逻辑结构的一种升华。

随着企业发展壮大，进入成长期，企业家要带领团队完成战略目标。此时，目标与激励占比为60%，是企业最需要的能量。因为企业家要激励团队，让其聚焦战略目标，力出一孔、形成合力，达成企业的战略及业务目标。

当企业的增长开始发力、竞争开始加剧时，管理能力比竞争对手强的企业才能在市场中存活。其中，管理能力就是管理流程。哪怕企业进入成熟期、转型期，管理流程依然是最主要的。由此可见，企业发展到一定阶段，将管控企业的权利交给流程，通过流程化实现有序、有效管理，是企业做大、做强、做优的必由之路。

【案例】华为合同作业标准化、规范化

2000年，华为的全球业务飞速发展，但也隐藏着巨大的危机，具体表现在合同签订上。

当时，华为拓展市场依靠的是人拉肩扛，广种薄收。时间久了，机关总部发现两个问题：第一，合同的质量参差不齐。业务能力突出的代表处或销售人员，其合同质量较高，回款能力较强；一些则质量低，风险高。而且一旦业务能力强的人员发生调动，该代表处的业务水平、客户关系管理水平就会直线下降。第二，存在以数量冲业绩的情形，使得合同条款非常不利于企业发展，甚至导致亏损。

意识到这些问题，华为财务部门牵头业务部门，聚焦目标运营商，加大了对融资、合同条款、货款回收的标准化作业管理力度，以提高合同质量。同时建立交易中心，实施合同与签约批准机制，合同由授权人按要求签署，所有面向客户的"契约化文件"统一出口。

合同作业的标准化、规范化不仅避免了企业领导干部签订合同拍胸脯、拍脑袋的情形，而且实现了由重销售到追求效益的转变。

可见，通过流程的标准化，能批量复制优秀人才，将个体能力转化为团队乃至整个组织的核心竞争力，从而让平凡人干出不平凡的事。正如华为核心高管所说："你所要做的事，以前已经有人做过了，把这个人找出来，把他的成功经验流程化，然后按照流程执行，就一定可以提高企业的绩效。"

1.2
企业管理的最高目标：打造不依赖个人的流程化组织

任正非曾说："我们建立了以客户需求为导向的企业发展目标，为了满足这个需求，后面所有的组织建设都应该是流程化的组织建设，这样才可以快速响应，同时又保持低成本。"流程化组织是一种柔性化组织，能适应信息社会的多变、高效和快节奏，不仅能帮企业摆脱对个人的依赖，也是企业追求的"无为而治"的基石。

简言之，流程化组织就是把业务建在流程上，把能力建在组织上。

1.2.1 建流程就是建设管理体系，流程是管理体系的核心

一些企业在业务不断扩张的过程中，运营变得越来越费力，原有的管理系统已经承载了大量业务。为了支撑业务发展，企业不得不通过发文、打补丁的方式维持运作。每当遇到问题，就成立一个项目，采取临时应对措施，就像铁路建设中今天用三轮车，明天用皮卡一样；还有一些企业的管理就如同万花筒，各种管理工具散落在企业各处，却没有形成一个覆盖全业务的流程系统。

结果，企业变得越来越"臃肿"，出现了部门壁垒、流程冗余等问题。为解决这些问题，企业需要建设一个有效的管理体系。那么如何建立呢？应该回到流程上整体解决，沿着流程对业务进行管理。优化建设企业的流程管理体系，将运营中的质量、运营、内控、授权、财经等要素整合到流程中，实现一体化运作，如图1-5所示。

第 1 章 流程文化：打造高绩效的流程化组织，从人治走向法治

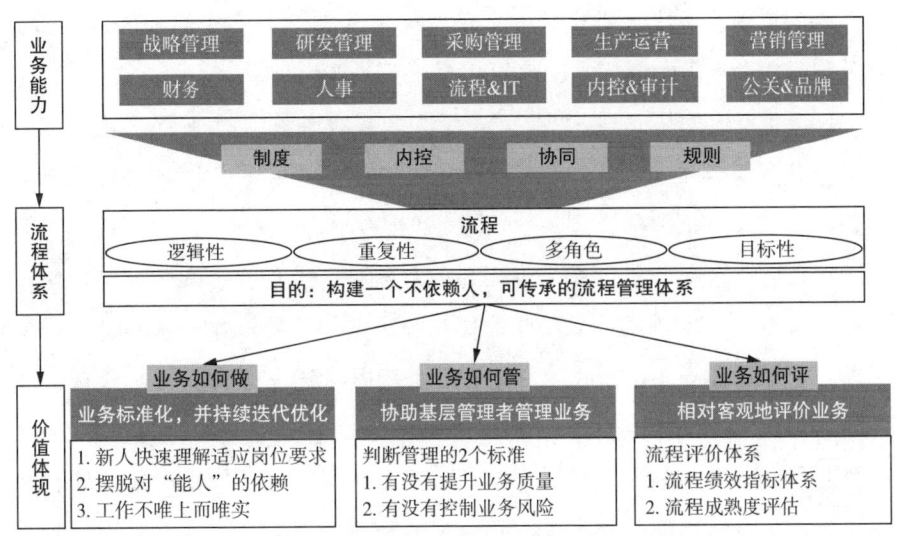

图 1-5 流程管理体系建设的底层逻辑

其中，流程是管理体系的核心，目的是建立一个不依赖人的、覆盖全业务的流程体系。将战略规划、研发创新、生产管理、质量控制、人力资源、财务管理、授权管理等原本分散在不同部门的业务能力整合到整个组织的流程中，形成一个有效的流程管理体系。

【案例】海尔业务流程再造：打造以客户为中心的流程管理体系

尽管海尔在20世纪90年代已经跨出国门走向世界，但CEO张瑞敏在德国宝马企业考察时，被它的流水线上每一辆车都不同、每一辆车都有买主的柔性制造模式震撼。于是，他开始思考：已经走向世界的海尔，下一步，靠什么优势与国际化大企业竞争？

在经过一段时间调研与审视后，他发现海尔在响应速度、差错率、客户满意度三项指标上与国际巨头仍有较大差距。具体表现为：产品多元化导致海尔内部组织急剧膨胀，市场信息已经无法迅速、准确传递到各个部

门,造成市场、研发、供应链与市场对接效率低、差错率高,出现了库存积压、不良资产增加等问题,客户需求也无法及时满足。

张瑞敏认为,要对业务流程进行根本性的变革,拉通所有环节,让所有的环节简洁有效运作起来。于是,海尔决定开展"业务流程再造"项目。

首先,把原来分属于每个事业部的财务、采购员、销售、进出口业务全部分离出来,整合成独立经营的商流推进本部、物流推进本部、资金流推进本部等,如图1-6所示,实行全集团范围内统一营销、统一采购、统一结算。要知道,整合前,洽谈销售、账款及零部件采购,都由各事业部独立负责。例如采购冰箱时,只能与冰箱部门对接,导致时间浪费和成本增加,客户满意度持续下降。整合后,海尔实现了客户需求端、产品开发、生产、采购、运销、售后端的拉通,同时实现了"现款现货"。

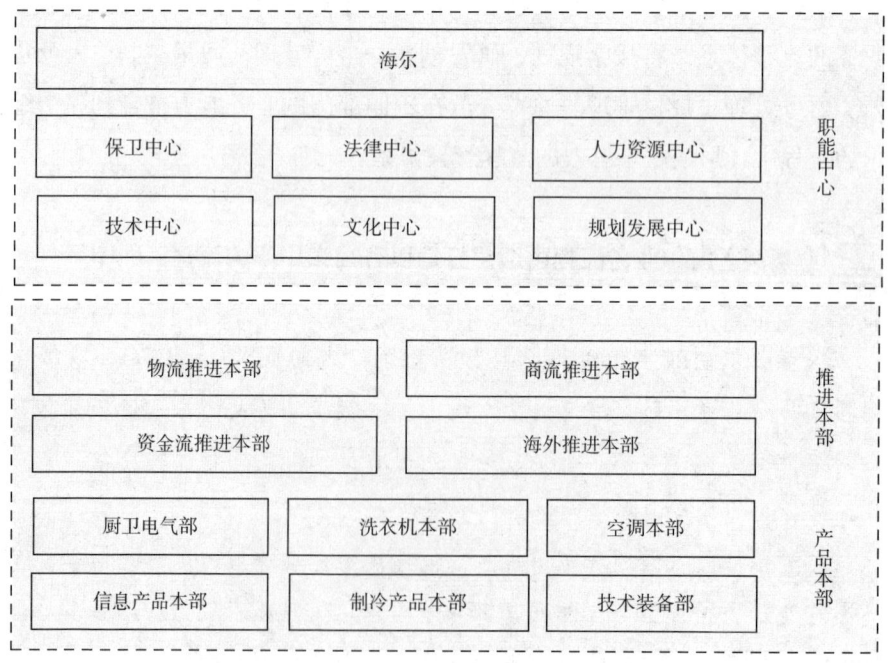

图1-6 海尔业务流程再造后的组织架构

第 1 章　流程文化：打造高绩效的流程化组织，从人治走向法治

其次，对事业部原业务支持资源，如人力资源开发、技术质量管理、信息管理、设备管理等职能管理部分重新整合，形成独立的经营服务企业。整合后集团形成直接面对市场的、完整的物流、商流、资金流等核心流程体系和基础设施、研发、人力资源等支持体系。

最后，建立以订单信息流为中心带动人、财、资源的业务流程。即将市场订单分解为海尔内部订单，以订单为中心，上下工序、岗位间形成客户关系、契约关系。海尔从接到订单到采购、研发、制造、配送等环节的时间，仅为行业平均时间的三分之一。

海尔由原来的职能管理体系，转变为业务流程推动管理体系，不仅使流程更简洁、高效，还能贴近客户，更深层次地挖掘客户需求。这表明，建流程就是建管理体系。

当前，国际形势复杂，充满不确定性；出口、投资、消费"三驾马车"几乎同时熄火。面对经济的"寒冬"，企业要想活下去，需要建好并运营好"高铁系统"。

1.2.2　构建以项目制为核心的流程化组织，高质量快速响应客户需求

企业发展壮大后，如要守住已取得的基业，流程化管理是必然的选择。而流程化组织建设是企业管理建设的最高目标。

【案例】华为建设流程化组织，从粗放式增长转向价值驱动型增长

华为在1998年开始推行变革时，IBM按照组织诊断流程对华为的管理现状进行了全面调研。在诊断期间，IBM的专家共接触了来自占华为业务量比重较高的企业的46位客户，从购买过程、合同的交付和使用产品的过程三个方面进行了16次访谈和30封邮件问卷调查，且受访者全都是中层

或高层管理人员。

1998年9月20日，IBM宣布了对华为管理现状的诊断结果：

（1）没有准确、前瞻地关注客户需求，陷入做无用功的怪圈，导致资源浪费、成本高等问题突出；

（2）没有跨部门的结构化流程，各部门建立了部门流程，但部门流程之间仅靠人工衔接，流程运作过程割裂；

（3）组织本位主义严重，部门墙厚重，各自为政，造成内耗；

（4）流程人员专业技能不足，作业不规范；

（5）企业发展依赖个人英雄，但这些英雄无法复制；

（6）制订了项目计划但无效，且实施混乱，无变更控制，各种计划泛滥……

IBM认为，要解决华为以上的问题，最佳的解决方案是构建流程化组织。当时的职能型组织很难支撑华为走出中国，迈向世界。

当时，在IBM专家一针见血地指出华为管理存在的问题时，会场上立刻出现了一阵骚动。与之相反的是，随着IBM专家的汇报，任正非的脸色变得越来越苍白，因为专家提到的这些问题都很中肯，正戳中他的痛处。于是，他向汇报的专家做了一个"T"字形手势示意暂停，然后安排秘书把其他重要干部全部叫到会场。虽然会场位置有限，大家只能席地而坐，但每一个人都正襟危坐、神色凛然地听完了专家的组织诊断报告汇报会。

IBM给华为的诊断报告中有一句话："有时间一遍遍地进行低水平的重复，却没时间坐下来讨论如何一次性把事情做好。"这深深触动了任正非等华为高层领导。

于是，华为提出：以优化企业业务流程为主导，狠抓职业化管理队伍建设，快速实现管理进步。并开启了流程化组织建设。

2004年，任正非在与尼日利亚员工的座谈会上再次强调："我们所有的目标都以客户需求为导向，充分满足客户需求，以增强核心竞争力。我们的工作方法，其实就是IPD等一系列流程化的组织建设。明确了目标，

第 1 章　流程文化：打造高绩效的流程化组织，从人治走向法治

我们就要建立流程化组织。有了一个目标，再有一个流程化组织，就是最有效运作了。"

那什么是流程化组织呢？流程化组织的架构是什么样子的呢？流程化组织，是面向客户需求，以流程为核心，打破部门壁垒，追求高效运作的组织管理模式。

> **【华为观点】对流程化组织的两点认知**
>
> 其一，业务是由流程来承载的，是以目标为导向的，不可以彰显权力。一旦把流程当作权力来使用，流程节点就会逐渐变成铁路上的道岔，每个员工都会想上去扳一下。中国的高铁为什么那么快？其关键就是高铁列车通过每一个站点时，只要在流程与规则范围内，就不需要审查与控制。真正的流程化组织是反官僚化的，是去部门墙的。
>
> 其二，对于一家企业而言，是组织来适配流程，还是流程来适配组织？企业的核心是业务流程，业务流程是把多个输入转化成对客户价值输出的活动，以业务为需要，以满足客户需求为根本。因此流程是位于组织之前的，尽管流程和组织有着明晰的对应关系，但是当流程与组织不匹配时，企业需要调整的是组织。也就是说，要让组织来适配流程。

那流程化组织有什么样的特点呢？

（1）突出流程，强调流程的导向作用，追求企业组织的简单化和高效化，如图 1-7 所示。

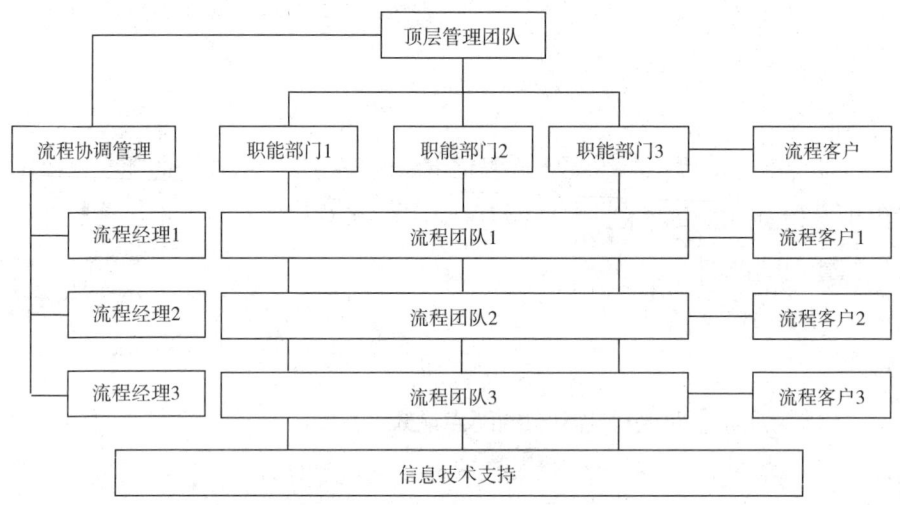

图 1-7　流程化组织架构模式

（2）关注的重点是结果和产生这个结果的过程，流程化组织管理的重点转变为突出服务客户、企业产出、企业运营效率。

（3）将所有业务和管理活动都视为一个连续性流程，流程化组织重视以全流程观点取代个别部门或个别活动，打破原有的以职能部门视角的思考方式。重视和鼓励各职能部门通力合作，追求共有的绩效目标。

（4）流程化组织擅于使用自动化、电子化等信息化技术工具，提高工作效率。

（5）流程化组织的目的是使各流程的方向和经营策略方向更一致，着重于思想层面的考虑。

简言之，在流程化组织中，所有活动都围绕流程进行，以提高效率。

根据多年的流程变革咨询实践经验，笔者及团队认为，流程化组织的最佳实现形态是以项目制为核心的流程化组织，如图1-8所示。以项目制为核心的流程化组织始终坚持以客户为中心，以项目管理为核心，兼顾流程管理和组织管理，是一个拉通项目前后端的完整架构。

第1章 流程文化：打造高绩效的流程化组织，从人治走向法治

【管理实践】以项目制为核心的流程化组织

德石羿团队从三个层面来解读以项目制为核心的流程化组织。

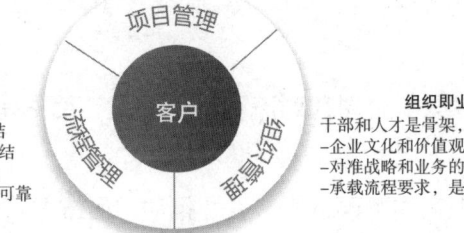

项目即业务
是企业资源的最高效管理和协同方式
打破组织和流程的限制，实现跨部门的人、财、物高效分配协调

流程即业务
是价值创造的最佳实践总结
-流程是业务最佳实践的总结
-让业务成功具备可复制性
-规避人性弱点，实现业务可靠

组织即业务
干部和人才是骨架，是企业最大财富
-企业文化和价值观的核心承载者
-对准战略和业务的要求，创造价值
-承载流程要求，是能力集的建设者

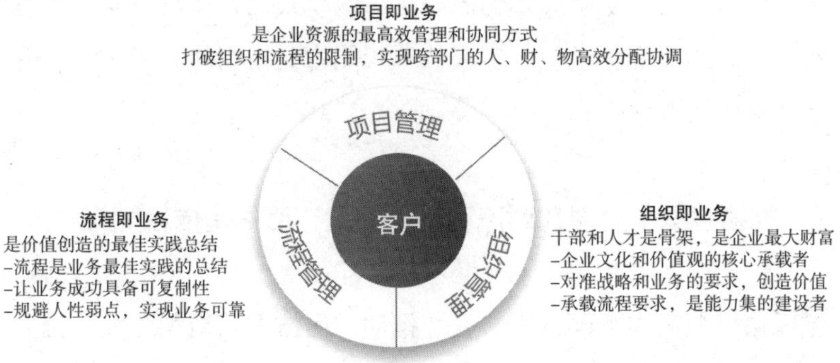

图 1-8 以项目制为核心的流程化组织

第一，流程管理能满足企业治理的要求，降低操作风险及潜在损失。此外，流程管理还能优化流程设计，提高工作效率，及时发现流程中的控制弱点，确保战略得以有效执行。

第二，组织管理使组织与业务高度匹配，让企业的组织队形跟上业务的变化，过程管控变得简单可执行，组织价值创造的能动性和运作效率提高，能满足战略性业务组合需求。

第三，项目管理是指通过项目化运营打破组织和流程边界，是价值创造最直接和最高效的方式。项目管理通过一个个项目/群来实现经营目标，而各种组合管理通过组合设计、取舍及优先级排序，以满足客户需求并实现资源投入产出的最大化。

同时，各职能组织能参与到执行主业务流程的跨功能部门项目中，为客户创造价值；每个职能组织端到端对结果负责，类似足球赛，共同参与项目。通过项目组的跨职能组织的运作，一起执行主业务流，以实现业务目标。

019

通过打造以项目制为核心的流程化组织，企业能以一致的形象为客户提供交付成果，还能预测项目未来的发展方向与态势，便于及时做出调整和布局，从而提升运作效率和盈利能力。

企业可以模仿、复制成熟的流程化组织模式，打造具有自身特色的以项目制为核心的流程化组织，实现从流程能力到组织能力的全面提升，朝着战略愿景持续奋斗。

1.2.3　将核心竞争力建在对流程的依赖上，而不是依赖能人

流程化组织运作不再依靠"人"推动，而依靠"组织理性"推动，以"法治"代替"人治"。从本质上来讲，建好流程化组织是回答企业问题的最优解。为何这么说？拉姆·查兰指出："经营性的不确定性并不可怕，现有的方法足以应对。真正可怕的是结构性的不确定性。"因为结构性的不确定性源于外部环境的根本性变革，如果没有及早觉察、提前布局，等到变化真的发生时，原有业务只有死路一条。围绕客户需求去打造流程体系，能确保流程高效、精益，继而实现组织的科学化、制度化、公平公正，呈现整体的组织理性状态。

【案例】建立铁三角全方位满足客户需求

2006年华为北非地区部的苏丹办事处面对部门各自为政、客户接口涉及人员多、每个人只关心自己负责领域、被动响应客户需求等问题，尝试组建针对特定客户（群）项目的核心管理团队，实现客户接口归一化，助力客户商业成功。具体来说，以客户经理、解决方案专家/经理、交付专家/经理为核心组建项目管理团队，形成面向客户的以项目为中心的一线作战单元。苏丹办事处把这种项目核心管理团队称为铁三角，如图1-9所示。铁三角分为客户经理、方案经理和交付经理三个角色，共同构筑了一

第1章 流程文化：打造高绩效的流程化组织，从人治走向法治

个三角形的攻坚团队，彼此支持、密切配合，能在最短时间内，端到端及时响应客户需求，为客户提供全面的解决方案，将销售工作最需要的进攻性与协同性融为一体。

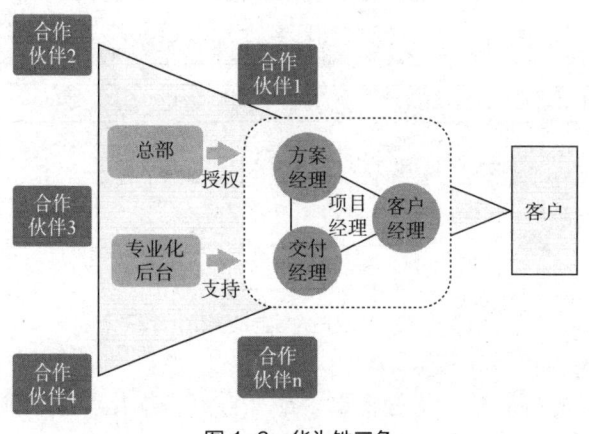

图1-9 华为铁三角

华为趁着2009年开始的线索至回款的流程变革之机，逐步完善铁三角运作模式，构建立体的铁三角运作体系，以支持市场的可持续发展。

铁三角组织本质上而言，是华为流程化组织在客户端的具体实现模式。那么与职能型组织相比，流程化组织的优势主要体现在哪些方面？

（1）流程化组织是一种扁平化的组织结构，有别于金字塔式的传统组织形态，是以客户为导向的倒金字塔组织，如图1-10所示。它确保组织中每个流程都能高效地为客户创造价值。

（2）流程化运作让组织遵循业务逻辑，即以市场和客户为导向的流程建设，反映业务的本质。使得组织决策、运营更加科学、灵活和有序，能够很好地贯彻组织战略。

（3）流程的管理对象是"事"，其存在淡化了个体。在流程化组织中，个体只是流程中的一个角色，业务只要随着流程走，就会自然而然地实现目标，不再担心人为因素带来的影响。

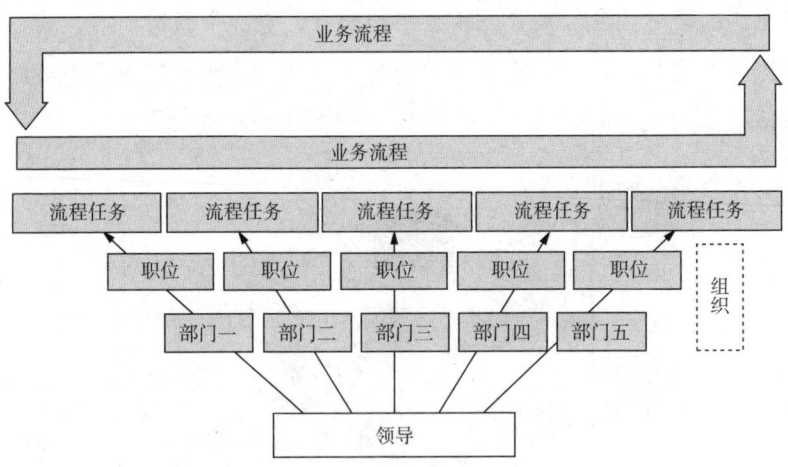

图1-10 以客户为导向的流程化组织

企业未来的持续竞争优势将更多地来自流程优化和组织能力提升，企业需要投入更多的资源构建面向客户需求的流程化组织，大大弱化对能人的依赖，将核心竞争力建在对流程的依赖上。这样一来，一群才识一般的人只要按照流程定义的业务规则做事，也可以产生好的业绩，大大降低企业的人力资源成本。

第2章

流程定位：是执行业务的规则和路径，是组织价值创造的机制

流程是业务最佳实践总结的管道，是最优业务运作模式，能让业务从偶尔成功变为持续成功；同时也是价值创造的最佳方法，是企业数字化转型的底座。用一句话概括：流程是执行业务的规则和路径，是企业价值创造的机制。

2.1

流程是金钱和教训换来的最佳实践,是核心战略资产

业务是价值创造和实现价值交换的活动,而流程的核心就是创造价值。业务与流程互为表里,相互影响:流程依业务设立,业务要靠流程落地;流程源于业务、服务于业务,好的流程不是业务镜子里的倒影,而是业务的结构化体现,与业务协同进化。

2.1.1 管理的核心是管事而非管人,用流程管住事

现代管理学之父彼得·德鲁克说:"企业是社会的一个'器官',企业人也是社会人,管理必然受到社会中的观念、传统、习惯等因素的制约,即管理面对的是一个完整意义上的人,企业面对的是整个社会。"那么,好的管理到底是管人还是管事呢?

我们知道,管理只对绩效负责,不是根据对"人本身"的判断来进行管理,而是对"人做事"的行为标准和行为效率实施管理。简言之,管理的核心是管事而非管人。

【案例】华为和联想截然不同的管理哲学:管事VS管人

在管理是管事还是管人的问题上,华为和联想采用了完全相反的管理哲学。

联想管理的核心是"人为先":搭班子、定战略、带队伍。通常,创始人柳传志会从企业文化认同、管理能力等维度对下属进行考察。当下属通过考验时,柳传志就会让他独当一面。杨元庆、郭为、朱立南,都是这

第 2 章　流程定位：是执行业务的规则和路径，是组织价值创造的机制

样成长起来的。在2001年柳传志为什么要把联想拆分为联想集团和神州数码？主要原因是杨元庆和郭为两位领军人物，谁也不肯屈居谁之下。为了留住他们，柳传志硬生生将联想拆成了两块。

如果说柳传志的管理哲学是"人为先"的话，那么任正非就是"事为先"。同样面对杨元庆和郭为的事件，如果是任正非来做决策，他不会管这个人强还是不强，而是看谁留下对华为未来的发展更为有利。

1996年，华为在起草《华为基本法》，讨论基本控制政策时，任正非曾问咨询顾问："你认为控制的最高境界是什么？"顾问表示："管理控制的最高境界就是不控制也能达到目标。""对！"任正非当时一下子就从椅子上站了起来。

细细品味任总这些年的讲话，他多次将企业的管理与物理学中的熵进行对比，希望华为成长为一家不依赖任何人，也能运转自如的企业。经过三十多年的发展，华为已经将对市场的理解和现实经验逐步转化为运营的标准化，形成科学做事的标准，同时以规则、制度与程序打造出一套约束机制，让员工能更为高效地达成业绩目标，真正实现从"人治"到"法治"的转变。

在企业这样的经济性组织中，成员须围绕绩效展开整体性努力。随着业务增长、规模扩大、人员增多，企业需要对"如何做事"确立标准，通过控制绩效过程来保障绩效结果。科学管理之父泰勒提出，与任务有关的所有要素最终都要实现标准化。

【案例】借助标准化管理手册，麦当劳分店开遍全球

截至2023年底，麦当劳的餐饮连锁店遍布全球六大洲119个国家，拥有分店4.18万间以上，实现营业收入254亿美元，同比增长10%；净利润为84.6亿美元，同比增长37%。麦当劳之所以能够分店开遍全球，如

机器般精准运营和复制扩张,源于其拥有一套标准化管理方法。

譬如,麦当劳的汉堡包上下面包的厚度为16毫米;牛肉饼重47.32克,直径9.85厘米;如果炸薯条超过7分钟、汉堡包超过10分钟、冲好的咖啡超过34分钟,都要废弃。麦当劳用这套规范的管理方法,指导工作人员学会科学做事,建立起企业运营的科学理性,使整个组织能快速获得高绩效,这也成为麦当劳的经营优势之一。

靠着这套标准化管理方法,麦当劳实现了快速扩张:从一家店到四万多家店、从一家工厂到多家工厂、从一条生产线到多条生产线。离开流程与作业标准化,要实现这些根本就是天方夜谭。

流程管"事",明确做事的顺序与逻辑;制度管"人",明确哪些事能做,哪些事不能做,以及做事的原则。企业必须重视流程的作用,同时遵循规律,尊重常识,建设科学的流程体系,让全体员工正确地做事,从而确保企业的整体绩效维持在高水平。

2.1.2　流程是业务流的表现方式,是业务最佳实践的总结和固化

有业务,就有业务流。业务流程是客观存在的,是对业务流的定义、描述和指引。业务流程,英文是"Process",也译为"过程"。流程再造之父迈克尔·哈默认为:"流程是一组共同给顾客创造价值的相互关联的活动进程,从根本上说,流程就是组织价值创造的机制。"

有一位企业家曾形象比喻:"流程就是业务的接力赛跑。"这是什么意思呢?业务流程按一个一个环节流转下来,好比岗位间的接力赛跑;做好跨部门与岗位间的协同工作,就能使流程顺畅,业务运作速度加快,市场冲刺更有劲头,如图2-1所示。

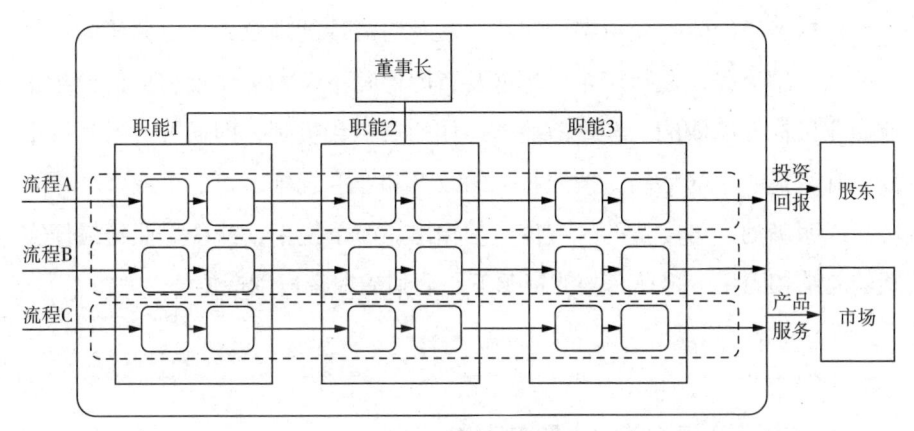

第 2 章　流程定位：是执行业务的规则和路径，是组织价值创造的机制
CHAPTER 2

图 2-1　流程与业务的关系

【案例】流程发展的起点：克莱斯勒汽车企业的生产流程

流程真正源于社会分工。从我国万里长城与兵马俑的修建，以及京杭大运河的开凿可知，人们为了有效协作和达成共同目的进行分工，形成了最初的流程形式。

但是，企业中的流程最早出现在约110年前的美国克莱斯勒汽车企业的世界第一条制造流水线上。克莱斯勒把原来在不同企业、工厂、地址的工人工种和物料，搬进一个大厂房里，按照顺序排列，把工序的概念集成，形成了世界大工业生产的第一生产流程。

时至今日，流程的发展已经经历了数个阶段，如图2-2所示，帮助企业持续发展。

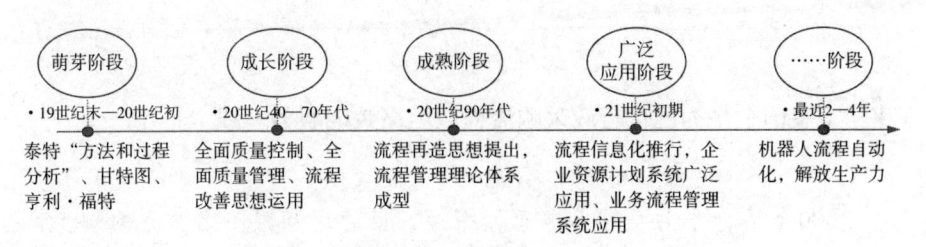

萌芽阶段
· 19世纪末—20世纪初
泰特"方法和过程分析"、甘特图、亨利·福特

成长阶段
· 20世纪40—70年代
全面质量控制、全面质量管理、流程改善思想运用

成熟阶段
· 20世纪90年代
流程再造思想提出，流程管理理论体系成型

广泛应用阶段
· 21世纪初期
流程信息化推行，企业资源计划系统广泛应用、业务流程管理系统应用

……阶段
· 最近2—4年
机器人流程自动化，解放生产力

图 2-2　流程发展阶段

027

根据多年的流程变革咨询实践经验及对流程的理解，德石羿认为：客户驱动下的流程是在特定企业环境及资源保障下，为了实现客户价值和企业商业目标而形成的一套规范业务运作的规则和机制，即通过一系列可重复、有逻辑顺序的活动，按照相关的政策和业务规则，将一个或多个输入转换成明确的、可度量的、有价值的输出。简单说来，流程是业务最佳实践的总结和固化，是在有限的资源下，端到端为客户创造价值。

【管理观点】流程的六大基本特性

（1）增值性：流程有明确的业务目标，聚焦客户，为客户直接或间接地创造价值，创造的价值要大于输入的价值，输入价值小于输出价值；

（2）简单易用性：流程要简单实用，客户界面和用户界面友好，既要易于客户理解，又要易于使用者理解；

（3）高效率：流程能够以相对较少的资源或成本实现业务快速、有效运作，保障客户满意度；

（4）协同性：流程涉及两个及两个以上角色；

（5）可靠性：使业务人员按照标准、规范、正确程序执行业务动作，有效保障质量和防范内控风险；

（6）可维护：流程是系统化、标准化、结构化、有层次的，是便于进行流程管理、维护及升级的。

【案例】华为优化行政采购流程，更高效地服务一线

2000年后，华为全球业务急剧拓展，但管理却跟不上业务的脚步。例如，全球代表处的业务经常卡在办公用品的采购上。买一支铅笔需要认

第2章 流程定位：是执行业务的规则和路径，是组织价值创造的机制
CHAPTER 2

证，甚至用一张纸也要经过批准。一些代表处的合同多则数亿美元，少则数百万美元，僵化的采购模式，给合同制作带来了极大不便。当时，华为全球有300多人负责审批铅笔和纸张采购。可以说当时采购流程很烦琐，导致监控成本高。

为了解决此类问题，华为与IBM开展"财经流程-采购到付款"项目变革。经过一年筹划，推出全球统一的行政采购Web系统——易购。易购系统的设计充分考虑用户需求，使采购流程高效，内控效果好，操作简单。具体表现如下。

第一，统一流程、统一入口、操作简单、全程可视。华为行政采购业务全部集中到易购，申请人可直接在系统目录中查找所需采购物品。

第二，审批简化，面向用户提供实时预算参考。整个采购过程，只在采购需求申请时审批一次，付款无需再审批。预算使用情况、采购详细记录一目了然，内控风险更好实现。

第三，认证信息货架式管理。易购系统配置采购目录，以货架形式展示。采购认证人员通过不同的目录配置实现采购。

第四，账务环节自动匹配单据。系统自动生成统一格式的采购申请单、订单验收信息，并能将订单与验收信息自动导入ERP系统。财务付款只需录入发票信息，系统自动匹配。此外，在内控方面，业务规则全部嵌入和固化到系统设计中。

可见，**流程体系是用无数的金钱和教训换来的，是需要不断积攒和持续经营的企业核心战略资产**。它们为华为的业务腾飞插上了隐形的翅膀，而这也是华为只用500余人的核心高管管理着超20万名员工，而且运营时间不到30%，远远少于很多传统企业的精髓所在。

2.1.3 流程本质上是战略落地的重要抓手，是卓越运营的秘诀

企业设定了战略，就选择了业务模式，确定了业务流。业务流是一切工作的原点和基础，流程描述的是业务流。抓住流程，就抓住了业务流，也就不会偏离工作的方向。可以说，**流程是管理的基础**，承载着企业政策、质量管理、内控管理、数据管理、风险控制和网络安全的要求。

从图2-3中可以看出，在流程变革中，首先从战略出发选择业务模式，基于业务模式确定主业务流，并识别业务流的关键业务能力，基于关键业务能力的标杆差距和优先级确定变革的规划，并进行流程设计，同时进行组织设计和流程的匹配。

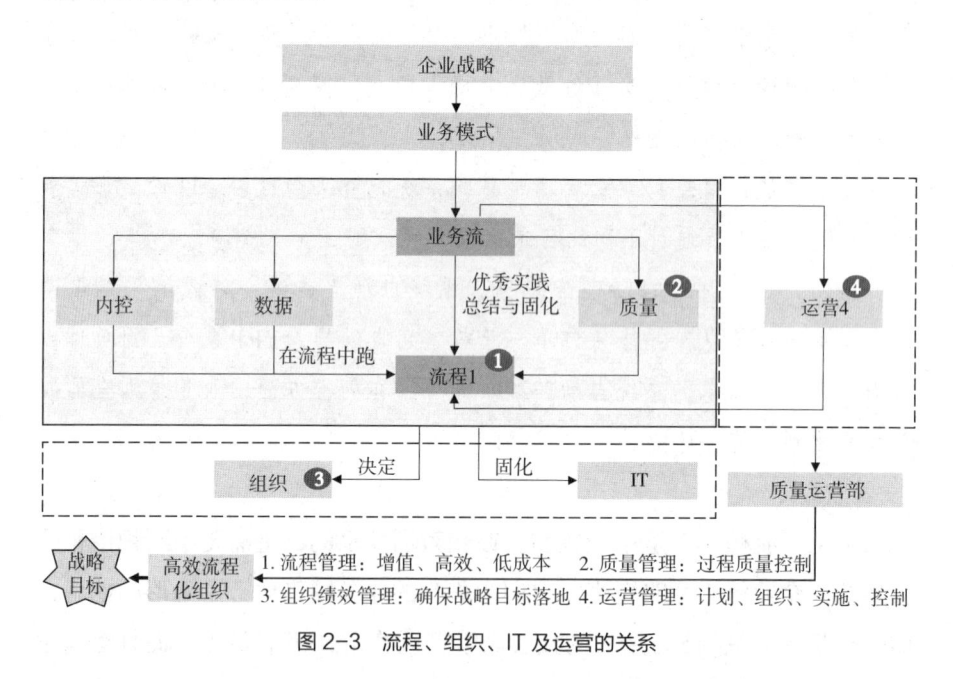

图 2-3 流程、组织、IT 及运营的关系

当建立起完整反映企业业务本质的业务流程时，就能更好支撑战略目标的实现。

第 2 章 流程定位：是执行业务的规则和路径，是组织价值创造的机制

【案例】美国西南航空牢牢抓住运营、招聘、绩效管理流程

自 20 世纪 70 年代以来，美国航空业受阿拉伯石油禁运、海湾战争、"9·11"事件、SARS 事件、次贷危机等冲击，屡屡受到重创，大量航空企业亏空破产。在整个行业下行背景下，西南航空不仅入局晚，在 1971 年开始营业时，资产合计仅有 56 万美元，仅有 3 架波音 737 客机。这样的客观条件使得西南航空只能经营短航程航运业务。然而，有目共睹的是，西南航空后来发展成为拥有超过 300 架波音 737 客机，每天发出 2700 个班机，员工超过 3.5 万人的大企业。更为关键的是，西南航空是美国唯一一家从 1973 年开始，每年都在盈利的航空企业。

这完全得益于西南航空始终关注低成本战略。不仅如此，其还将低成本战略落实到运营流程、招聘流程和绩效管理流程上，从而实现战略规划。

首先，将低成本战略落实到运营流程上。西南航空统一只购买波音 737 机型，登机牌采用塑料印刷，只提供小甜点和饮料，订票方式以电话订票为主，以节约成本。

其次，将低成本战略落实到招聘流程上。西南航空不招最优秀的人，只要合适即可，此外还重点录用年轻人，为了节省成本甚至邀请客户加入面试组对新员工进行考核。

最后，将低成本战略落实到绩效管理流程上。西南航空率先采用基于工龄的薪水制度，而飞机驾驶员与机组乘务员则根据飞行里程来获得薪水。这样一来，驾驶员和乘务员就会主动承担更多工作，以获得更高报酬。

西南航空实施的就是低成本经营战略，其成功之道与流程导向的战略解码密不可分。西南航空将低成本战略分解到核心的业务流程上，并形成了自己的优势，最终在风云变幻的市场中立于不败之地。

因此，流程不仅是战略落地的重要抓手，还是企业卓越运营的秘诀。

无流程则无执行，无执行则不如无战略。战略如果没有流程保证，就只能永远停留在理论层面。再优秀、再宏大的战略，不借助流程落到实处，也只是空中楼阁。

2.1.4 流程的价值：汇集最佳实践和承载业务管控要求

流程的目标作用主要有三个：一是正确及时交付，二是赚到钱，三是没有腐败。如果这三个目标作用都实现了，那么流程越简单越好。我们从业务流、流程、组织及客户的关系分析。首先，流程要匹配业务，不用太长，也不要太短，重在实用性。其次，流程的中心任务就是要和业务挂钩，尤其是要系统完整地与业务对应起来。需要注意的是，业务中的各种关键要素及其管理不要在流程体系外循环。

然而，有的企业认为建立了流程就万事大吉，却连流程真正能发挥的作用都不清楚，更不明白如何用流程影响业务流、组织和客户的关系。建立了一套流程，就丢在那里，到了目标落空的时候才开始质疑：为什么流程没起作用？

【案例】任正非琢磨出适合华为的流程体系，发挥流程的最大作用

任正非刚上班时是在一家大型国有企业的运维部门任职的，该部门花了很多时间去了解现状，去跟行业优秀案例对比，看自己哪里做得不好，最后发现在流程和标准化方面比较欠缺。

当时的研发团队其实是有流程的，而且很严格，但是那些流程都更像审批流程，而不是为了提高效率而设置的流程；有一些好的、能提高效率的"流程"也没有真正严格落实，还停留在依靠人的自觉性推进的阶段。如果今天是一个比较自觉、有流程意识的人在干这个活，就能做得不错，但换一个人可能就不行了。

第2章 流程定位：是执行业务的规则和路径，是组织价值创造的机制

后来企业希望通过引入腾讯蓝鲸来固化和改善流程，可惜最后这个项目也没做成，小团队的人走了大部分。正是有了这段经历，任正非才意识到，光有流程是完全不够的，重点是摸清流程的作用，像盲人摸象那样，琢磨出适合华为的流程体系，发挥流程的最大作用。

1998年，华为借着员工激励措施和体制变革的东风，迎来了高速发展期，营业额直逼90亿元。然而任正非却一点都高兴不起来，他结合之前的经历敏锐地发现华为的流程体系建设存在很多漏洞，甚至可以说是没有流程。不要说当时的流程无法支持华为成为规范化和标准化的代名词，继续这样甚至会拖垮整个企业。譬如，研发部门没有系统的制度，研发人员"各自为政"，盲目研发，想到什么就去研究一下；企业对员工的约束能力几乎为零，各个部门为了争抢项目，置企业利益于不顾。

于是，任正非当机立断，邀请了IBM的管理咨询顾问指导华为建设流程体系。引入流程化管理后，华为迎来了新一波发展，并且延续到了现在。

可以说，华为的改变得益于流程作用的发挥。结合华为成功实践，我们总结并提炼出流程的四大价值，如图2-4所示。

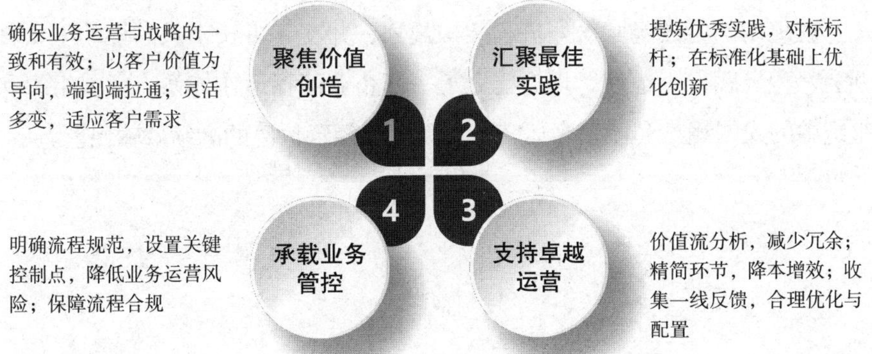

确保业务运营与战略的一致和有效；以客户价值为导向，端到端拉通；灵活多变，适应客户需求 —— 1 聚焦价值创造

提炼优秀实践，对标标杆；在标准化基础上优化创新 —— 2 汇聚最佳实践

明确流程规范，设置关键控制点，降低业务运营风险；保障流程合规 —— 4 承载业务管控

价值流分析，减少冗余；精简环节，降本增效；收集一线反馈，合理优化与配置 —— 3 支持卓越运营

图2-4 流程的四大价值

【案例】理想汽车学习华为流程管理，实现高绩效输出

理想汽车自问世以来，销量喜人，但在2022年到2023年发生了一些令人意想不到的事情。2022年三季度，问界M7的发布和操盘直接让理想ONE不知所措。李想坦言从未遇到过如此强的对手，在很长一段时间内毫无还手之力。理想ONE的销售一个季度就亏损了十几亿元，团队几乎被"打残"。李想认为是企业自身能力不足，面对华为难以招架，还导致一线的产品专家离职。

面对这种情形，李想没有抱怨，首先承认企业自身的不足，其次进行变革，在2022年9月底的雁栖湖战略会上达成共识，全面学习华为的流程管理体系。李想曾表示，理想在产品研发、销售服务、供应制造、组织财经等方面遇到棘手问题。他开始将目光转向外界，发现华为在十几年前就解决了这些问题。李想当机立断，在内部成立7个横向管理部门，分别对应7个流程，即从战略到执行、集成产品开发、集成产品营销和销售、集成供应链、流程与IT、LTD和集成财经转型。理想全面对标华为最佳实践，学习集成产品开发流程，成功研发出理想L9、L8、L7产品。2023年上半年以来，理想月交付量不断创下新高。

理想用华为的经验做好流程架构规划，并在董事长李想的推动下认真领会、积极践行。最终，理想建立了一套企业流程运作体系，牵引组织和组织中的人围绕这套体系来运转，从而实现经营价值的高绩效输出。

2.2
流程管理：让企业的"血管"更加坚韧，高效创造价值

流程之于企业，就如同经络与血管之于人体。人体需要打通经络、血管通畅才能充满活力，而企业同样需要流程通畅才能生机勃勃。要想保证这样的流程状态，企业在进行流程建设时，便不宜随意而为，也不可搞形式化工程；而是要以始为终，疏通流程，厘清流程不畅的节点，如此才能快速响应客户需求，高质量地提供客户需要的产品与服务。

2.2.1 以客户为中心，以提高组织业务绩效为目的的系统化方法

流程管理是一种以规范化的端到端卓越业务流程为中心，以持续提高组织业务绩效为目的的系统化方法。它要求流程中各工作环节，都要尽可能靠近业务对象，也就是客户。换言之，流程管理是指对组织内部各项工作流程的规范化和优化，它的目的是通过明确工作流程、合理分配资源、优化操作和控制质量来提高工作效率，降低成本，提升质量和满足客户需求。

从图2-5中可以看出，要做好流程管理，实现端到端流程贯通，需要做好以下四点。

第一，客户导向，而不是管控导向。客户导向，最朴素的动机是"客户需要什么"，围绕客户的诉求提供产品或服务。

第二，目标导向，而不是任务导向。这意味着，在流程管理中，每个执行任务都是以流程的目标和结果为导向的，实际上就是实现企业价值增值。

第三，横向拉通，而不是分散割裂。横向拉通，是指横向业务单元可横

向统筹各职能，并根据客户诉求敏捷进行响应和交付，实现完整业务闭环。

第四，全局最优，而不是局部最优。全局最优，是指所有可能的解中的最优解。对于限定条件下的某一问题做出决策时，如果所做出的决策与其他所有决策相比是最优的，那么就可以称之为全局最优。

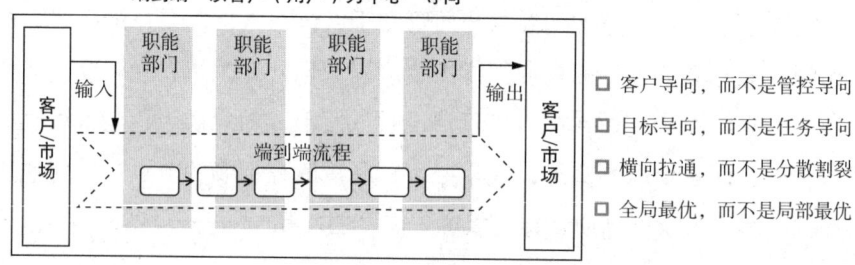

图 2-5 流程管理输入输出图

> **【华为观点】流程管理是以目标和顾客为导向的责任人推动式管理**
>
> 《华为基本法》第八十五条明确提出：
>
> 流程管理是按业务流程标准，在纵向智能管理系统授权下的一种横向例行管理，是以目标和顾客为导向的责任人推动式管理。处于业务流程中各个岗位上的责任人，无论职位高低，行使流程规定的职权，承担流程规定的责任，遵守流程的制约规则，将下道工序作为用户，确保流程运作的优质高效。

华为成熟的流程管理并非一蹴而就，而是经历了多年的探索、试错、优化和迭代才逐步走向成熟和成功。最初，流程管理缺失给华为带来了重大打击。

第2章 流程定位：是执行业务的规则和路径，是组织价值创造的机制
CHAPTER 2

【案例】流程管理缺失对华为的影响

华为在萌芽和小规模发展阶段，业务相对简单，领域分布较窄。此时华为组织结构相对简单，部门之间沟通起来没有什么壁垒。在这个阶段，任正非和一些高层的经验和责任心起着主导作用，员工之间相互适应、彼此默契、容易协调。也正因为如此，华为忽视流程管理的重要性，不做流程管理。

但华为很快就吃到了苦头，比如华为在创立初期以代理别人产品为主，基本没有开发自己的产品。当时如果问华为的员工：你是否了解华为的客户？答案大概率是否定的。因为华为员工一直认为只要客户愿意买华为的产品就行，根本不会关注客户需求。这导致华为的客户需求得不到满足，客户满意度提升困难。

1995年，华为斥资1000万元从美国和德国知名咨询企业引进了两套先进管理系统，想要吃上流程管理的"红利"，最后却以流程体系"四不像"为代价告终。虽然华为员工充满了激情，干劲十足，但是没有发挥出流程管理应有的作用。员工做事情不按流程，也不知道怎么做是对的，单凭一腔热情往前冲。不仅如此，华为员工年轻气盛，每个人都把本部门当作自己的"领地"，画地为牢，不允许别的部门侵犯，跨部门的结构化协作流程无从谈起。有时候，大家为了完成自己部门的KPI而不顾其他部门利益，导致矛盾滋生。各部门的流程完全靠"人腿"流动，运作过程十分割裂。

此外，华为员工晋升非常快，但是有些干部成长得太快，反而不利于华为的发展。因为员工晋升刚两年，又被提拔了，而接替他的员工还不熟悉操作规范，专业技能欠缺，无法成为之前干部的"替补"，导致产品数据快速下降。

而且随着华为规模逐渐扩大，业务越来越丰富，面临的市场环境也越来越复杂。企业内部组织管理层级不断增加，每个层级管理幅度有限，权

力和资源成为各部门争夺的焦点。部门墙变厚，部门只愿关注自身和上级，而不关注客户需求。任正非个人早已无法操控整个企业。

华为明明引进了流程管理，为什么还是没有形成流程效应？因为流程管理体系的建立并不可能一蹴而就，变革失败时有发生。

用一句话总结1998年之前的华为：总是在不断浪费资源，在走弯路，重复地做一件事，却没有能力将这件事做成功。

于是，华为以IPD作为组织流程化的抓手开始变革，建立起以客户为中心的端到端的流程体系。

2.2.2 打造高效、简洁、统一、支撑战略达成的流程管理体系

作战的目标是获得胜利，取得利润。管理体系建设要以简单、实用、有效为导向。为打造简洁、高效且统一的流程，企业要以客户需求为导向，参照流程管理体系全景图，如图2-6所示，来打造合适的流程管理体系。

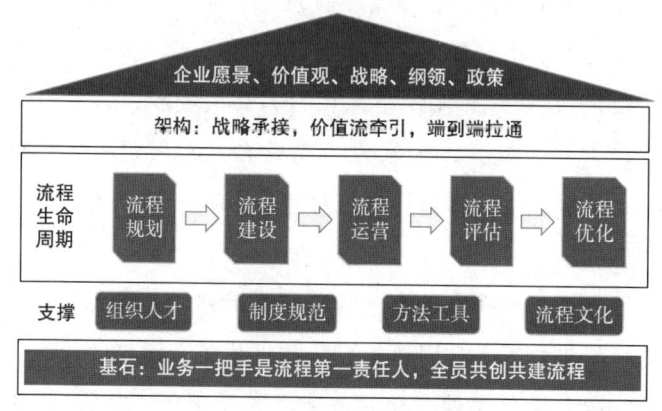

图2-6 流程管理体系全景图

可以看出，流程管理体系就是承接企业愿景、价值观、战略、纲领、政策，建立起以流程生命周期为中心，端到端拉通的流程管理架构。其

中，流程生命周期是由流程规划、流程建设、流程运营、流程评估及流程优化构建的PDCA持续改善的循环过程。

流程规划主要解决流程"做什么"和"怎么做"的问题。其直接影响未来流程实施的效率和效果，在这个阶段强调系统化设计，即在业务目标指导下，以风险分析为基础制定有助于管理稳定、规范运作和服务增值的业务流程。

流程建设是对已经规划好的每个流程进行设计、推行和固化。流程设计是指开发流程文件、选择流程工具和进行流程验证；流程推行是指实施业务适配、组织适配和岗位赋能；流程固化是指利用管理和文件对现有流程进行合理规范、加以定型，以加强流程执行效果的行为。

流程运营是瞄准业务目标，周而复始地运转流程，创造价值。没有运营，流程和管理体系就是静止的。流程运营包含成熟度评估、流程绩效管理、过程保证等工作。这个周期主要是对流程的分级分层授权，即对流程的实际运作。

流程评估是指结构化分析现有流程，即对现有流程进行定期测评、稽查和审计。有效的流程评估，不仅是企业重要的学习途径，也是不断发现改进机会的重要方法之一。

流程优化是指对业务流及其体系不断进行变革，在运营中持续优化流程。流程优化有界定优化目标和范围、流程分析、流程设计和流程推行四个主要步骤。它通过点滴积累改善企业的绩效，即通过某些细微的改变带来巨大的收益。

在流程管理体系建设中，不仅要搭建流程，还需要组织人才、制度规范、方法工具和流程文化作为支撑。流程管理体系建设不是一次性的任务，是一个循环往复的过程。

【案例】华为向流程要效率

华为对于流程的追求：重视流程的实用性，而不看流程是否完美。有时，华为会为了让某个流程适配业务要求，反复进行讨论和更改，甚至到了外人看起来吹毛求疵的程度。华为所有流程都采用端到端设计，直指利益，不创造价值的通通不要；高阶流程只要最佳的业务模型，力求从结构层面实现流程最优。此外，华为的流程体系真正做到了让整个企业成为一个利益集体，拥有共同的目标；将中长期战略融入流程体系，用流程实现战略。

不仅如此，华为流程体系建设也没有急于求成，一直都是在不断改良中前进的，不求最好，只求更好。在华为，流程变革从开始的那天起就从未停下，致力于打造一套简洁、统一的流程，高效地支撑战略达成。

在流程变革中，华为一直强调要抓住主要矛盾和矛盾的主要方面，即要把握客户和业务两个重要板块，从企业愿景出发，承接华为的战略方向，端到端拉通，要把握好方向，谋定而后动，要急用先行、不求完美，深入细致地做工作。

简单就是美，使同样的事情最简单、同样的功能最简单就是美。别把流程搞得太复杂，重要的是流程能够执行下去。流程要向最简化看齐，就像河流汇入大海，顺其自然。大厦非一日建成，华为的流程管理体系是以流程管理体系全景图为蓝图，借鉴并融合了西方世界级企业的经验，以及结合自身实践建成的。企业在建设自己的流程管理体系时，应以流程管理体系全景图为基本盘，以简洁、高效、统一为基本要求，端到端拉通全链路服务场景，打造出适应企业发展的流程管理体系，更好支撑战略落地。

2.3 案例：业务流程持续建设促进华为业务高速发展

用任正非的一句话来概括华为的流程体系，即为实现"多打粮食"的业务经营目标所构建的"从客户中来""到客户中去"的端到端业务运营系统。华为四大公司级流程如图2-7所示。

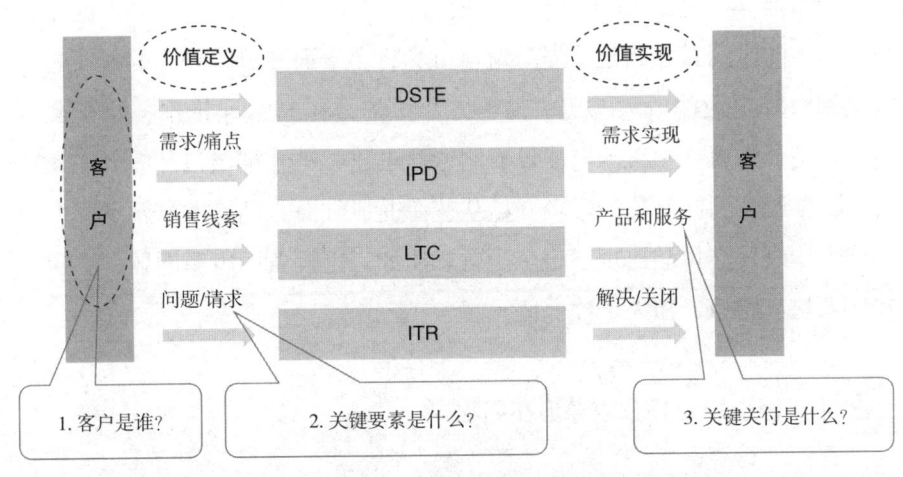

图 2-7　华为四大公司级流程

华为的流程体系中有四大公司级流程，分别是DSTE（Develop Strategy To Execution，开发战略到执行）、IPD、LTC及ITR。

其中，DSTE解决的是价值和意义上的问题。IPD侧重寻找并发现客户的需求和痛点，并在此基础上进行产品与服务的开发，以满足客户需求；LTC是企业运营管理思想，其作用在于实现产品的变现；ITR主攻售后服务，针对产品的问题和客户的需求，不断改进产品并解决售后问题。

华为的业务高速发展离不开业务流程的持续精进。华为选择流程化管理模式，借助IPD、LTC、ITR、DSTE四大流程，用IT的方式固化，将大量重复、简单的工作模板化，打破了以部门为基本结构的管理模式，使用以业务流程为核心的管理架构，从接受客户需求开始，到给客户交付产品，用流程端到端地打通，将管理流程集成化，保证全流程合理，化繁为简，保持工作的有序性。

2.3.1 重构研发模式，实现从偶然成功到必然成功

1998年，华为面临巨大发展危机：一方面，中国加入WTO（世界贸易组织）的时间日益趋近，届时通信市场将会全面开放，华为的各项业务将受到海外企业的巨大冲击；另一方面，华为在1994年推出数字交换机后，巨龙、大唐、中兴等电信设备制造商迅速跟进并推出自己的数字交换机。随着产品的同质化，市场开始从蓝海变成红海，利润率急剧下降。而且华为在研发交付端出现了很多问题。比如，因设备的电源问题，更换了20多万块电路板，损失了数十亿元等。

【案例】华为IPD改革迫在眉睫

以前华为项目的成功，主要靠项目经理和运气，存在很大不确定性。

据郭平回忆，他刚进企业做研发的时候，华为既没有严格的产品工程概念，也没有科学的流程和制度，一个项目能取得成功，主要靠项目经理和运气。郭平负责的第一个项目"运气不错，挣了些钱"。但随后的两个项目又重复了之前的故事，有成有败。"可以说，那个时代华为研发依靠的是个人英雄。"郭平说。

网上流传一个段子，很好诠释了华为当时的困境。段子说到，1997年，任正非拥有了一辆宝马车，兜风路上碰巧遇到了郭士纳，任正非冲郭士纳大喊："你开过宝马吗？"郭士纳并不理睬。任正非转了一圈，又

第 2 章　流程定位：是执行业务的规则和路径，是组织价值创造的机制

遇到郭士纳，大喊："你开过宝马吗？"郭士纳仍然不愿理睬。到了第三次，郭士纳忍无可忍，怒道："开个宝马，嘚瑟什么？"任正非却无奈地回答："我只是想问问你，宝马的刹车在哪儿。"

1997年的华为，正值高速成长时期，学会了踩油门，却没有学会踩刹车。华为表面看起来势头很盛，年销售总额达到了41亿元，但管理问题突出，导致各种矛盾得不到解决，内部早已千疮百孔。

1997年末，在参观考察IBM后，任正非说："IPD关系到企业未来的生存与发展！各级组织、各级部门都要充分认识到它的重要性。"IPD通过对产品开发中各种最佳实践进行集成，实现对产品开发工作的有效管理。

任正非看到了偶然成功和个人英雄给企业带来的不确定性，也看到了华为发展的弊端。于是，任正非说："从客观和主观上，企业都需要一场变革。各级部门要紧密配合起来，努力改进方法。"加入WTO是无法改变的客观事实，而做好管理是可以奋力一搏的主观努力方向。足以见得，当时还很弱小的华为想活下去，就必须重构研发模式，打赢这场市场竞争战。

1998年，华为在对比了朗讯、IBM等多家企业后，选定了IBM顾问。选择IBM，是因为IPD已经在IBM的变革中成功验证。

IBM顾问第一期的报价是4000万美元，约3亿元人民币。当时，华为营收是89亿元人民币，一年也就挣十亿元。但任正非没有砍价，决定将流程与管理向IBM看齐。要知道，任正非当时的月薪也就5000多元，而IBM顾问的时薪最高为680美元，最低也有300美元。

首先，IPD是一种商业流程，从投资（做正确的事）和技术（正确地做事）两方面重构业务投资。其次，IPD主要强调以客户需求作为产品开发的起点，组织跨职能团队承接任务，通过市场规划、产品开发和技术开发三大流程满足客户需求，包含概念、计划、开发、验证、发布、生命周期六个阶段，如图2-8所示。

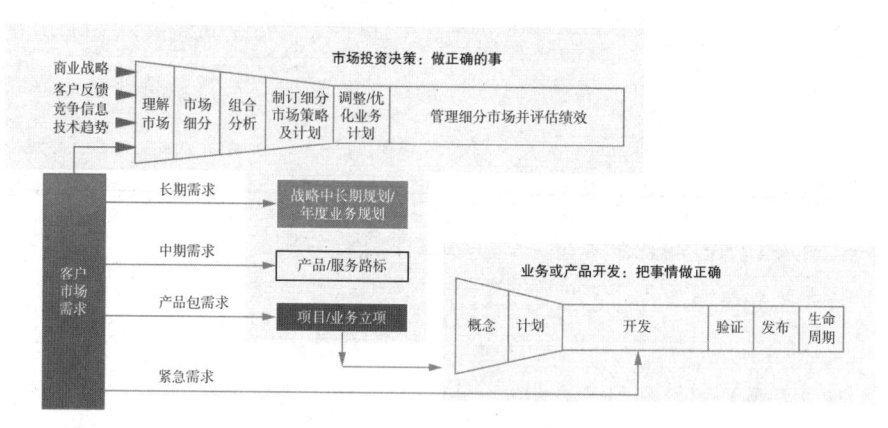

图 2-8 华为的 IPD 流程

IPD流程体系的引入，使华为具备了快速根据客户需求开发产品的能力。IPD在全面推行5年后，华为产品开发周期缩短了36%，产品故障率从10.4%下降到0.3%。

《从偶然到必然》一书中提到，IPD变革让华为实现了三个转变：从偶然成功转变为构建可复制、持续稳定高质量的管理体系；投资行为从技术导向转变为客户需求导向；从纯研发转变为部门团队协同开发、共同负责。

笔者认为，三个转变中最关键的就是从偶然成功转变为构建可复制、持续稳定高质量的管理体系，即从"依赖个人的偶然"到"依靠组织能力的必然"。至今，华为的产品和解决方案已经在170多个国家安全稳定运行，并因此赢得了全球数万客户的信任。

2.3.2 构建面向客户、端到端集成的LTC流程，保障商业成功

LTC流程是公司级面向客户的主业务流程之一，是承载最大的人、财、物的业务流。它能否高质量高效运转，直接决定企业的生死存亡。

华为在通过IPD变革取得不俗的成绩时，为什么还要花重金和时间开

第 2 章 流程定位：是执行业务的规则和路径，是组织价值创造的机制
CHAPTER 2

展 LTC 流程变革呢？如果将华为比作一位武林高手，那么 IPD 和 LTC 就是这位高手的任督二脉。通过打通 IPD 和 LTC 两条主流程，华为业务实现高速发展，成为顶尖高手。

2012 年，任正非在流程与 IT 战略务虚会上发言："主流程现在最薄弱的就是 LTC。如何把 LTC 这个面向作战的流程落到区域，是下一阶段 LTC 改革的重点。LTC 主流程一旦突破，整个流程就贯通了。LTC 不能落实，IFS 的落实也是空话。源头在哪里？在合同的前端。该怎么推行？我认为我们的领导层最重要的是理解、支持这个东西，不要做专家的事情。允许别人做，不阻碍别人做，这个事情就能做成。"

于是，华为开启了 LTC 流程变革。其变革的核心目标是构建一套标准化的销售流程体系，确保产品与服务能高效、准确地变现。包括推倒部门墙、强化项目管理、提升合同质量等多个方面，从而实现业务流程的透明化、规范化，提高华为整体运营效率。

【案例】华为 LTC 流程

LTC 流程是华为的主流程之一，主要为管理线索、管理机会点、管理合同执行三大段工作。

整个流程从"收集和生成线索"环节开始，到"关闭和评价合同"环节结束，保证了流程端到端拉通，如图 2-9 所示。并且将质量、运营、内控、授权、财经等要素全部融入流程中，实现整体流程"一张皮"运作。

同时，华为还在 LTC 的不同环节设置了不同的角色来高效推动流程运作，开展了基于流程建设的角色与组织建设。比如，建立以 CC3（Customer Centric 3，以客户为中心的铁三角结构）为核心的项目团队，包括 AR（客户经理）、SR（产品经理）、FR（服务经理），端到端地负责 LTC 流程运作。

在 LTC 流程的每一个阶段，AR、SR、FR 的工作各有侧重，如图 2-10 所示，相互配合、协同作战。

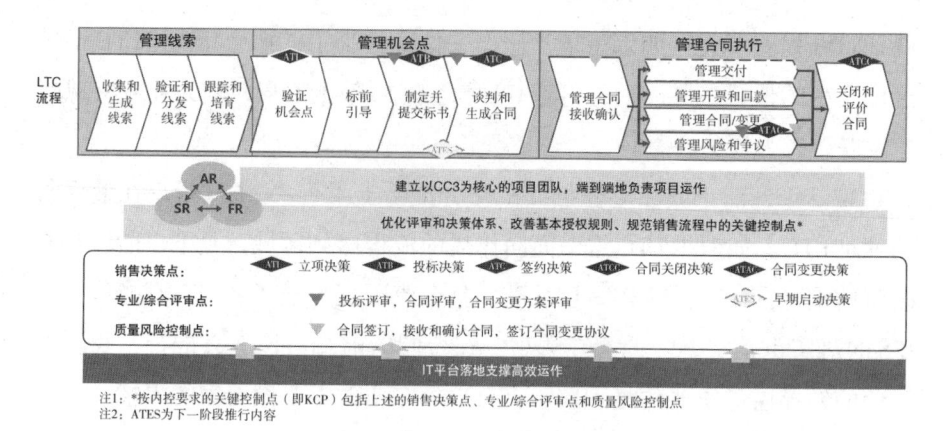

图 2-9　华为的 LTC 流程

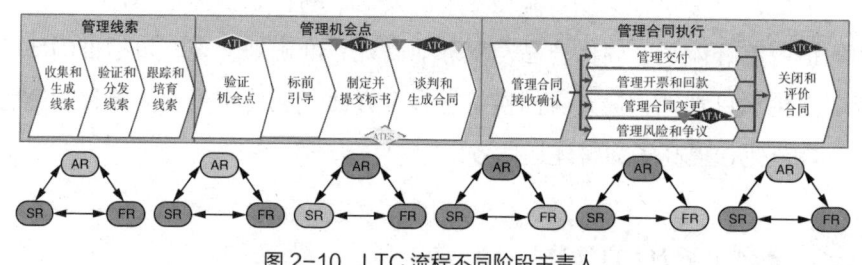

图 2-10　LTC 流程不同阶段主责人

管理线索阶段由 AR 牵头，SR 和 FR 协同，直至管理机会点阶段的验证机会点环节；管理机会点阶段由 SR 牵头，AR 和 FR 协同负责投标工作，谈判和生成合同由 FR 负责，AR 与 SR 协同；合同签订后即可进入管理合同执行阶段，由 FR 牵头，AR 和 SR 的协同工作延续到关闭和评价合同。AR 负责回款和客户管理维护，SR 负责方案澄清和相关沟通。

可见，LTC 打造了由前端拉动后端的更开放、协作性更强的经营模式，促进业务的可持续发展；保证了流程后端能快速支援前端，加强了流程之间的联系，确保每一条流程都精准指向客户需求。

简言之，LTC 是一种让企业从找到潜在客户，到最终收到钱的过程更加高效的一种方法，确保各环节都能顺利进行，从而让企业赚到更多的钱。

2.3.3 构建以客户体验为牵引的ITR流程，提升客户满意度

ITR，是由华为创造性提出的客户服务体系构建方法和管理流程，是指以客户为中心，打通从发现问题到解决问题的整个服务过程。ITR流程主要面向服务部门，由三部分构成，分别是服务请求受理、问题处理、问题关闭。

（1）服务请求受理：客户从各个渠道（官方小程序、官网、官方热线、公众号等）提出服务需求，客服明确客户需求后，先进行登记，留下记录，方便后续将问题分级进行处理。然后，客服根据客户实际情况（信息和服务方式）进行派单，进入问题处理环节。

（2）问题处理：接到派单的工程师处理客户所提出的问题，工程师可根据工作经验或查询系统提供的知识库制定解决方案，如果一线工程师可以快速找到解决方案，立马进入解决问题环节。如果问题复杂，一线工程师无法制定解决方案，就将问题升级，让二线或三线专家分析解决，提供团队支持。注意，在服务过程中可能产生二次订单，需要一线工程师或专家团队及时识别，进入LTC流程，也可深入挖掘客户需求，进入IPD流程。

（3）问题关闭：服务完成后，客服会将问题关闭，进行客户回访，确保问题已经得到有效解决，提升客户满意度。

ITR流程体系使组织反应迅速，问题解决步骤清晰、团队执行力强。ITR建立后，营销、研发等联合围绕客户问题解决难度和紧急程度规范、快速、专业地进行服务，有时候甚至会超过客户原本的预期，进而带来更多客户增购和新的利润增长点。

【案例】ITR流程帮助华为获得客户认可

在华为ITR流程里如果问题没有得到解决，会不断升级，直到触发"管理升级"。所谓管理升级就是指让管理层专家参与到问题解决中，如果

还解决不了,那么华为会从研发端重新打造适合客户的产品。

程志强(化名)是华为一名一线员工,他对亲身经历的一个问题解决事件印象深刻。某年5月的一个周五,一个客户发现自己的邮件系统运行有些缓慢,于是向华为反馈了情况。华为当天晚上就通过流程,牵引多个相关部门技术人员通宵连续攻关,周六对问题进行了成功定位,周一向客户汇报情况,得到客户认可后,周一晚上就进行了相关操作,把问题解决了,获得了客户的高度赞扬。后来这位客户长期和华为保持良好合作关系,并多次提起这件"小事"。

程志强对ITR评价道:"这是企业赋予我们一线的权利,可以用企业的资源去解决问题。到了管理升级层面,华为高层介入,各类资源就位和拉通,问题快速解决,这相当于制度层面的保障。"

ITR流程的建立,让一线获得了更大的权利,拥有更多权限调动资源,甚至拉通管理层共同解决问题,让客户问题的解决有制度层面的保障;同时,让华为树立起了服务品牌,使其一跃成为服务质量最佳,能让客户放心合作的企业。

IPD让华为有了卓越产品,LTC让华为有了卓越运营,ITR让华为有了卓越服务。ITR是保证客户满意度,构建客户忠诚度的最关键一环,使华为最终牢牢抓住了客户。

2.3.4 打造端到端战略管理流程体系,确保企业朝正确方向前进

华为在企业层面的一级主流程,除了有面向具体业务领域的三大主流程,还有一个供所有管理人员,尤其是供一定层级管理人员使用的战略管理流程,那就是DSTE。华为用DSTE(见图2-11)制定中长期战略、做重大业务决策和端到端跨职能部门的业务管理。

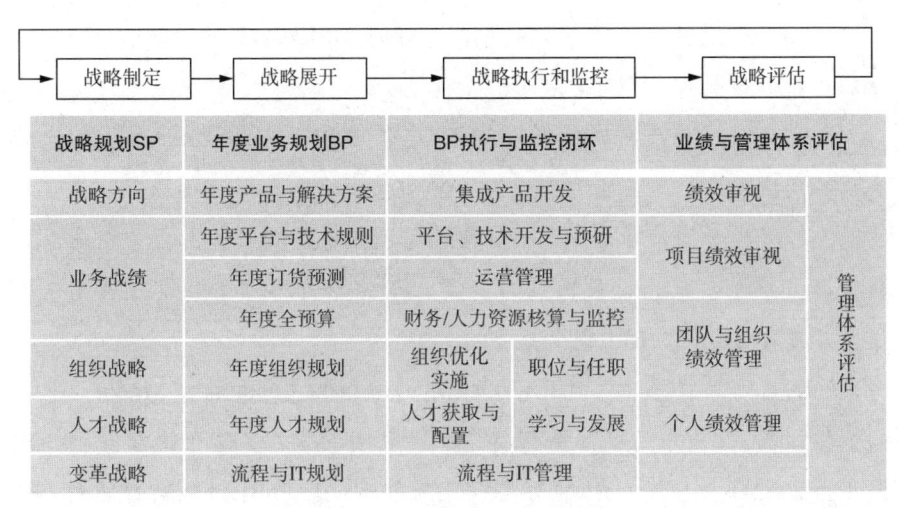

第 2 章　流程定位：是执行业务的规则和路径，是组织价值创造的机制

战略制定	战略展开	战略执行和监控	战略评估
战略规划SP	年度业务规划BP	BP执行与监控闭环	业绩与管理体系评估
战略方向	年度产品与解决方案	集成产品开发	绩效审视
业务战绩	年度平台与技术规则	平台、技术开发与预研	项目绩效审视
	年度订货预测	运营管理	
	年度全预算	财务/人力资源核算与监控	团队与组织绩效管理
组织战略	年度组织规划	组织优化实施 / 职位与任职	
人才战略	年度人才规划	人才获取与配置 / 学习与发展	个人绩效管理
变革战略	流程与IT规划	流程与IT管理	

（管理体系评估）

图 2-11　华为 DSTE 流程

华为的 DSTE 流程全面整合战略规划与执行过程。该流程通过战略制定、战略展开、战略执行和监控及战略评估四个主要阶段来实现企业战略目标。其核心在于将企业的长期战略目标转化为可执行的年度业务计划和预算，确保企业及各业务单元的中长期战略目标与年度计划资源预算和滚动计划保持一致。

DSTE 可以说是战略管理层面的 IPD，有了 DSTE，各层次、各部门的管理有机协同和集成成为可能，企业内所有活动、工具方法、角色和权限都被纳入其中，形成有机整体，成为一个战略管理操作系统。但 DSTE 不是一天建成的，战略能力的构建是一个循序渐进的过程。

【案例】华为的战略管理变革之路

2002 年，华为引入美世的 VDBD 战略模型（Value Drived Business Design，价值驱动业务设计），开启了战略管理的变革之路。引入 VDBD 后，企业战略规划的能力提升了，但战略与执行脱节的问题变得更突出了。

于是，2003 年，华为启动战略规划 801。但由于这是华为第一次进行战略规划，采用的方法论依然是MM（Market Management，市场管理），无法指导企业层面，华为用起来很不顺手。

2005年，华为启动战略规划803，这是华为第一个真正意义上的比较规范的战略规划，但是仍存在很多不足，最突出的是不具备洞察一线市场的能力，且当时的市场部门只能处理内容极度单一的工作，集中在竞品分析和客户诉求收集上，没有战略高度。华为不得不将两个东西拼起来使用，各自负责各自的部分。

2009年，华为引入了IBM的BLM（Business Leadership Model，业务领先模型），作为中高层战略制定与执行联接的方法，这个战略规划一直沿用至2012年。但是，BLM存在一些局限性：应用BLM做战略规划，落地性不足；在执行侧只有人才、氛围与文化等几个要素的描述，没有详细阐释如何将战略落地的问题。

2012年，华为引进BEM（Business Execution Model，业务执行力模型），经过实践中的不断摸索形成了DSTE，一直沿用至今。

DSTE成形后，华为不仅解决了困扰其多年的战略规划、年度业务计划和经营管理"两张皮"的问题，还打通了中长期战略目标与年度计划资源的预算和滚动计划（见图2-12）。

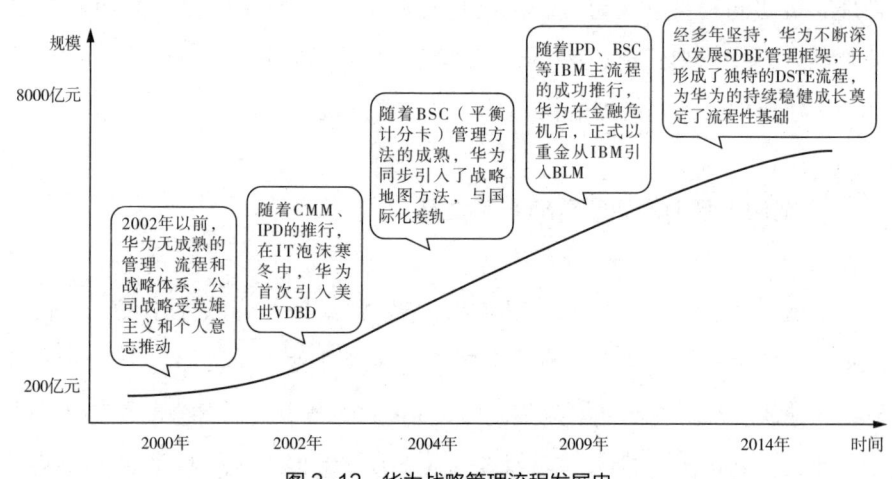

图2-12 华为战略管理流程发展史

第 2 章　流程定位：是执行业务的规则和路径，是组织价值创造的机制
CHAPTER 2

可见，战略管理必须走向体系化，走向闭环管理，以确保战略目标的真正落地。华为的 DSTE 是战略管理集大成者，将活动、方法、组织、角色等囊括其中。战略在体系中实现闭环，在闭环中循环，在循环中持续进化。

第二篇

顶层设计篇

第3章
业务架构：对齐战略，设计面向未来的业务架构蓝图

业务架构来自业务，是对业务的结构化表达，是企业治理结构、价值流与业务能力的正式蓝图。

在笔者看来，业务架构是以承接企业战略为出发点，以支撑实现业务战略为目标，对企业的业务能力、关键业务流程等进行全局规划；同时，业务架构能帮助企业清晰界定业务的范围与边界，为IT架构建设提供指引，是对企业未来业务蓝图的高度总结。

3.1 业务架构是企业治理结构、业务能力与价值链的正式蓝图

业务架构作为对业务的结构化表达，是对齐战略目标，并在组织内达成共识的企业蓝图。它明确定义了企业的治理结构、业务能力、业务活动、业务数据，为企业提供了一个共同的框架。

3.1.1 业务架构来自业务，是对业务的结构化表达

业务架构反映了企业业务的全貌，覆盖了业务的方方面面，为企业领导层提供了一种业务层面的共识，是为支撑企业业务目标而定义的一套运作管理体系。它描述企业如何用业务的关键要素来实现自身战略构想与目标。业务架构主要有四大特征。

（1）战略对齐：业务架构要与组织的战略目标及愿景保持一致；

（2）高层次：提供企业运作的宏观视图，而非细节上的描述；

（3）整合性：整合业务流程、组织结构、信息系统和技术平台；

（4）持续优化：作为持续改进和优化业务运作的基础。

【案例】理想汽车：好的业务架构，能支撑战略目标的实现

理想汽车进入"从1到10"规模化扩张时期后，调整了经营目标——到2025年，各类车型在中国市场占据20%的市场份额，位列中国市场第一。

而战略目标的实现，需要有好的业务架构支撑。正如理想汽车CEO李想所说，有了好的业务架构，才能清晰地了解和开展业务；将战略拆解为可经营和管理的东西，支撑企业战略的实现。

第3章 业务架构：对齐战略，设计面向未来的业务架构蓝图

汽车市场占有率的提升需要靠销量来实现，而销量则主要受到产品力、产品价格、销售能力的影响。

因此，理想汽车在建设顶层业务架构时，将战略目标转移至：（1）产品价值建设。加强研发，继续提升产品力和产品价值，包括产品、造型设计、硬件、软件系统ETC等；（2）产品成本建设；（3）销售能力建设。从曝光、线索、交易、交付、服务等方面强化销售能力。

截至2024年11月30日，理想汽车年内累计交付超44万辆，市场占有率达17.3%。

可见，业务架构不是越复杂越好，也不是越扁平越好，要根据企业的目标和要求进行设计，让企业从上至下的每一个模块都有清晰的架构。

业务架构作为企业架构中的重要架构之一，与信息架构、应用架构和技术架构共同构成了企业的架构蓝图，华为称之为"一体四面"细化架构蓝图，如图3-1所示。

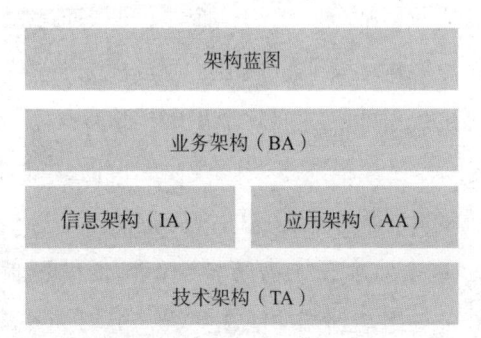

注：本图来自《华为数字化转型之道》

图3-1 华为"一体四面"细化架构蓝图

其中，架构蓝图是顶层架构设计，是在战略层面上，为确保业务流程与技术架构一致性而绘制的全局视图。企业需要基于业务架构、应用架构、信息架构、技术架构对架构蓝图进行细化设计。

应用架构是指支持企业业务和数据处理需要的IT应用系统，完成从业

务到IT的转换，确保有效满足业务需求。

信息架构也叫数据架构，是用结构化的方式描述在业务运作与管理决策中所需要的各类信息，以及这些信息互相之间关系的一套整体组件规范，包括数据资产目录、数据标准、数据模型和数据分布四个组件。以商超为例，商品品类是数据资产目录，商品标签是数据标准，商超平面是数据模型，商品制造、商品物流、商品选购等环节产生的数据是数据分布。

技术架构定义了支持企业业务运行的技术基础设施的框架，为企业提供了一个稳定、可靠且安全的技术环境。

综上，业务架构就是企业战略和业务流程的蓝图，定义了企业业务目标、流程、组织结构及关键业务能力。为此，企业需要设计清晰的业务架构，以更好地规划并执行战略，确保各业务部门目标一致，提升运营效率。

3.1.2 业务架构的内容框架及核心构成要素

业务架构，描述业务战略、组织、职能、业务流程、信息需求及彼此间的相互作用。业务架构主要有价值流、业务能力、信息和组织四个核心构成要素，以及愿景、目标、客户三个扩展构成要素。其中，愿景描述本领域未来3年的定位；目标描述本领域存在的价值，或者更具象的发展目标；客户描述本领域为谁服务及提供的价值主张。

（1）价值流。它描述本领域为客户创造价值的逻辑及提供的典型价值。同时，价值流是一组端到端的活动集合，能够为外部客户或内部用户创造一个有价值的结果。

（2）业务能力。它描述本领域为实现客户价值创造，所需要具备的达成目标的能力。具体来说，它是业务自身拥有或者从外部获取的特定能力，以实现某一特定目的和结果；同时，业务能力描述业务"做什么"，从而为客户创造价值，例如薪酬、运输等。

第3章 业务架构：对齐战略，设计面向未来的业务架构蓝图

值得注意的是，业务能力不同于个人技能，它更多地指一系列围绕特定业务信息所展开的综合管理能力。

（3）信息。将实体的人、事、物进行抽象，并映射到数字领域的一种载体，例如产品与合同。

（4）组织。业务架构中，组织扮演的是引导性角色。业务架构要跨越组织边界，通过信息、价值流、业务能力等关联要素，全面描绘企业运营的蓝图。

【案例】M企业的业务架构蓝图

随着数字化转型浪潮席卷全球，零售行业迎来了前所未有的变革机遇。M作为国内一家行业排名前三的企业，2021年邀请笔者及团队为其做流程与数字化建设咨询服务。

数字化转型，架构先行。因为架构先行，可以对企业的技术资源进行统一规划和管理，避免重复投资，同时保障系统集成与数据一致性，降低风险与成本。

如图3-2所示是笔者带领团队为M企业设计的业务架构，由客户及价值主张、价值流及业务能力构成。其中，M企业的客户主要有意向加盟者、门店经营者、消费者及内外部协同；业务能力是M企业业务运作的PDCA闭环，是横向拉通、上下游对齐的依据；向下牵引流程建设、数据IT建设，指导IT平台与工具的资源投入。

企业可通过业务架构蓝图对战略愿景进行系统性、分层分级的梳理和诠释，并基于蓝图，开展下一步的流程架构设计。

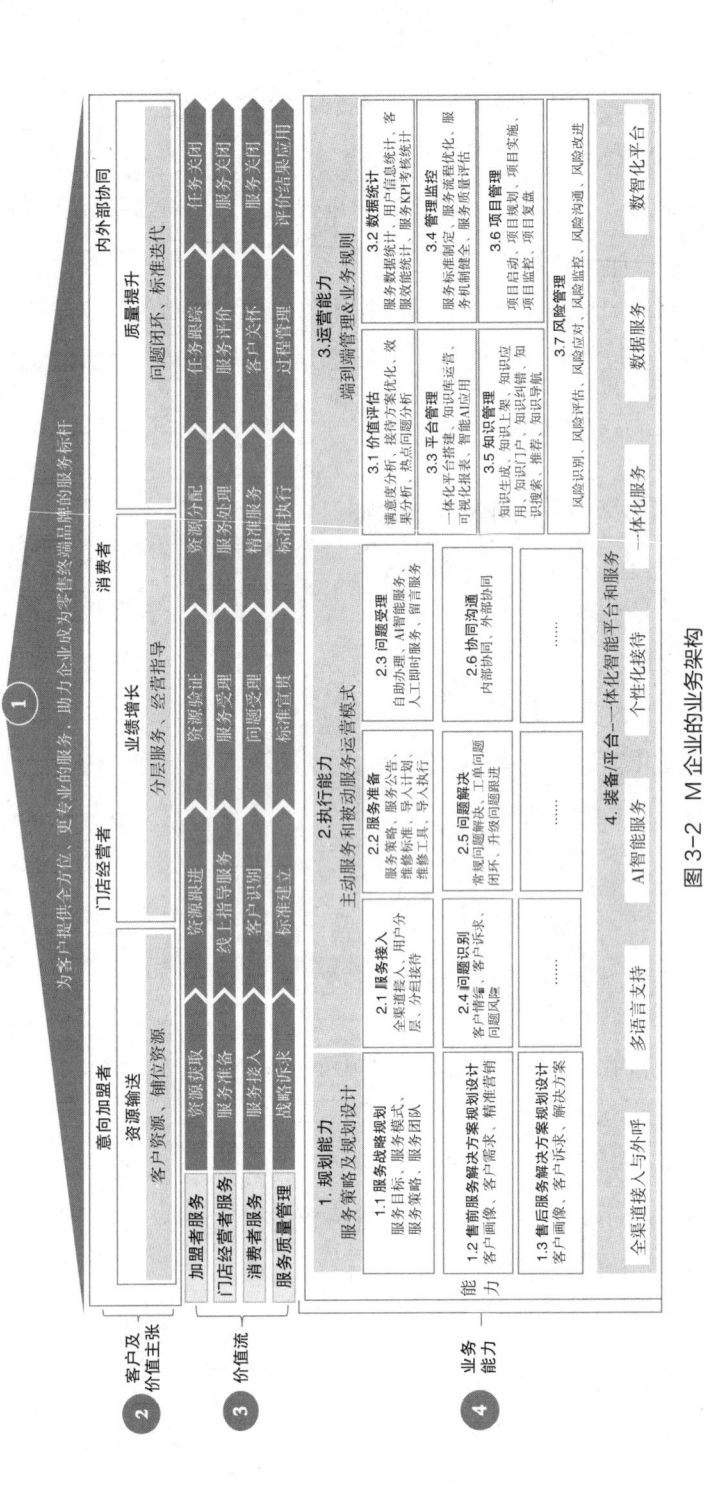

图 3-2 M 企业的业务架构

3.1.3 流程架构承载业务架构的价值流与业务能力

企业的业务架构要先于流程架构。笔者在企业中做流程变革咨询时发现，企业业务场景多、绩效指标多，但有些并未对准企业的业务战略、业务目标。这些不能增值的业务一旦导入流程架构，随着流程跑，就会出现业务与流程两张皮运作的情形。

【案例】华为财经管理流程承载业务架构

华为在2009年之前的财经管理水平，尤其是订单管理能力与业界一流企业相比，存在运作与交付上的交叉、重复低效、流程不顺畅等问题。当时，从账面上看华为虽然赚了很多钱，但是到了年底发奖金的时候，却需要向银行借款。后来经过深入分析华为发现：当时很多项目的钱，客户都还没有给。究其原因，是华为在业务架构设计上，以项目验收合格作为合同关闭的依据。

于是，华为变革财经体系，逐渐实现由按"形象进度"交付到按"形象进度"回款。其中，"形象进度"是指交付里程碑。房子虽未修好，但地基修完了，这就是"形象进度"。此时，地基的钱要先收回来。后来，华为在LTC流程变革中，也将回款作为合同关闭的评价指标，作为业务能力之一，并将投标、合同签订、交付、开票、回款贯穿主业务流。

我们会发现，华为之前的业务架构不够合理，将验收评估作为主要的业务能力，使得一线人员只顾干活，不关注回款，导致财务目标很难达成。后来，华为将回款加入业务架构之中，其作为核心的业务能力，不断地随着流程被执行。

我们还可以通过业务架构与流程架构的关系，如图3-3所示，更直观地了解二者的关系。

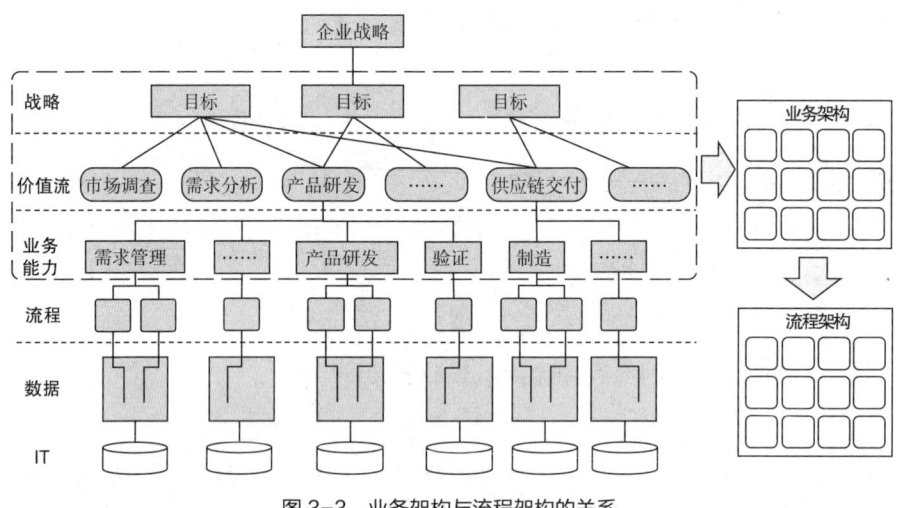

图 3-3 业务架构与流程架构的关系

业务架构与流程架构之间是一个承接与被承接的关系。业务架构承接企业战略和管理要求，自上而下开展架构设计；流程架构则承载业务架构及要求，层层衔接，最终构建出科学的、可执行的企业流程架构。

3.2

遵循业务架构设计理念与原则，确保"一张蓝图"绘到底

业务架构为企业提供了一个清晰、稳定、有弹性的结构化框架，能促使企业将各项业务功能与整体战略目标紧密连接，确保员工共同推动战略落地的实现。

为确保"一张蓝图"绘到底，设计出清晰、稳固的业务架构，企业需要遵循业务架构设计理念与原则。这样一来，企业就能更好地应对市场变化，优化资源配置，提升整体运营效率。

第 3 章　业务架构：对齐战略，设计面向未来的业务架构蓝图

3.2.1　业务架构设计要承接战略目标、达成共识，并坚持长期主义

业务架构设计应与战略目标一致，在很大程度上来说，业务架构是战略执行与落地的工具，是企业战略与日常运营的桥梁。从宏观层面讲，企业战略通过业务架构进行分解，并在此过程中促成各级管理人员就战略目标达成共识，让所有人明确各自交付责任，使企业战略落实到战术层，最终实现业务目标。

业务架构描述的是全局的、高层次的规划与设计，指明了业务方向，而非具体的业务规则。因此业务架构要放眼全局和未来，而非囿于业务细节。更重要的是，业务架构要完成从企业战略到IT架构及项目的转化，建立业务架构相关体系，而非独立存在。企业战略与业务架构的关系如图3-4所示。

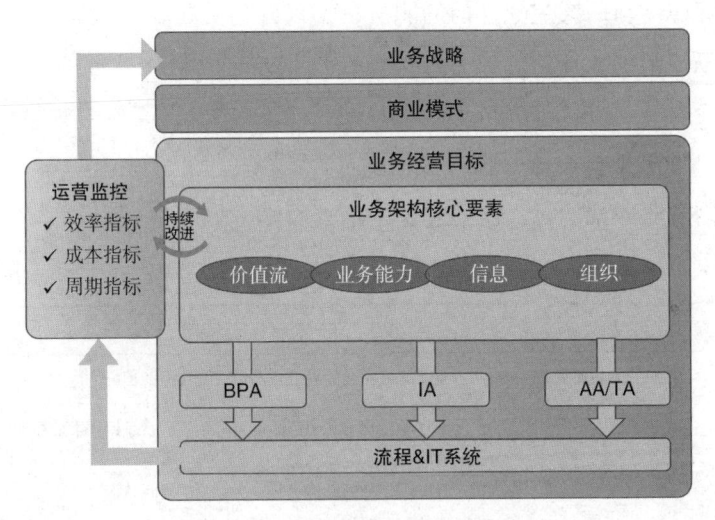

图 3-4　企业战略与业务架构的关系

业务架构向上承接战略和商业模式，向下承接业务流程架构（Business Process Architecture，BPA）、信息架构（Information Architecture，IA）、应用架构（Applications Architecture，AA）、技术架构（Technical Architecture，

TA），以及具体的流程和IT系统。一些企业虽然通过流程优化使局部的运营效率得到了提升，但缺少支撑企业战略、清晰的业务架构，导致无法发挥端到端流程的优势。

为了避免这类问题，企业在设计业务架构时要从战略出发，通过对业务能力的梳理，将业务能力以业务服务的方式透出，实现对业务流程的支撑。

（1）业务架构设计理念与要求

第一，承接战略目标。这是从战略到执行的第一步，是战略目标的分解和传递，是对业务未来终局的设计构想。

第二，形成共识。业务架构蓝图的最终形成是企业上下一致研讨并达成共识的体现。为此，在设计业务架构时，要让参与人员共创并确定业务愿景及目标，达成共识，进而实现上下同欲；对准面向客户的价值创造，区分总部职能与一线主战部门的职责，实现各司其职。

第三，契约化交付。业务架构设计是业务与数据IT达成的共识，也是契约化交付的起点。

（2）业务架构设计原则

在构建业务架构时，需要遵循一定的原则，如表3-1所示。

表3-1 业务架构设计原则

序号	原则	说明
1	企业业务战略驱动	业务架构要符合企业业务战略，支撑战略目标的达成
2	反映业务本质，覆盖全业务	·业务架构是对业务高阶能力的描述，要支持同类业务能力的统一管理 ·支持基于业务架构进行业务能力的差距分析，从而支持业务的改进和能力的提升
3	有利于业务集成及效率提升	·有利于客户价值创造过程的协同和业务集成运作，有利于价值创造的端到端流程效率提升 ·在实现客户价值创造目标的过程中，业务架构要破除部门墙，防止业务孤岛
4	有利于流程化组织建设	定义角色，不直接定义组织和岗位，业务架构不与组织架构强耦合

续表

序号	原则	说明
5	有利于端到端信息贯通	• 输入输出是 IT 承载的信息，业务架构要支撑端到端信息集成的分析 • 支撑沿着业务流的 IT 应用架构和数据架构的设计与集成贯通，指导流程和 IT 的建设
6	相对稳定和持续改进	• 业务架构规划要具有一定的前瞻性，以确保架构的相对稳定性 • 业务架构要随着业务的发展定期审视，持续改进

业务架构是企业战略的基石，承载着企业发展的核心力量。企业需要在对齐战略的基础上，遵循业务架构设计理念与原则，设计面向未来的业务架构蓝图，助力实现运营与战略高度同步。

3.2.2 用Y模型梳理企业价值流，指导业务架构规划

企业的价值流与业务能力描述了战略层面的业务，流程负责将它们落地到可操作层面。

因此，开展业务重构，基本上是持续对企业作业场景和价值流进行分析，不断优化企业的作业流程。Y模型是一种国际通用的、指导业务架构的设计方法，如图3-5所示。

准确识别价值流是企业所有工作的原点。企业的工作只要紧紧围绕价值流开展，就不会走偏。Y模型用于指导业务架构设计，有别于传统的业务架构思路，更看重价值流，也就是企业为客户创造价值的端到端的过程，正如Y模型左侧所示。

Y模型中价值流和业务场景是企业一二级业务能力获取的源头。Y模型右侧展示了企业业务能力的重新规划、布局。其中，业务能力类对应一级业务能力；业务能力组展示了一级能力解析下的二级能力组，直到解析单个业务能力和职能流程清单。最终，业务能力汇总构成了企业的业务能力框架。

图 3-5　Y 模型

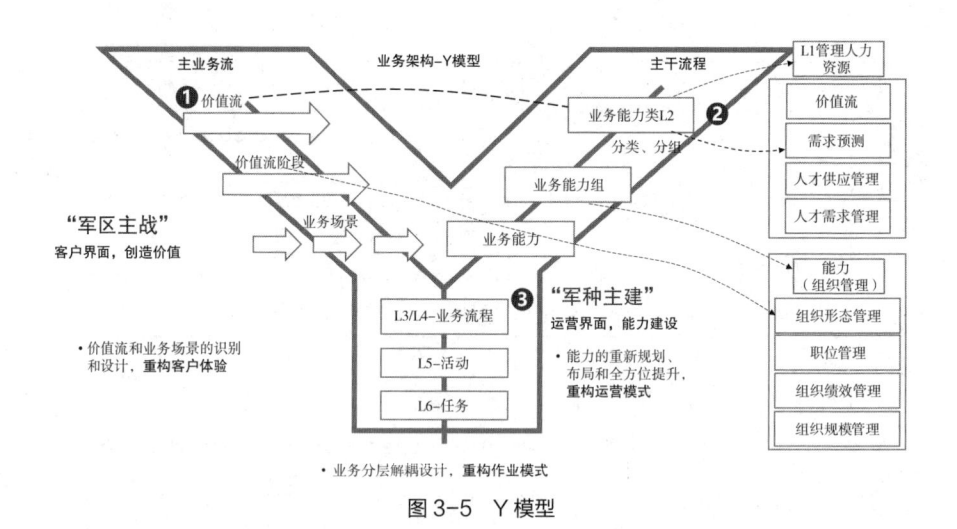

价值流和业务能力的链接。价值流对应"军区主战"，面向客户，为企业创造价值，对结果负责；业务能力对应"军种主建"，负责能力建设，提升业务能力，支援一线。

Y 模型左右两侧汇集到下端，分层解耦业务，形成三四级业务流程及五六级活动和任务。表3-2是Y模型中的术语和定义解读。

表 3-2　Y 模型中的术语和定义解读

术语	定义
价值流阶段	·端到端价值流上，同类的业务活动组合，独立输出业务价值、独立提升业务能力，实现端到端价值流
业务场景	·基于某个价值流/价值流阶段下的不同场景因子，细化价值流/价值流阶段，识别不同价值传递的业务路径及过程；业务场景有2类，价值流阶段业务场景、端到端价值流业务场景
业务能力类	·它是企业级业务能力框架，通常按照较大业务范围及所需业务技能分类（功能领域），如产品研发、市场营销、管理人力资源等
业务能力组	·它是功能领域的业务能力框架，通常按本领域的业务分类或者分段进行分组，是若干个强相关业务能力的组合

Y模型通过对企业价值流的梳理、分析与重构，实现业务运作模式的优化，从而更好地满足客户需求，增强企业的核心竞争力，是华为从西方顶级咨询企业引进的。企业可以借鉴Y模型，来指导建立符合自身的业务架构。

3.3
以客户为核心,设计业务架构,有效沟通业务与IT

承接企业战略、以客户为核心,按照业务定义,识别客户、设计"教堂",描述业务愿景与目标,梳理价值流,识别业务场景,对准价值实现,梳理业务能力步骤,完成企业的业务架构设计,有效沟通业务与IT,实现从业务需求到技术支撑的顺利传导。

3.3.1 业务定义:识别客户,并描述企业为客户提供的独特价值

企业之所以会存在,本质是为了提供使客户满意的商品和服务,而不是为了给员工和管理者提供工作机会,也不是为了给股东赚取利益和发放股息。同样,业务架构的设计也要以客户为核心,要"创造客户"而不是"创造利润",不能一味地求利润率,把市场拱手让给竞争对手。

【管理观点】谁是我们的客户?

(1)外部客户

- 客户:企业真正付账的群体(最终客户)
- 用户:产品的使用者

(2)内部客户

- 不只是下一道工序是上一道工序的客户
- 市场作战组织是所有平台、职能组织的客户

企业通过经典三问分辨客户，提炼价值主张，即"谁是客户""客户购买什么""给客户带来的独特价值是什么"。最后，得到的价值主张是企业承诺的送给客户以满足其需要的所有利益或价值的集，也就是业务的定位。

【案例】海尔人单合一模式为客户带来独特价值

海尔著名的人单合一模式给客户带来了独特的价值。人单合一的模式下，员工不从属于岗位，而是因客户而存在，有"单"才有"人"。每个员工直接面对客户，随时随地与客户零距离交互，创造客户价值。人单合一模式从根本上让企业战略、业务模式、业务架构发生颠覆，体现为"三化"，企业平台化、员工创客化、客户个性化。这衍生出数百个生态圈小微。小微是海尔平台上的基本创新单元，由创业团队独立运营。例如小帅影院，2015年通过用户交互和粉丝经营，让用户参与设计迭代，依托海尔开放平台吸引全球资源，2015年底销售额超过4000万元。小帅影院诞生之初，依靠用户需求和创新，满足孕妇的躺着看电影的需求。后来随着不断发展，小帅影院依托互联网家庭端，打造"第2院线"概念，挖掘家庭院线、酒店院线和校园院线三大院线业务场景，解决这三类场景的痛点。小微通过互联网实现与客户交互、无边界体验，帮助客户满足独特需求，并在互动中完成产品设计，实现价值输出。

海尔通过人单合一模式，推动和倒逼团队主动识别客户，积极贴近客户，与客户互动，发现各类客户需求，并进行产品设计。依照案例可以总结出业务的定义，即通过售出产品或服务，以获取某种价值，形成业务闭环且能够自负盈亏。

笔者在服务S企业时，识别出它的核心客户是消费者与加盟者。其中，为消费者提供的独特价值是便利的购物场所，为加盟者提供的独特价值是有竞争力的零售投资解决方案。

用一句话来阐述业务定义，那就是：为哪些客户提供了什么独特价值。

3.3.2 设计"教堂"：描述业务愿景与目标，统一组织方向

业务愿景是对组织未来发展方向和目标的描述。它具有三个方面的价值：一是统一组织方向，明确指导组织的战略规划和行动，保证每个部门和项目团队的目标一致；二是鼓舞变革人员的士气，通过愿景激发员工的激情和潜力，明确自己的工作对组织流程变革的意义；三是吸引合作伙伴，为组织流程建设提供更多的资源和支持。

【案例】华为数字化转型愿景

2017年，华为提出"把数字世界带入每个人、每个家庭、每个组织，构建万物互联的智能世界"的新愿景；同时提出数字化转型目标："对内，各业务领域数字化、服务化，打通跨领域的信息断点，实现领先于行业的运营效率；对外，实现与客户做生意更简单、更高效、更安全的目标，提升客户满意度"。

在华为看来，数字化转型愿景需要与企业的业务目标保持一致，企业能够形成广泛共识。此外，先不考虑愿景，可以让人们跳出现状，倒推对未来的描述，且愿景相对稳定，可提纲挈领地对未来进行描绘，不会经常变动。

所以，华为的数字化转型始终由愿景驱动，思考未来几年的战略，规划未来企业架构、具体举措、路径和目标。经过数年努力，华为实现了数字化转型的目标。

业务愿景应该鼓舞人心、激发激情。比如，华为当年建设IT系统，提出的IT愿景是：不是要成为世界级的IT，而是成就世界级的华为。

同时，**业务目标应具有可测量性和可达成性**。比如，笔者辅导M零售

企业设计业务架构，定的业务目标是10年实现营收500亿元。为此，企业要制定对准愿景的核心指标，确保愿景能被度量和追踪。

> **【管理观点】业务目标制定原则**
>
> （1）与愿景一致：每个KPI都应与业务愿景的具体目标相关联，以确保其能够直接反映业务的进展；
>
> （2）可度量性：每个KPI都应该能被度量，并且有相关的数据来支持度量；
>
> （3）可行目标：每个KPI都应该设定具体可行的目标，以便衡量其进展情况并做出调整；
>
> （4）定期回顾：应该定期回顾和评估，以确定组织是否朝着实现愿景的方向发展。

需要注意的是，企业在设计业务架构时，需要全盘考虑何时开始。一般从年度审视，基于SP/BP、企业变革时间节点，避免运动式建设，没有后续应用、治理和持续迭代。

3.3.3 价值流梳理：聚焦客户体验，识别价值流与业务场景

价值流为外部客户或内部用户创造一个有价值的结果。它有三个关键要素，客户、价值主张、价值流阶段。价值流识别可以让管理者转变职能管控视角，从客户视角以价值创造牵引业务设计、提供差异化服务。它也将战略、客户体验转化为有优先级的、协同的、结构化的变革与举措，促进跨组织的协作和解决方案的共享。企业在进行价值流分析时要遵守四个原则。

第 3 章　业务架构：对齐战略，设计面向未来的业务架构蓝图

原则一：以客户视角而非内部流程运作视角分析，从客户需求到客户满意。

原则二：交付结果必须是完整的、有意义的，而非中间过程的产出。

原则三：要明确并定义触发价值流的利益相关者。

原则四：价值流可以在包括企业、业务板块、子公司、功能领域在内的层面进行定义。

价值流梳理的核心是聚焦客户体验，识别价值流与业务场景，具体分为五个步骤，如图3-6所示。

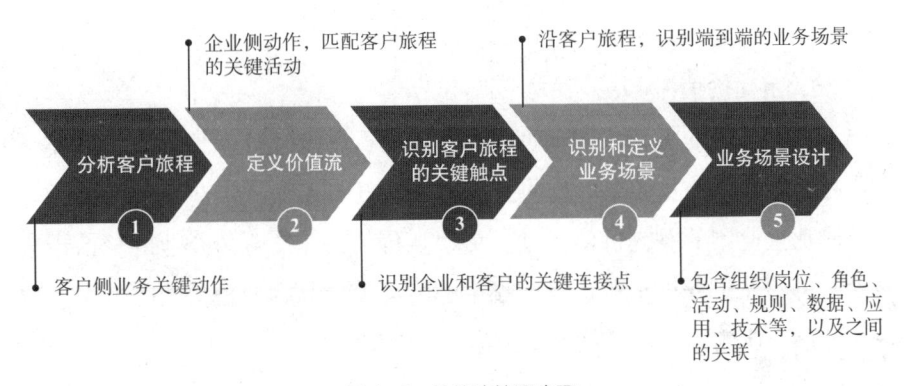

图 3-6　价值流梳理步骤

（1）分析客户旅程

要实现端到端的客户旅程全覆盖，对很多企业而言，应该将运营、营销、客户及竞争数据综合起来分析，全面了解整个旅程，进而让管理层更客观地了解客户体验，并据此确定各业务单元及顺序。

【案例】M便利店业务价值流分析

M便利店展开对业务价值流的分析，从客户旅程出发，识别价值流和业务场景。通过对从卖店到卖货的核心业务梳理，找出核心价值流：加盟运营、商品、供应链及门店运营，并总结出14个典型业务场景，如图3-7所示。

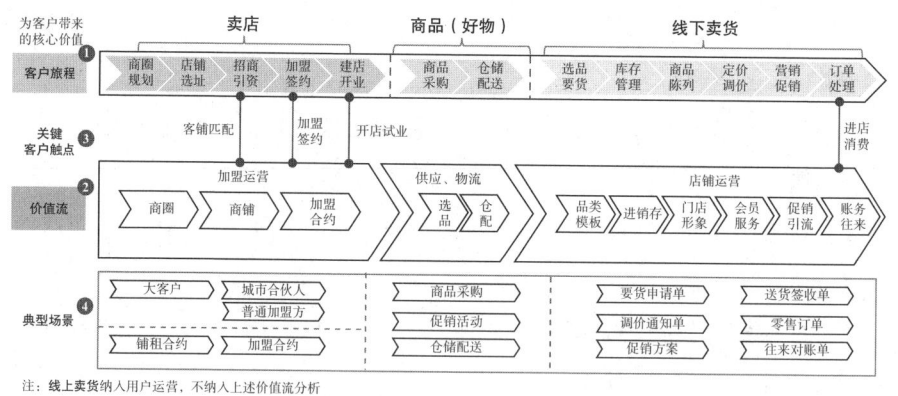

图 3-7 M便利店业务价值流分析

（2）定义价值流

定义价值流的各阶段要与客户旅程相匹配，要建立映射关系，以便于企业后续准确划分各业务单元的范围，确保边界清晰。

识别企业侧的关键价值活动，可以从价值链角度分析企业的价值创造活动，目的在于分析企业运行的哪个环节可以提高客户价值或降低生产成本。识别企业侧的关键价值活动模型如图3-8所示。

图 3-8 识别企业侧的关键价值活动模型

基本上企业分为三个层次，决策层体现战略创新；管理层承上启下，在确定的方向与战略上提供支撑，提供服务与管理控制；运营层是增长核心，也是价值链中最好体现的环节。

（3）识别客户旅程的关键触点

客户旅程在客户生命周期中呈现多触点、多渠道、随时在线的特点。图3-7中，M便利店业务价值流关键客户触点有4个，分别是客铺匹配、加盟签约、开店试业及进店消费。

如何精准把握并合理应用呢？麦肯锡给出了6点建议，以管理客户旅程，识别客户旅程的关键触点。

【管理知识】麦肯锡管理客户旅程的6点建议

触点越多越复杂。一些企业依赖职能部门来设计和交付服务。很多情况下，这些职能部门负责管理触点，这大大影响了客户对活动的满意度。麦肯锡认为以下6点对于管理客户旅程至关重要：

- 透过客户视角认清客户旅程的本质。
- 理解客户在旅程的各个触点之间如何切换。
- 预测客户在旅程各个阶段的需求、预期和期望。
- 了解哪些触点有用、哪些没用。
- 确定优先顺序，优先处理关系重大的问题，把握重要机遇，改善旅程体验。
- 解决根源问题，并重新设计旅程，以更好实现端到端客户体验。

（4）识别和定义业务场景

价值流为企业描述了为客户创造价值的过程，也为流程架构的层级设计提供了参考。但我们还需要识别业务场景，确定业务的边界和范围。主要方法有两个：一是沿着客户旅程，识别端到端的业务场景；二是沿着价值流阶段识别业务场景，以分析业务层面的问题和解决方案。可采用5W1H法，即分析业务活动的目的（Why）、角色（Who）、对象（What）、时间（When）、地点（Where）和执行方式（How）。

（5）业务场景设计

业务场景主要由组织/岗位、角色、活动、规则、数据、应用、技术等要素构成。企业可通过图文的形式描述业务场景，尽可能地将业务场景可视化、结构化。企业在设计业务场景时，可从6个方面综合考虑。

第一，信息能否助力打破业务边界？

第二，减少重复作业，面向客户时角色是否可以整合？

第三，避免分散，作业、交易、办公可否自动化？

第四，为提升效率，管控类活动可否减少？

第五，尽可能在流程中跑，能并行的流程可否并行？

第六，打破时空限制，业务可否服务化，让交易更简单？

通过业务场景设计来定义业务在当前或未来的形态，能帮助员工更好地理解各要素之间的关系，为提升客户体验积累经验。

需要注意的是，价值流并非业务流程。价值流从客户视角、端到端视角描述价值创造过程。

3.3.4 业务能力梳理：对准价值实现，描述业务能力架构模型

业务能力是指业务自身拥有或者从外部获取的特定能力，以实现某一特定目的和结果。它描述了业务做什么，进而为客户创造价值，包括流程、IT系统、技能、资源等。

业务能力框架是对业务能力的模块化呈现，是一种建模和分析的手段，是一种企业业务的逻辑视图。它将强相关的业务活动聚集到非重叠的业务能力中，以便于沉淀专业知识与技能，在全企业内共享，实现组件化，提升业务效率。

（1）业务能力的特征

表3-3列出了业务能力与业务流程的特征，通过对比，企业可以清晰了解业务能力的特征，并识别业务能力。

表 3-3 业务能力与业务流程的特征

维度	业务能力	业务流程
业务视角	专业化、职能化管理	流程端到端
关注角度	做什么	怎么做
表现形式	抽象或高度概括	具体的、动态的，根据业务需求调整
管控要求	标准化、模块化、服务化	端到端、最佳实践，承载内控、法务、质量
业务使命	主建	主战
责任主体	部门主管	流程责任人
相互联系	为流程赋能	向能力提出需求

以出差住酒店为例。酒店住宿包括酒店预订、到店登记、费用支付、分配房间、领取钥匙、房间入住、服务享受、酒店退房等子流程或业务步骤，这些就是业务流程。

酒店在预订环节提供电话预订、微信小程序预订、App预订、商旅平台预订等多种方式，在费用支付环节提供现金支付、银行卡支付、网上支付、企业扣款等多种方式，这些就是业务能力。

（2）识别业务能力

在识别业务能力时，需要遵循表3-4的业务能力识别原则。同时，还可以借鉴业界优秀标杆来修正业务能力及业务能力地图。

表 3-4 业务能力识别原则

原则说明
第一，能力描述业务做什么，基于业务对象进行定义，不描述为什么做、如何做等，每个能力定义到业务对象
第二，能力以名词形式命名，以名词形式存在（业务对象+动名词，例如机会点管理，即主谓结构）
第三，识别能力时尽量共享，消除冗余，如果在不同的域出现完全一样的能力，应进行合并
第四，能力的存在与否与使用频率无关，与实现方式无关，只要能力可能用到一次，也要进行定义，不考虑此能力是否已经IT化
第五，能力的定义基于组织愿景、战略和业务发展需求，即使它现在不存在；能力可用于牵引组织变革，使组织拥有新的能力

识别业务能力的方法主要有：第一，基于价值流自上而下分析，先确定企业级业务能力，然后向下分解；第二，基于已有流程活动，自下而上归纳业务能力。通常，两种方法同时使用，相互验证。

【案例】基于价值流构建业务能力地图

图3-7是笔者及团队为M便利店做业务架构设计服务时，基于客户旅程分析，识别的价值流与业务场景。

基于图3-7，以商品的供应与配送作为业务对象，设计本段业务流程和归纳业务能力地图。商品供应与配送价值流程分析如图3-9所示。

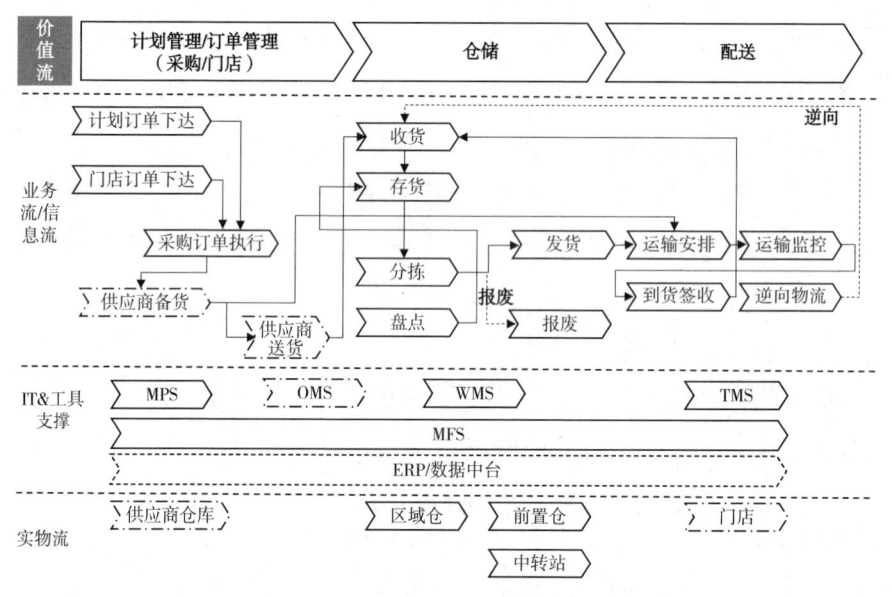

图3-9 商品供应与配送价值流程分析

我们梳理了这个阶段的业务流程及业务场景，然后通过分析和识别，归纳供应与配送业务的业务能力，并集成门店供应管理业务能力地图，如图3-10所示。

第 3 章　业务架构：对齐战略，设计面向未来的业务架构蓝图
CHAPTER 3

| 2.1 门店计划管理 | 2.2 门店订单管理 | 2.3 备货管理 | 2.4 订单出入库管理 | 2.5 门店配送管理 | 2.6 财务管理 |

图 3-10　门店供应 2.0 能力整合地图（部分）

（3）业务能力整合、重构与分层分级

能力的识别过程是一个设计过程，而不是完全按步骤的导出过程。因此，其颗粒度可能在一定共识基础上具有不确定性。颗粒度太粗，导致多个责任体的出现，需要进一步拆解；对于能力所从属的领域类型，也同样是按设计需要进行判断决策，可在一定阶段内进行调整，甚至增删。

业务能力分层分级有两种方式，如图 3-11 所示：一种是从战略、控制、执行三层分层结构及关键构成要素拆解业务能力；另一种是按能力类、能力组、能力进行划分，能力组向下划分不超过四层。

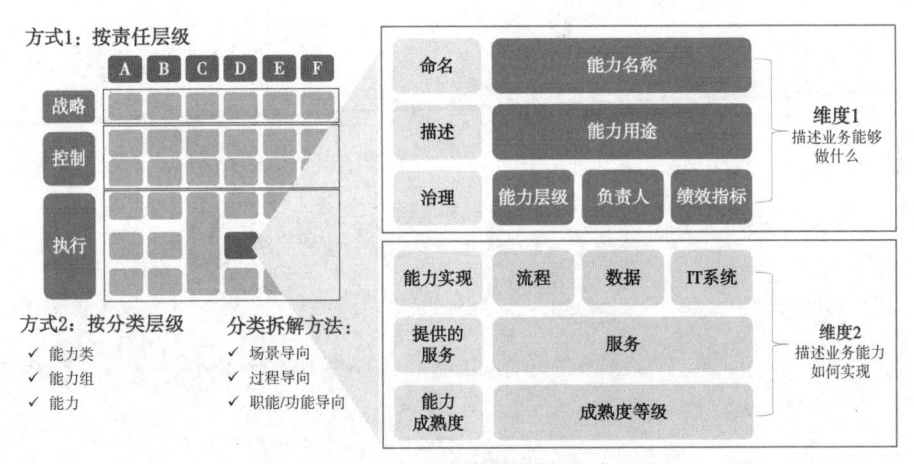

图 3-11　业务能力分层分级方式

整合之后的业务能力包含两个部分：一是描述业务能够做什么，包含能力名称、能力用途、能力层级、责任人、绩效指标等；二是描述业务能力如何实现，包括流程、服务及成熟度等级等。

接下来对整合的业务能力进行布局。通常，直接面向客户的业务能力

077

部署在前端，支撑性的业务能力部署在后端。在必要时，可反映价值流与场景和信息化系统。

将业务能力构建在组织与流程上，形成流程架构，分类分组对企业业务流程进行全貌描述。

第4章

流程架构规划：战略承接，价值流牵引，端到端拉通

企业的成功是架构出来的。架构即流程架构，它是支撑企业战略落地的重要载体，是企业管理体系构建的基石。

流程架构作为业务架构的核心，是数据架构、应用架构的重要输入和建设基础。遵循端到端拉通的理念，建立分层分级的流程架构，让流程连接业务，支撑战略及经营目标的达成。

4.1

内涵价值：一张业务蓝图，清晰反映企业业务概貌

流程架构作为企业的整体业务框架，如同一幅地图，从世界地图、中国地图到省地图、市地图等层层展开，从宏观到微观、从上到下聚焦，帮助我们看清企业整个业务图景。

4.1.1 流程架构反映业务整体框架，实现虫鸣到鸟瞰

笔者为企业做流程变革服务时，问及企业如何运行，许多人都是从组织职能角度介绍的。虽然从管理的视角来看，这种方法在某些情况下是有效的，但是在复杂的商业体系下，就有点不适用了。很多时候，人们看待工作的视角有限，不太会把自己的工作与企业业务发展联系起来，因此，他们设计出来的流程可能仅是属于自己的简化版流程，与企业的战略不一致。

【案例】企业管理人员不熟悉企业业务，流程管理无从谈起

20世纪60年代，迪吉多是一家计算机系统、软件、外围设备的主要生产商。后来，迪吉多为了进一步发展业务，进行了一次大规模的重组。但是董事会在年度报告中发现，此次重组并没有给企业带来预期的收益。随即董事会召开了一次高层会议，企业高层奥尔森负责主持。在讨论了几个小时之后，奥尔森发现，与会的高级管理人员，不完全了解企业的运营，每个部门各自负责自己的事务，尽管各部门都非常尽职尽责。一位高级管理人员也承认就运营而言，他并未了解企业的全貌。

第 4 章　流程架构规划：战略承接，价值流牵引，端到端拉通

这是戴维·海姆做咨询时遇到的一个案例。他表示，在他多年的咨询工作中，案例中的情形并非个案。笔者在为企业服务过程中也深有体会，一些企业的管理层并不能清晰地描述企业的主要业务，而是强调自己一直就是这么做的。

迈克尔·哈默指出："无论工作业绩如何，多数员工都只一门心思做自己的工作，这是'虫瞰'的认知方式。他们需要'鸟瞰'，就是要了解企业真正在做的事，以及在实现企业战略目标或达成更好的结果方面，自己能够发挥的作用。"

为了深入了解业务概貌，企业需要一张业务全景图，也就是流程架构。它作为流程的结构化整体框架，准确描述了企业业务的分类分级及边界、输入与输出关系等，反映了企业商业模式及业务特点。形象来说，企业的流程架构就好比一幅地图，从世界到中国、再到省、市层层展开，帮助企业追寻战略目标，实现愿景使命。某零售企业流程架构如图4-1所示。

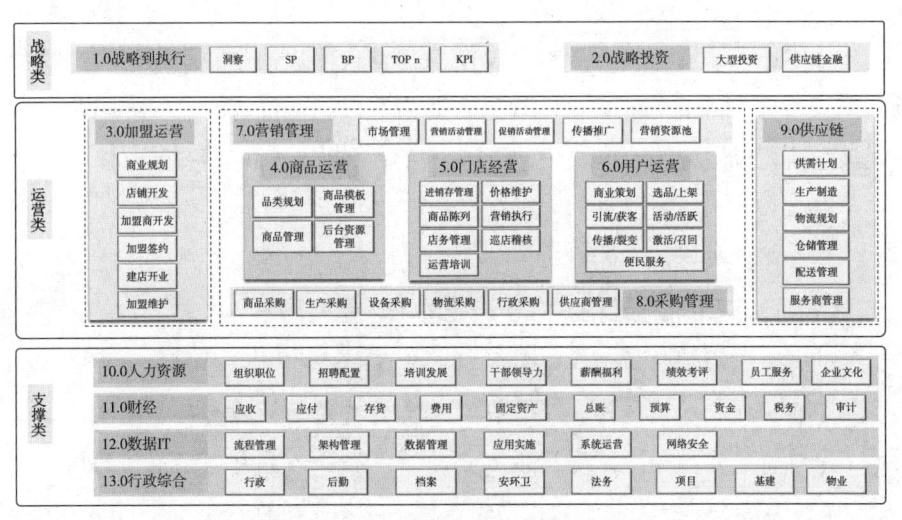

图 4-1　某零售企业流程架构

图 4-1 是德石羿团队指导国内某零售巨头设计的流程架构图。可以看出，它清晰地展现了该零售企业为顾客创造价值的一系列活动、功能及业

务流程之间的连接情况，对推进流程体系建设具有指导作用。

【管理观点】流程架构的四大特征

第一，流程架构有类别之分：反映企业业务由研发、营销、供应链、服务、人力、财务等领域构成；

第二，流程架构有层级之分：反映企业需要对复杂的业务进行结构化分解；

第三，反映企业的价值是如何创造的，如何实现从客户需求的提出，到需求的交付；

第四，反映业务的边界、归属、运作模式及衔接关系，流程架构由企业统一管理。

从本质上来看，流程架构是以结构化方式反映企业的业务实质，以及支撑战略达成的业务能力，体现了企业为客户创造价值的过程；同时，让冗长的流程分层分级、模块化，清晰划分业务边界，匹配责任主体。

【管理知识】流程架构不等于流程清单，是两码事

流程架构包括企业战略目标、价值链、独特的产品或服务、目标客户及客户群体，经营目标及负责特定目标的业务单元之间如何相互连接等，是资源输入企业后，企业为客户创造价值的所有流程集合。这表明，它能清晰体现企业各业务的关系。

流程清单是在流程体系分层分级的基础上，对各层级业务流程的具体描述，为具体的流程设计提供支撑。它只能表示流程的层级关系，流程的接口关系需要借助流程地图来呈现。

第 4 章 流程架构规划：战略承接，价值流牵引，端到端拉通

规划并设计好流程架构，是了解和掌握企业业务整体框架的重要手段。不仅有助于管理者从宏观角度审视企业的业务流程，识别各个部门之间的相互关系和依赖性；同时，更能清晰地看到业务流程的起点和终点，以及潜在的瓶颈与改进点。简言之，**流程架构为企业提供了一个清晰的业务导航，是实现有效管理和决策支持的有力工具**。

4.1.2 流程架构的演变：从功能化向业务端到端集成迈进

纵观国内外企业，只有 IBM、华为等实现了完全化的流程化组织；部分企业还处在构建端到端流程体系阶段；绝大部分企业仍实行着以职能为中心的流程体系。图 4-2 是流程架构的演进路径。

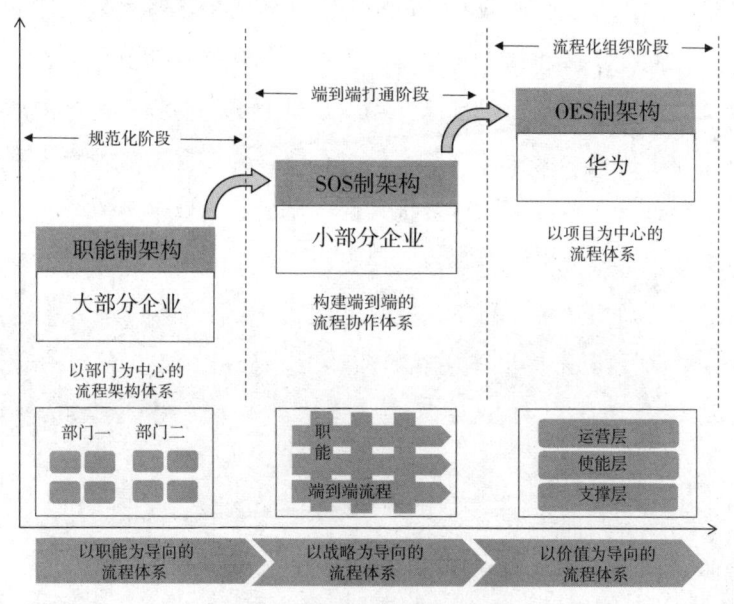

图 4-2 流程架构的演进路径

可见，企业流程架构的演变从职能型流程架构驱动转向业务流程型架构驱动，核心在于更加聚焦为客户创造价值。

【案例】华为初次大规模尝试跨部门项目组协同作业

1996年，中国电信市场上接入网产品的机会突然出现，邮电部允许原交换机局通过v52技术接口代替其他厂家的用户模块。一开始，华为中研部的接入网产品发展得并不好，原因是接入网产品与交换机业务部的远端模块冲突。而当时交换机业务部又是华为中研部第一大部门。由于起初只是在一个部门发展，接入网产品的内部研发资源得不到保障，研发进度较慢。眼见着老对手中兴的接入网产品在市场上的占有率大幅提升，新对手UT斯达康也借接入网产品在中国市场上发展起来，华为市场部频频向总部告急。任正非把当时的中研部总裁叫去狠狠地批评了一顿。

1996年年底，中研部专门成立了由多媒体业务部、交换机业务部、传输业务部、无线业务部共同参与的跨部门接入网新产品攻关项目组，以求资源共享，发挥产品和技术间的组合优势，增强核心竞争力。各个业务部均安排核心骨干人员参加项目组，在项目组的统一安排下进行集体技术会战和技术资料的统一制作。除了骨干人员参加，各业务部对接入网产品的相关内容也进行了会诊，并针对接入网产品的版本做了新的开发。跨部门项目组成立后，华为在三个月的时间内，一举突破了新产品的关键技术问题，而且在创新组建接入网络，发展电信新业务（如ETS无线接入、会议电视等）方面，率先提出并实现了新的业务应用。各业务部的通力配合让华为研制出无论在功能上还是在成本上都有差异化竞争力的接入网新产品。

1996年，华为还未引入IPD，正处于个人英雄主义时期。这次中研部牵头成立了跨业务项目组，突破了关键技术问题，建立了产品的核心竞争力。华为意识到打破部门墙，建立跨业务项目组的重要性。2007年以前，华为的流程主要是以职能为驱动的，以功能部门为中心规划流程，长期下来，带来了机构冗余的弊端。在2014年华为第四季度区域总裁会议上,任正非表示:"目前项目管理水平比较低,浪费较大,这是过去以功能部门为中心带来的弊病。华为接下来将试点以项目为中心的管理,逐渐使作战团队拥有更多权利,监管前移,来配合授权体系的产生。"期间,华为的流程架构也从功能化向多业务端到端集成演进,如图4-3所示。

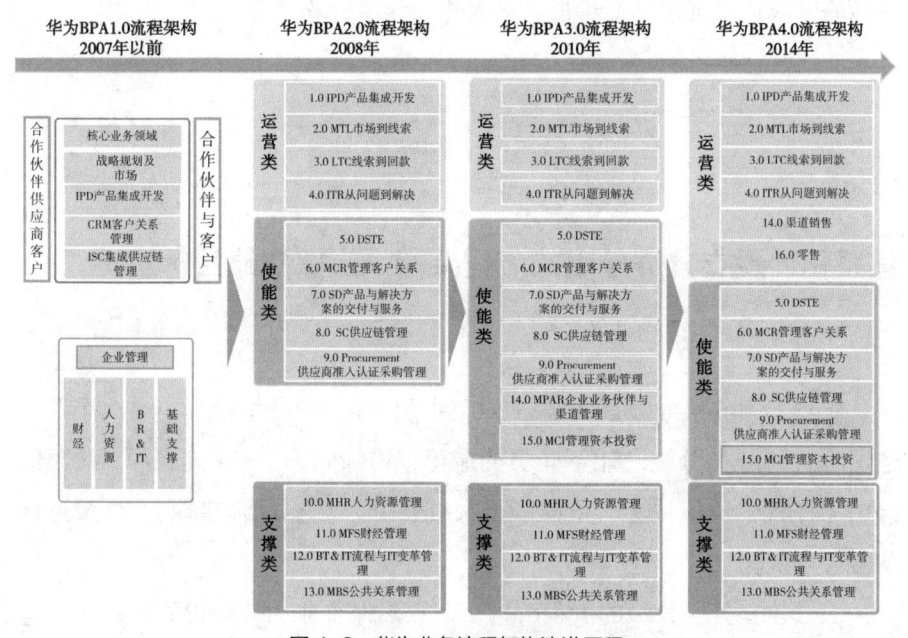

图 4-3 华为业务流程架构演进历程

华为流程架构的演进大致经历了四个阶段。

第一阶段,1995至2007年,基于职能的流程体系。同大多数中国企业一样,基于职能构建流程体系。建立了流程管理部门来协调企业的运营活动,但缺乏全局性,市场、研发、销售、客服、生产、财务等流程相互交错。

第二阶段,2005至2010年,基于价值链的架构流程体系。主要依据迈克尔·波特的价值链管理思想。这一阶段,华为建立了8个端到端流程。

第三阶段,2014年至2021年左右,基于业务和能力建立流程体系。随着业务规模的不断扩展,华为的组织也越来越复杂。于是,华为提出了以项目为中心的流程运作方式。

第四阶段，2021年左右至今，随着华为成立了三大业务群，流程架构增加了渠道销售与零售。

在流程架构演进过程中，华为始终遵循"主干稳定、末端灵活"的搭建策略，聚焦为客户创造价值，最大化企业运营效率。

4.2

体系化：建立分层分级的流程架构，支撑战略目标达成

流程架构分层分级是从战略目标到具体操作的分解过程，是对企业业务流程进行分类分级，让不同类的流程"目标明确、有机融合"，让不同级的子流程"反应快速、衔接顺畅"，最终形成一个结构分明、高效运作的流程系统。

通过建立分层分级的流程架构，有效确保企业的战略得到有效执行，支撑企业战略及经营目标的落地实现。

4.2.1　流程架构的水平分解，确保对业务的全面覆盖

流程分层即从横向上规划流程的类型，以便于更科学地构建流程体系，更有序地推进流程运作。企业进行流程分层时要厘清流程分类逻辑，要根据组织和业务的具体情况，采取合适的依据进行分层，让流程管理更精细。

第4章 流程架构规划：战略承接，价值流牵引，端到端拉通
CHAPTER 4

【管理知识】流程架构分类的本质

（1）从经营者角度来看，流程分类用来描述企业总体业务框架，支持业务目标，体现商业模式、业务本质及价值链特点，同时覆盖企业的所有业务活动，确保企业的各项业务协调一致，高效运作；

（2）从使用者角度来看，流程分类可以被视作企业的场景地图。

笔者结合多年的咨询服务实践，总结了常见的流程架构分类依据。

第一，按与战略目标的关联度分类：核心流程、非核心流程。其中，核心流程是指对企业的最终输出作出最大贡献的一系列流程，它集成了组织的核心竞争力，由企业的核心部门承担。比如，以技术为核心竞争力的组织，其核心流程是技术研发流程等；以销售为核心竞争力的组织，其核心流程为市场调查、采购、销售、回款的销售全流程等；支持流程是支持及保证核心流程运行的流程。

第二，按功能特点分类：管理类流程、业务类流程、支持类流程等。其中，管理类流程包括战略规划、组织设计等流程；业务类流程包括产品开发、市场营销、销售服务等流程；支持类流程包括IT支持、法务等流程。

第三，按业务风险分类：普通审批流程、绿色通道审批等。

无论采用哪一种依据划分流程的类别，它们都是参考流程分类框架进行的。为此，我们需要系统了解流程的分类逻辑与框架。目前流行的流程分类框架主要有两种，如表4-1所示。

表 4-1 流程分类框架

类型	流程分层	定义	流程架构示例
流程规划 SOS 法	战略流程	战略流程是实现企业持续经营的流程，具有全局性、方向性	战略层 业务层 支撑层
	业务流程	业务流程是直接为客户创造价值的流程	
	支持流程	支持流程是战略流程和业务流程正常运行的保障，提供能力、资源、服务保障	
流程规划 OES 法	执行类流程	客户价值创造流程，为完成客户价值交付展开业务活动，并向其他流程提出需求	执行层 使能层 支撑层
	使能类流程	对应执行流程的需求，用来支撑业务流程的价值实现	
	支持类流程	基础性流程，使整个企业能够持续高效、低风险运作	

SOS 法围绕战略（Strategy）、业务（Operation）、支撑（Support）等层面来设计流程架构，确保设计出的流程架构体现企业战略驱动，实现上下对齐，适合于集团型企业、投资周期长的资本密集型企业等。

OES 法从执行（Operation）、使能（Enable）、支撑（Support）等层面来设计流程架构，主要体现以客户为中心、端到端横向拉通的业务思想，适合单体企业、快速消费品企业等。

这两种流程分类框架都是在美国生产力与质量中心（American Productivity and Quality Center，APQC）开发流程分类框架（Process Classification Framework，PCF）基础上通过不断实践，总结提炼出来的。

【管理研究】流程分类框架 PCF

首先，PCF 是一个通过流程管理与标杆分析来改善流程绩效的公开标准；其次，PCF 并不区分产业、规模和地域。它将企业内部的流程分为运营流程、支撑流程，如图 4-4 所示，并细分为 12 个企业级流程类别，每个流程类别包含许多流程群组，总计超过 1500 个作业流程与相关作业活动。

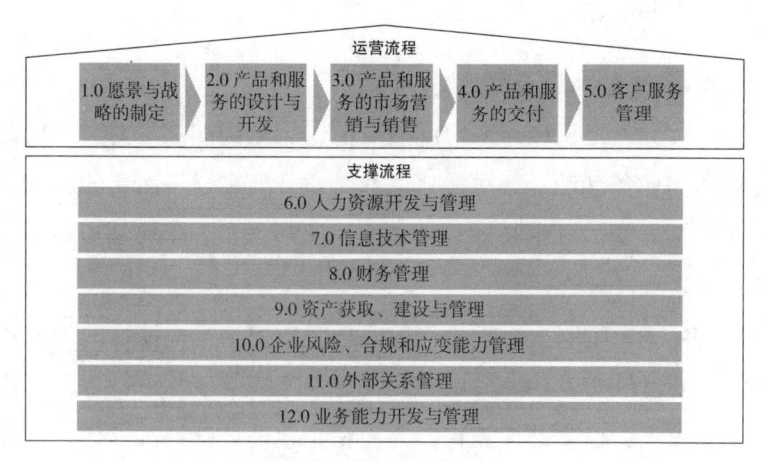

第 4 章 流程架构规划：战略承接，价值流牵引，端到端拉通
CHAPTER 4

```
运营流程
┌─────────────────────────────────────────────────────────┐
│ 1.0 愿景与战   2.0 产品和服  3.0 产品和服  4.0 产品和服  5.0 客户服务 │
│    略的制定     务的设计与    务的市场营    务的交付      管理        │
│                 开发           销与销售                              │
└─────────────────────────────────────────────────────────┘

支撑流程
┌─────────────────────────────────────────────────────────┐
│             6.0 人力资源开发与管理                       │
│             7.0 信息技术管理                             │
│             8.0 财务管理                                 │
│             9.0 资产获取、建设与管理                     │
│             10.0 企业风险、合规和应变能力管理            │
│             11.0 外部关系管理                            │
│             12.0 业务能力开发与管理                      │
└─────────────────────────────────────────────────────────┘
```

图 4-4　PCF 的流程分类

APQC 为企业流程架构分层提供了一个开放性基准。诸多知名企业在此基础上不断迭代，以找到适合自己的、覆盖全业务的流程架构。华为选择的是 OES 法，通过对标 IBM 的实践，结合自身相关业务诉求来搭建适合自己的流程，如图 4-5 所示。

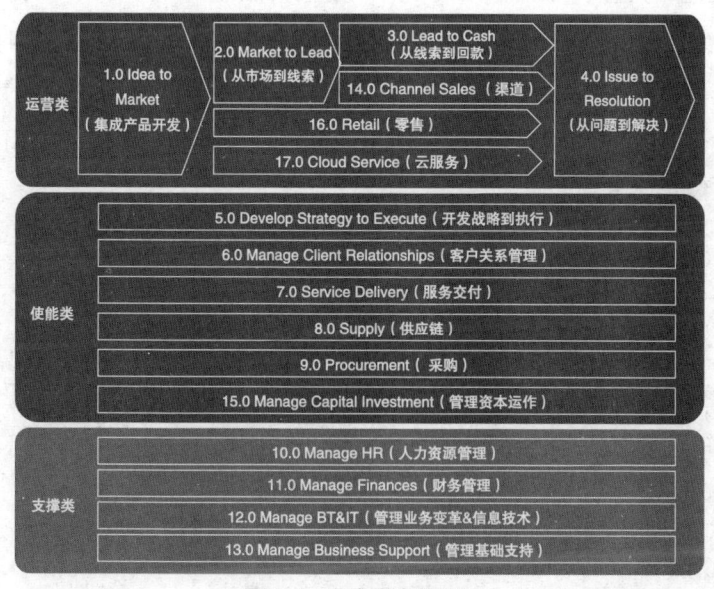

```
运营类
  1.0 Idea to Market（集成产品开发）
  2.0 Market to Lead（从市场到线索）
  3.0 Lead to Cash（从线索到回款）
  14.0 Channel Sales（渠道）
  16.0 Retail（零售）
  17.0 Cloud Service（云服务）
  4.0 Issue to Resolution（从问题到解决）

使能类
  5.0 Develop Strategy to Execute（开发战略到执行）
  6.0 Manage Client Relationships（客户关系管理）
  7.0 Service Delivery（服务交付）
  8.0 Supply（供应链）
  9.0 Procurement（采购）
  15.0 Manage Capital Investment（管理资本运作）

支撑类
  10.0 Manage HR（人力资源管理）
  11.0 Manage Finances（财务管理）
  12.0 Manage BT&IT（管理业务变革&信息技术）
  13.0 Manage Business Support（管理基础支持）
```

图 4-5　华为的流程分类

> **【管理实践】华为的流程分类**
>
> 运营类，是直接为客户创造价值的，端到端定义为客户价值交付所需业务活动，并向其他流程提出协同需求。主要流程有：集成产品开发、从市场到线索、从线索到回款、从问题到解决、渠道、零售及云服务等。
>
> 使能类，响应执行类流程的需要，支撑执行类流程的价值实现。主要包括客户关系管理、采购、供应链等。
>
> 支撑类，是基础性流程，为使整个企业能够持续高效、低风险运作而存在。主要包括人力资源管理、财务管理、管理业务变革&信息技术、管理基础支持等。

可以看出，华为的业务流程已覆盖企业全业务，包括运营类、使能类和支撑类三大类业务流程，共17个一级业务流程。

简言之，SOS和OES两种流程分类框架为企业进行流程架构分层提供参考范本。需要注意的是，企业在进行流程分类时，最为重要的并不是"流程分类的花哨与复杂"，而是侧重于"流程分类满足企业的实用性与有效性要求"，贵精不贵多。

4.2.2 流程架构的纵向分级，将战略指引拆解细化到可执行

流程架构的纵向分级是指从上至下，从宏观到微观，将企业业务流程逐层分解，直至活动与任务的过程，是"解剖式"描述企业的业务流程，如图4-6所示。

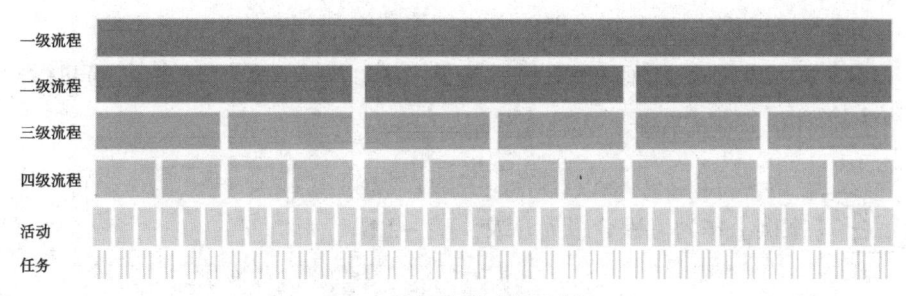

第 4 章 流程架构规划：战略承接，价值流牵引，端到端拉通

图 4-6 流程架构分级示意图

流程架构的纵向分级，是从一级流程逐步分解至活动/任务，一共分了六级：一级是企业战略级流程，反映企业流程全景图；二级是端到端的流程，属于战略层级，一二级一般由企业高层管理；三级是主流程，属于战术层，由企业中层管理；四级是对三级的细分；五六级流程是岗位可操作级别的具体活动及任务，属于战斗级，由企业基层执行。可见，**流程架构的分级本质上是从战略指引逐步细化到可执行的分解过程。**

企业流程具体分解到第几级，没有固定的标准，视企业的经营模式、发展阶段、规模、经营内容来定，需要将企业的业务流程清晰展现出来。笔者及德石羿团队综合多年咨询辅导实践及华为的流程架构分级理念，认为按组织结构层级分级，流程架构最好分为4级；按日常事务处理过程分级，流程架构最好分为5级，如图4-7所示。

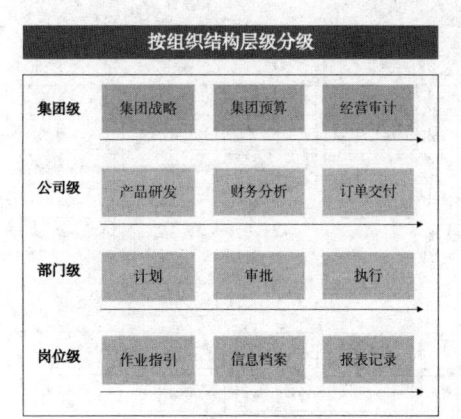

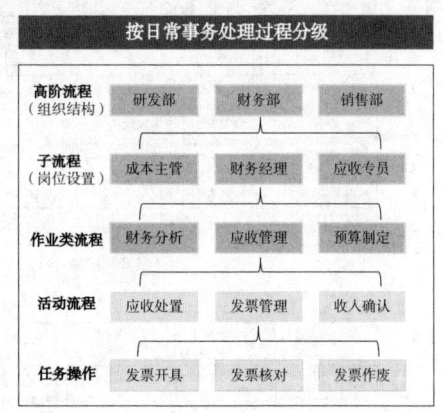

图 4-7 常见流程分级的类型

按组织结构层级分级，能确保流程快速匹配相应的流程责任部门、管理者；按日常事务处理过程分级，是贯通端到端流程的重要体现，同时将组织责任建立在流程上，人随流程走。

【案例】华为流程分级为6级：L1~L6

为了实现流程的标准化、规范化和可执行化，提升管理效率与核心竞争力，华为结合企业规模与业务复杂度，遵循四大理念，将流程分为六级，分别是流程大类、流程组、流程、子流程、流程活动和任务。

（1）客户为中心，业务为导向，流程为核心，制度和机制为保障，形成完备的流程体系；

（2）战略为导向，目标驱动，流程为纽带，实现战略目标的有效传导和实施；

（3）流程为主线，团队为载体，按照角色进行分工，促进跨部门协同；

（4）流程为基础，数据为支撑，指标为导向，实现流程的监控与持续改进。

图4-8是华为管理人力资源流程分级键盘图。

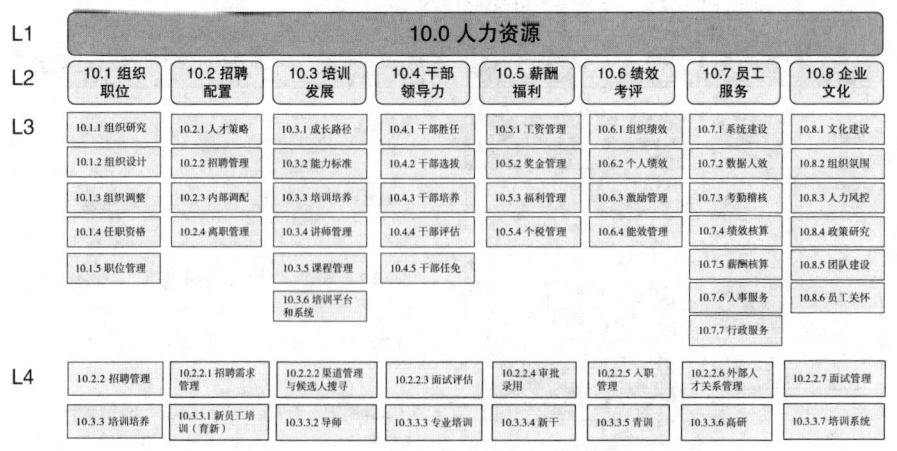

L1	10.0 人力资源							
L2	10.1 组织职位	10.2 招聘配置	10.3 培训发展	10.4 干部领导力	10.5 薪酬福利	10.6 绩效考评	10.7 员工服务	10.8 企业文化
L3	10.1.1 组织研究	10.2.1 人才策略	10.3.1 成长路径	10.4.1 干部胜任	10.5.1 工资管理	10.6.1 组织绩效	10.7.1 系统建设	10.8.1 文化建设
	10.1.2 组织设计	10.2.2 招聘管理	10.3.2 能力标准	10.4.2 干部选拔	10.5.2 奖金管理	10.6.2 个人绩效	10.7.2 数据人效	10.8.2 组织氛围
	10.1.3 组织调整	10.2.3 内部调配	10.3.3 培训培养	10.4.3 干部培养	10.5.3 福利管理	10.6.3 激励管理	10.7.3 考勤核算	10.8.3 人力风控
	10.1.4 任职资格	10.2.4 离职管理	10.3.4 讲师管理	10.4.4 干部评估	10.5.4 个税管理	10.6.4 能效管理	10.7.4 绩效核算	10.8.4 政策研究
	10.1.5 职位管理		10.3.5 课程管理	10.4.5 干部任免			10.7.5 薪酬核算	10.8.5 团队建设
			10.3.6 培训平台和系统				10.7.6 人事服务	10.8.6 员工关怀
							10.7.7 行政服务	
L4		10.2.2.1 招聘需求管理	10.2.2.2 渠道管理与候选人搜寻	10.2.2.3 面试评价	10.2.2.4 审批录用	10.2.2.5 入职管理	10.2.2.6 外部人才关系管理	10.2.2.7 面试管理
		10.3.3.1 培训培养	10.3.3.1 新员工培训（育新）	10.3.3.2 导师	10.3.3.3 专业培训	10.3.3.4 新干	10.3.3.5 青训	10.3.3.6 高研	10.3.3.7 培训系统

图4-8 华为管理人力资源流程分级键盘图

第 4 章 流程架构规划：战略承接，价值流牵引，端到端拉通

【管理实践】流程分级：L1～L6级

L1流程大类：从价值链的角度对流程进行的大类划分，如运营流程、管理支持流程等；

L2流程组：对流程分类下的流程进行的进一步细化，如运营流程下的战略管理流程、集成产品开发流程等；

L3流程：流程组下的具体业务流程，如集成产品开发流程下的需求管理流程、产品规划流程等，反映了企业的业务逻辑和流程；

L4子流程：流程下的职能部门内的业务流程，如需求管理流程下的需求收集、需求分析子流程等；

L5流程活动：子流程下的具体业务活动，如需求收集子流程下的收集客户需求活动、收集市场需求活动等，反映了业务的多样化与灵活性；

L6任务：流程活动下的具体工作任务，如收集客户需求活动下的访问客户任务、收集客户反馈任务等，反映了流程的可执行性与操作性。

在具体实操时，企业可以依据金字塔原理：先横向穷尽业务模块，然后纵向穷尽横向上的业务模块，最终得出每个层级的流程。譬如，华为管理人力资源流程分级依照这个原理先穷尽L2级，然后按照5W1H穷尽L2级的流程。比如，将L2级流程组织管理，穷尽为组织形态管理、职位管理、组织绩效管理、组织规模管理、项目型组织管理。以此类推，直至分解至第6级。

> 【管理实践】流程架构分层分级遵循的四条原则
> （1）横纵向要穷尽，遵守 MECE 法则；
> （2）流程的分解要自上而下；
> （3）不重不漏、相互独立。不同逻辑模块的工作要分开；
> （4）流程颗粒度不要太细，避免跨度太大。

要根据企业的业务实际及业务的逻辑关系，打造适合自身的流程架构分级方案，确保分级体现出业务流程的整体性、独立性及条理性。

4.3 统一规划流程架构，沿着客户端到端拉通

流程犹如企业的命脉，当脉络通畅时，人流、物流、资金流、信息流就能实现高效运转。为此，企业需要以客户为中心，统一规划流程架构，端到端拉通，从客户需求出发，最终实现客户满意，成就客户价值。

4.3.1 以客户需求为导向的流程规划

华为创始人任正非说过，企业要构筑端到端流程："华为是一个包括核心制造在内的高技术企业，最主要的包括研发、销售和核心制造。这些领域的组织结构，只能依靠客户需求的拉动，实行全流程贯通，提供端到端的服务，即从客户端再到客户端。"华为经过数十年的管理体系建设，

第 4 章 流程架构规划：战略承接，价值流牵引，端到端拉通
CHAPTER 4

打通了整个价值创造流程，是端到端，不是段到段，如图4-9所示。譬如，华为IPD、ISC流程的真谛是从客户中来（需求、痛点）到客户中去（验收完成，问题得到解决，客户满意度提高），实现端到端的服务。

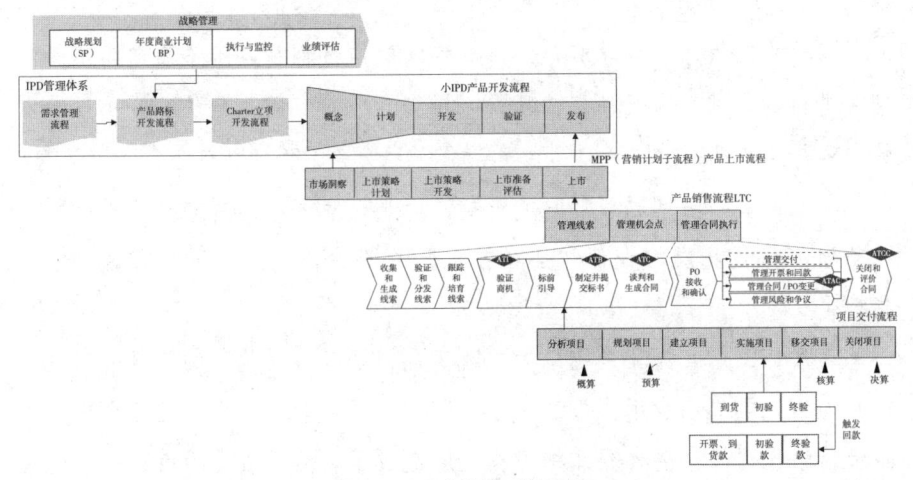

图 4-9 华为的端到端流程

【管理观点】标杆企业对端到端流程的认知

通用电气认为：商业本质上是相关联的端到端的流程组成的；

西门子认为：端到端的流程是股东价值的源泉；

IBM认为：商业就是信息驱动的端到端的流程管理。

笔者认为，端到端流程是要建立一系列以客户为中心、以生产为底线的管理体系，从输入到输出，直接端到端，有效地连通，使企业的运作成本最低、效率最高。

可见，端到端本质是对准价值创造，以客户需求为起始点，以客户满意为终点。

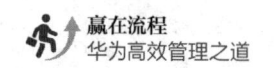

【案例】华为关注产品问题，而不关注问题对客户的影响

华为轮值董事长徐直军分享了关于ITR流程（网上问题处理流程）的案例。

以前我们根本不关注客户，所有的问题定级都是基于不同产品不同问题来进行的，然后相互吵架，吵得一塌糊涂，其实问题是从客户那里触发的，客户是最急的。

我们不去关注问题对客户的影响，而是以对客户的影响来设置级别。以前所有做过研发的人都和全球技术服务部吵过，因为研发有这个考核指标。

后来ITR流程和IT系统最大的改变是，以客户对故障的定级来定级。客户很清楚其有多少用户被影响了。通过数量、时间、重要性三个要素来定级，根据这三个要素分几档，自动就定级了。然后所有的IT，所有的流程都围绕快速了解网上发生的问题、快速解决问题，所有内部考核的事情先放在一边。

流程和IT系统先解决这个问题，然后能考核就考核一下，考核不了就算了。流程IT系统支持企业快速响应客户需求，了解网上发生的问题，快速去解决，其他一切都要计位于这个目的。

案例带给我们的启示是不以客户需求为导向的流程体系，无法实现有效扩张。企业在打通端到端的流程体系时，要站在客户的视角，帮助客户创造价值，同时实现企业自身的价值增值。

【案例】华为交付流程要从运营商视角规划

华为副董事长徐直军在《业务、流程、IT、质量、运营的关系》一文中强调：原来进行LTC变革的时候，讨论交付流程要不要纳入LTC，我们

第 4 章 流程架构规划：战略承接，价值流牵引，端到端拉通

认为自己的交付流程已经很好，只要在原来的基础上修改一下就可以了。当时交付流程是一个优化项目，立足于把原有的流程优化。

后来项目组觉得我们的交付流程不对劲。项目的第一个章程和后来在3T汇报时的章程，完全不同了。我们的交付流程基本上没有，只有一个项目管理流程和一个站点流程，没有交付流程，就相当于研发没有研发流程，只有一个研发项目管理流程。

后来我们终于搞明白了，交付流程要重新整理。刚开始没找到方向，不知道交付流程到底该怎么搞。

后来我有次看到T-MOBILE整个网络部署的端到端流程。我一看，发现这个流程和我们要的不是差不多吗？我们为何不以T-MOBILE的流程为参考呢？

本来网络的部署是客户的事情，我们只是被他们调用的。一个客户从他明确需求开始一直到网络交付运营，本来就是他自己的事情，我们只是在整个流程中完成其中一两个环节而已。

这表明，企业需要从客户视角来审视自己的流程，而不是单纯从内部看。其实，企业在构建流程架构时，可以将客户请过来，从他的角度，端到端审视企业现有的流程架构，为打通以客户需求为主线的端到端的流程夯实基础。

4.3.2 从输入到输出的全面贯通

贯通端到端的流程，要求企业站在客户视角，建立从输入端到输出端最有效的流程。无论主干流程，还是枝干流程都要实现端到端贯通。譬如，员工入职流程看似简单，就是一个典型的端到端的场景。如果企业的人力资源、行政、信息等部门协同处理各种入职手续，让员工当天入职，当天拿到完整入职包，立马进入工作状态，那么入职流程就是端到端的全

局设计。判断流程体系是否实现端到端,唯一衡量标准是以客户为中心,以价值为纲。

【案例】某企业财务流程架构不足分析

某企业财务流程架构(优化前)如图4-10所示。

该企业从机会管理到合同关闭的整个流程串行运行。每段流程看似清晰,但是从端到端的角度来看存在断点,即有真空地带及多头管理等问题,具体表现在四个方面。一是交付与付款条款未关联,PO打包,导致客户界面的PO信息缺失。二是合同数据源不统一,缺少责任主体;交付履行环节,未按客户PO的要求进行管理。三是收入确认与现金流入脱节,与合同条款不匹配;项目损益预测、预算、核算结果差异大。四是交付计划未与开票计划相匹配;不能基于开票要求,及时主动提供支付验收文档。也就是说,该财务流程是"段到段"的,并没有贯通起来。

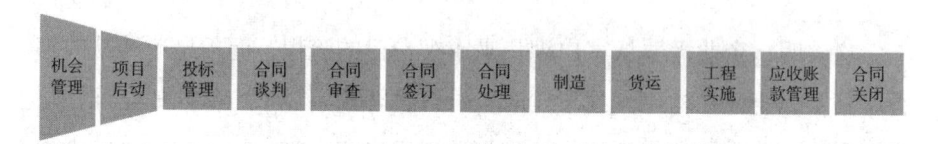

机会管理 → 项目启动 → 投标管理 → 合同谈判 → 合同审查 → 合同签订 → 合同处理 → 制造 → 货运 → 工程实施 → 应收账款管理 → 合同关闭

图4-10 某企业财务流程架构(优化前)

若是出现案例中的这种情形,企业需要对准客户,聚焦业务增值,删除重复的、不增值的业务,将串联式任务变为并联式任务,如图4-11所示,让各业务部门、辅助部门联动,实现真正的端到端。而且流程贯通后,企业中的每一级组织都能清楚知道自身创造价值的方式,明确应该做和不应该做的行为边界。

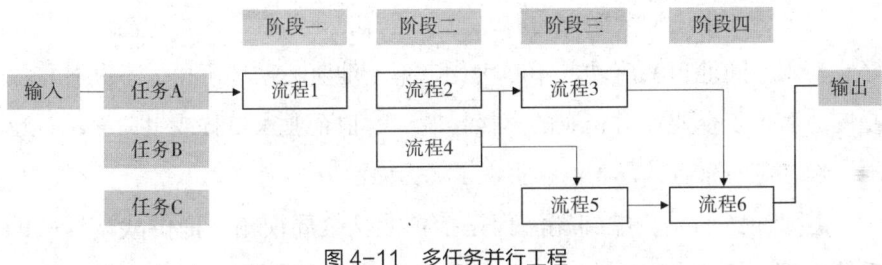

第 4 章　流程架构规划：战略承接，价值流牵引，端到端拉通

```
                    阶段一      阶段二      阶段三      阶段四

输入 → 任务A  →  流程1         流程2  →  流程3  ──────→  输出
       任务B                    流程4
       任务C                              流程5  →  流程6
```

图 4-11　多任务并行工程

企业要想实现从输入到输出的全面贯通，流程管理人员可以参考以下内容，明确需要管理的端到端环节。

【管理方法】流程管理人员通过明确以下问题，确定端到端的过程与细节

　　a.生产部内部各岗位之间需要联动管理吗？为什么需要？能够达成怎样的价值？是否切实需要这样的联动？

　　b.集团、分支机构的生产需要联动吗？当前的管理水平是否达到了预期水平？能够达成怎样的价值？是否切实需要这样的联动？

　　c.需要把研发、生产、销售联动起来吗？当前的管理水平是否达到了预期水平？能够达成怎样的价值？是否切实需要这样的联动？

　　d.和供应商之间的跨企业流程需要怎样加强？这个业务流程是否需要一直延伸到客户甚至是客户的客户？当前的管理水平是否达到了预期水平？能够达成怎样的价值？是否切实需要这样的联动？

简言之，当流程全面贯通时，企业经营的业务就在流程中高效运行，好比河水不断地自我流动，不断优化，不断地流，循环不止，不断升华。慢慢地淡化了企业家对企业的直接控制，哪怕企业家更替或生命终结，也不影响企业的命运，企业也就实现了无为而治。

需要注意的是，端到端流程是指企业从全局视角，提供战略导向的系统管理，追求整体最优，而不是局限在各职能部门、各分支环节利益最优。

4.4
让最懂业务的人来建流程架构，让最懂方法的人来引导

其实，流程架构设计是业务实践和流程管理理论、方法的结合。让不懂业务的人设计流程体系，是纸上谈兵；让不懂方法的人设计流程体系，是盲人摸象。好比不带地图与指南针去航海，终究无法实现流程承载的业务能力。企业需要转变观念，选择正确的人来设计流程架构，即让最懂业务的人来建流程架构，让最懂方法的人来引导。

4.4.1 深入理解机关指导流程架构设计的局限性

笔者在为某些企业做流程变革时发现，其流程架构设计由机关主导。结果出现了两种情况：第一，流程架构由各部门负责设计，这样设计出来的流程架构以部门内部流程为主，未能反映部门间、企业层面的流程概貌；第二，管理者没有时间与精力，便指定专人负责。这本无可厚非，但问题出现在设计人员身上，他们往往没有资源、协调能力不够，也不懂整

第4章 流程架构规划：战略承接，价值流牵引，端到端拉通

个业务。结果，他们所设计的流程根本无法适用企业。

前文介绍过，流程架构本质上是从端到端以最简单、最有效的方式实现流程贯通。这意味着，企业要让最懂业务的人来设计流程架构。

【案例】华为流程梳理由机关转为从一线往回梳理

华为从以技术为中心，向以客户为中心的转移过程很难。刚开始的时候，任正非在EMT（经营管理团队）会上表示，建议缩短流程，提高效率，减少协调，实现有效增长和现金流的合理循环。但在他提出流程变革措施时，单纯强调精简机关，压缩人员，简化流程。这个建议遭遇一部分EMT成员的反对。他们认为机关干部和员工到一线后，会增加一线的作战负担，不仅增加成本，而且机关干部下去可能会以总部自居，反而干扰正常的基层工作。后来任正非听取一些中层干部的建议，他们认为变革要倒着来，从一线往回梳理，平台（支撑部门和管理部门）是为了满足前线作战部队的需求而设置的，不是越多越好、越大越好、越全越好。

在这种思路的引导下，华为提出将指挥所（执行及部分决策）放到听得到炮响的地方。北非地区部的铁三角给华为高层提供了一条思路，就是把决策权根据授权规则授给一线团队，后方起保障作用。这样华为的流程优化方法就和过去不同了，流程梳理和优化要倒过来做，就是以需求确定目的，以目的驱使保证，一切为前线着想。精简不必要的流程，精简不必要的人员，提高运行效率，为生存下去打好基础。

机关不了解前线，却拥有很大的权力与资源，为了控制运营中的风险，会设置很多流程控制点，却又不愿意授权。这些流程控制点，不仅会降低运行效率，增加运作成本，还滋生了官僚主义，让流程更加难以执行。

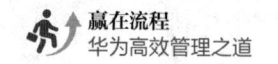

4.4.2 让懂业务、懂方法的人来主导流程架构设计

如果只是让企业流程IT部单独开发一个流程，会招致更多的反对与不满。为确保流程架构的有效性，业务部门作为流程与实际业务的执行者，要与流程IT部一起设计流程架构。

具体执行中，要让业务部门来主导，成立包括流程专家、流程责任人、业务骨干和记录者的团队来推动流程架构设计。其中，流程专家可以由咨询企业、平台提供，以顾问形式提供专业服务与方法。

【案例】华为让懂业务、懂方法的人主导LTC-MCS变革

2013年底，华为中国区电信系统部产品副部长李晓（化名）接到命令，担任LTC-MCS（Multi Cluster Service，多集群服务）变革项目经理。他深思熟虑后，觉得这是扩展视野的好机会，于是就离开了工作10年的一线，回到了深圳，并快速招募了一支从业务部门转身做变革的团队。

团队建立起来后，接着考虑要做什么。在吸收外部顾问经验的同时，LTC-MCS变革组倾听一线声音，梳理和总结华为多年实践中的优秀经验。成员到德国、土耳其、沙特、印尼等区域现场调研，并通过邮件、电话调研了全球所有地区部，采集一线需求及业务模型、作业方法、模板、交付件等，在此基础上总结提炼，探寻行销业务的本质，确立了LTC-MCS变革的源头。

基于调研结果，LTC-MCS变革组认识到光把业务流程化是不够的，还要做到流程IT化。行销作业IT的基础相对薄弱，基本依靠Word、PPT和Excel三件套。同时，变革组不断收到一线很多关于打杂太多的抱怨；深入分析之后，发现造成这种情况的主要原因是企业各领域都通过变革在进行产业升级，逐步实现流程化、IT化。而产品行销的变革起步相对较晚，用旧的作业运作方式与已经升级的周边部门配合，自然非常费事；另外，随

第 4 章 流程架构规划：战略承接，价值流牵引，端到端拉通

着客户对整网及商业问题敏感度的提升，其对产品经理的专业性提出了更高的要求。

针对这些问题，LTC-MCS 变革组开始搭建 IT 架构，把机关或地区部专家具备的能力通过流程和装备部署到一线，让一线做专业的活；把产品经理的工作方式转到线上，更加专业地管理作业流和数据，与周边部门系统对接，以实现联合作业。对外，把系统扩展到客户作业界面，和客户共同评估、规划网络，支持与客户更简单地做生意。

经过积极推动，LTC-MCS 变革组终于搭建了 IT 架构和数据架构，打通跨事业部和跨售前售后的数据。

华为开展 LTC-MCS 的流程变革时，选择熟知电信业务的中国区电信系统部产品副部长担任项目经理，项目组成员来自业务部门。他们协同作战，深入一线调研，找准痛点，完成了流程架构、IT 架构和数据架构设计。

为什么还要有流程专家和顾问？因为业务主管对跨部门业务、端到端流程、专业领域的理解可能较片面。业务的框架搭建需要更全面的视角和方法，因此需要专家和顾问来引导。

第 5 章

流程架构设计：把价值流和业务能力落到可执行层面

好的流程架构，能指引企业一次性把事情做对！企业依据中长期战略规划，借鉴业界领先的流程架构实践，构建符合自身的流程架构，确保业务价值流与业务能力落地的同时，保证业务模式的先进性，输出分层分级结构化、可视化的流程框架和流程清单。

5.1 流程架构设计要与企业战略和业务需求适配

在设计流程架构时，要对准企业战略，前瞻性考虑未来的业务场景，实现从客户中来到客户中去的端到端集成与贯通，让各层级深度理解业务概貌，提升流程执行与协同能力。

5.1.1 流程架构设计要有前瞻性，以保持架构的稳定性

流程架构设计要有一定的前瞻性，要考虑企业的战略及业务目标对业务能力的要求，否则各项业务能力达不到战略目标，或未能如实反映业务需求的落地执行。

为了确保流程架构的稳健性、灵活性及可扩展性，实现高效运转，企业在设计流程架构时需要遵循以下八大核心原则。

（1）对准业务战略：基于战略愿景和商业模式开展流程架构设计。也就是，基于商业模式，识别能力诉求；基于价值主张，构建价值流。

（2）用户体验驱动：围绕用户体验，开展业务运作优化。一是以用户为中心，关注客户、供应商、员工、消费者、合作伙伴等主要用户；二是体验驱动，从用户体验出发，采用旅程分析等工具，分析与用户交互过程中的接触点，从中发现问题，识别改进机会点，提升用户体验。

（3）价值流场景化：价值流按照不同的场景，为客户创造价值。第一，面向价值。价值流体现了企业为用户提供产品和服务的过程，产生价值；第二，能力协同。价值流跨多个领域，对各领域能力进行串接，并对能力提出要求；第三，场景化。尊重业务差异，价值流要场景化，支撑一线敏捷高效作战。

第 5 章 流程架构设计：把价值流和业务能力落到可执行层面
CHAPTER 5

（4）能力服务化：业务能力要组件化，且必须可度量，同时有明确的责任人负责该能力的建设、共享。第一，能力建设要基于价值进行共享，避免重复建设；第二，有明确的责任人，负责该能力的建设、共享和重用；第三，提供业务服务；作战单元可根据不同场景，灵活调用和编排业务服务；第四，能力是开放的，能不断丰富与完善。

（5）业务规则显性化、数字化：支撑对能力组件进行组装和编排。第一，业务规则显性化，业务规则要清晰呈现。通用业务规则和个性业务规则应定期审视，有效管控业务风险，逐步实现权力下沉；第二，业务规则数字化，将业务流程过程衔接及业务模块内部的判断逻辑转换为机器可读，是能力组件灵活组装的基础。

（6）流程简单化：按照简单、高效、安全、灵活的标准来建设流程。第一，What（什么）和How（怎么）相对分离，重点定义流程中必须执行的活动或遵循的要求。完成活动和任务的方法（How）由业务部门根据实践进行制定；第二，流程自动化。通过将流程中的业务对象（人、物、知识）、业务过程、业务规则数字化，逐步实现流程从线下到线上，使重复性、确定性事务实现标准化、智能化；第三，权责匹配。确保有组织承接流程定义的职责和权力，岗位承接角色定义的职责和权力。

（7）对准业务架构：流程架构承载业务架构。也就是，先用业务架构对业务进行结构化描述，沿着价值流（为客户创造什么价值）、业务对象（价值流活动中输入输出的人、事、物等）、业务能力（对准价值创造需要的能力）、业务场景等进行分析，然后进行政策与规则的梳理，以及活动层级的流程设计。

（8）明确流程责任人：基于治理要求，落实流程Owner（即责任人）责任制。

要注意的是，流程架构虽具有前瞻性，但并不是一成不变的，需要结合战略规划，定期审视当前的业务能力能否支撑战略目标和业务需求。建议每年审视一次。

107

5.1.2　流程架构设计要坚持主干清晰，末端灵活

流程架构设计要以客户需求为导向，遵循主干清晰，末端灵活的原则。一个企业大约有8个主流程，它们创造出了百分之八十到百分之九十的利润。根据前文介绍，我们主张主流程要进一步分解为次要流程、子流程，甚至分为五级或六级流程，即末端流程。

对于主干流程，承载了企业的管控要求，通常由企业统一制定；末端由一线根据用户需求进行适配，满足不同业务场景的差异化管理需求，以快速响应用户需求。正如任正非所说："不同的流程，不同的地段上，都有一定的收敛口，收敛口向上一定要标准化，不然后方看不懂。向下可以有灵活性。末端就在作战部队，战场是千变万化的，一定要给一些弹性，否则就是机械教条的笑话。"

【管理实践】华为在流程管理上践行主干清晰，末端灵活原则

在华为，L1、L2、L3这三级流程是统一制定的，不允许变；各地区部仅允许在四级流程上做本级业务适配，但是必须经过批准；各代表处仅能做五、六级方面的流程适配工作，流程的变化是严格受控的。

（1）L1-L3流程：主干清晰，高效管控

① 从为用户创造价值和企业愿景出发，支撑战略及业务目标的实现；

② 是对业务的全覆盖、清晰表达；

③ 有助于对业务流程的统一管控，有助于业务部门对流程进行建设、评估及优化、集成。

（2）L4-L6流程：末端灵活，实现价值

第 5 章　流程架构设计：把价值流和业务能力落到可执行层面

① 聚焦执行，描述由哪些具体的业务流程为用户创造价值；
② 将流程分解成落实到角色的可执行单元，实现人员的专业化分工；
③ 落实内控、质量及数据等具体要求。

【案例】华为巴西开票流程前端标准，末端灵活

华为非常注重流程的操作细节。华为曾经由机关设计所有的操作流程，但是被巴西的员工笑话了。他们说你们没来过巴西吧？没来过还敢设计巴西开票流程？原来，巴西要求货票同行，把货物从一个库房导入另一个库房，都要开票。

为了解决这一问题，华为在坚持整体开票流程的基础上，向下由巴西团队增设开票子流程，向上与华为开票流程实现对接。其实这就是坚持主干清晰，末端灵活的原则。不会因巴西开票的特殊性而推倒整个流程，设计巴西开票子流程又充分体现了流程设计符合业务一线。

华为认为末端不需要精细设计，不管是牛车、马车还是人力车，只要能走通就是好车。

设计流程是为了作战胜利，是为了给用户创造价值，而不是为了规范，更不是为了取悦机关里的人。所以，越靠近一线的流程，越应该灵活。让一线积极参与流程优化及优秀实践的总结。企业在主干流程上的僵化，是为了以标准化实现快捷传递和交换；末端流程则要保持灵活，因地制宜。

换言之，流程架构的末端流程不需要精细化设计，且必须由业务一线主导设计，同时必须在现场走通，并用现场的场景验证，能走通的才是好流程。

5.2 按照流程架构设计的标杆对照法，设计企业流程蓝图

采用业界通用、成熟的流程架构设计方法，以业界领先实践为参照，沿着战略解读、现状分析、对标标杆、架构设计及流程构架定义的路径，设计面向未来的流程架构，与企业战略无缝对接，并有效支撑战略的落地。

5.2.1 战略解读：明确战略关键举措对未来流程架构的要求

从战略出发，对战略进行解读，明确达成战略目标或实现愿景的关键举措。将战略关键举措定义为实现战略目标或愿景所采取的行动、达成的成果。比如，与客户交易简单高效、敏捷供应等，零缺陷、服务数字化等。

流程架构中的每一个架构要点，包括业务能力、流程、关键控制点、流程责任人等都将体现在战略关键举措中。流程架构承载着战略关键举措，战略举措又是流程架构的实施路径和指引。战略关键举措对流程架构的要求主要包括以下几个方面。

（1）战略举措要落实到流程架构中

企业的关键战略行动需要转化为具体的业务活动，并将这些业务活动固化到流程中，以确保其可执行性。例如"销售渠道下沉的战略举措"涵盖了市场洞察、渠道布局、市场控制等，若将这些业务落实和固化到一二级流程中，它们会在日常运营中被反复执行。

（2）识别与分析关键变量，并设计业务流程

战略目标的拆解需要找到影响目标实现的关键变量，如市场份额、产品质量、客户满意度等。企业通过分析这些关键变量，可以发现达成战略

第 5 章 流程架构设计：把价值流和业务能力落到可执行层面
CHAPTER 5

目标的核心驱动力，并据此设计相应的业务活动及流程。

（3）商业模式需要映射到流程中

企业所构建的商业模式需要反映到流程设计中。企业需要对自身的商业模式进行定位，并将其内化为具体的业务模式及流程，以确保商业逻辑能够在日常运营中得到使用。

（4）用流程将核心竞争力转化为竞争优势

企业的核心竞争力源于自身特有的资源与能力。企业在战略执行中，需要设计相关的业务流程，将这些核心竞争力转化为可贯彻的竞争优势。

通过上述方式，战略关键举措可以被有效地融入和固化到企业的流程架构中，从而支持企业的持续发展和业务战略目标的实现。

【案例】一家零售企业的战略举措落实到流程架构

笔者曾为全国知名连锁企业 M 做流程变革咨询。在双方团队的共同努力下，厘清了企业"愿景-战略-能力-组织-运营"的发展方向、路径、节奏和方法等关键问题，为管理变革奠定基础框架。同时瞄准业务战略，对其进行解读。通过对战略目标进行解码，明确了该企业战略对业务能力的诉求和关键举措。

（1）组织能力提升，把业务能力建在组织上和流程上，不依赖于人；

（2）提升整体的店铺运营和盈利水平，如门店扩张、商品迭代与数字化能力；

（3）基于价值链的供应能力，如多样化供应渠道、集成供应链；

（4）便利店连锁化，如直营、加盟、规模布局；

（5）消费体验提升，如购物便捷、品类升级和数据驱动；

（6）……

根据这些诉求和关键举措，我们的团队又设计出了这家连锁企业的一二级业务流程架构。这家零售企业将战略举措映射到了流程架构的一二层级中，如便利店连锁化的这一战略举措，落实到流程架构中就是加盟运营，以及二级流程商业规划、店铺开发等。再如消费体验提升这一举措，落实到流程架构中则是门店管理与门店经营。

总之，战略举措是企业战略调整下的流程重塑依据。企业在发展过程中，需要根据相应的战略举措设计相应的流程，以确保流程精准承载业务战略。

5.2.2 现状分析：深挖企业业务运作痛点，找准根因

流程现状分析通过资料分析、问卷调查及深度访谈等手段，深挖并提炼企业业务运作痛点，找准根因，为流程架构设计提供指导。

【案例】IBM对华为IPD流程现状进行诊断

1998年3月到6月，IBM对华为的核心客户进行了调研，这些客户的业务量占华为当年收益的10%左右，访谈的内容主要分为三个维度六个环节，第一维度是购买过程，包括对产品的评价、评估报价建议书及谈判等；第二维度是合同的交付，包括运输、安装、付款等环节；第三维度是使用产品的过程，以全面了解客户对华为产品现状的感受。

同步对华为的主要客户开展了问卷调查，了解他们对华为IPD流程的期望。另外，也对华为IPD流程的现状进行了分析，挖掘业务运作痛点。

最终，输出华为IPD流程现状分析结果。前文已经有详细介绍，这里就不再赘述了。

对现有流程框架的现状进行诊断与分析后，流程管理人员可以将识别出来的现有流程架构的问题按照问题的类别或流程活动的开展顺序进行汇

第 5 章　流程架构设计：把价值流和业务能力落到可执行层面

总（如表5-1所示），为流程框架的优化提供建议。

表 5-1　流程问题汇总表

流程客户：			流程责任人：			
流程目标：						
岗位职责：						
流程的上下端流程：						
序号	活动名称	具体工作描述/管理原则/经验/工作质量要求/异常问题处理	问题描述			相关文件（制度/操作手册/模板/表格）
			流程问题	原因分析	重要度评价	
1						
2						
……						
备注：	以上内容按照流程的先后顺序填写，并且将工作细化。					

流程架构现状分析是所有企业设计流程架构的通用做法，也是笔者所在团队在为企业做流程变革时获得成功的主要法宝。

【案例】A企业流程架构现状分析，识别痛点

笔者曾带领团队对一家电动车企业（A企业）的80位中高层进行了流程数字化问卷调研。调研结果如图5-1所示。

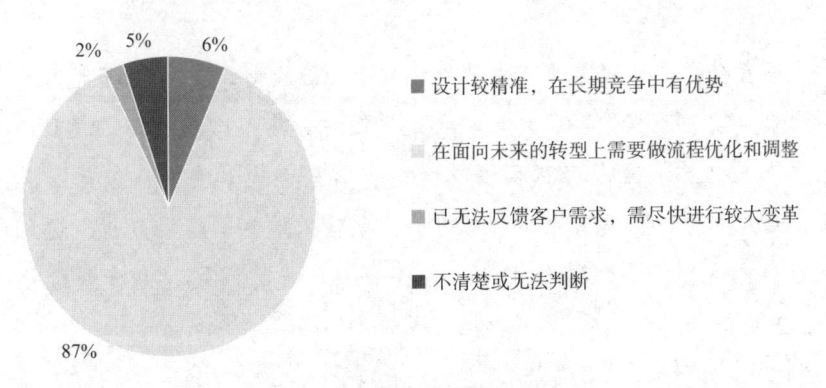

图 5-1　A企业流程数字化调研结果

结合调研和访谈，我们发现A企业的流程架构存在一定缺失，且缺乏合理设计，导致出现业务与流程两张皮的情形。具体表现为缺少项目管理流程、产品立项流程不清晰、问题反馈流程机制较长。在与高层沟通后，我们一致认为业务流程需要进一步完善和细化，以更好地支撑数字化转型，提升在业界的竞争力。

经过调研我们发现了A企业的一系列问题，然后有针对性地进行流程优化，保证流程与业务一张皮运作。在笔者看来，发现问题等于解决了一半问题。企业通过现状分析，发现普遍的显性问题，然后通过抽丝剥茧，找出引发问题的根因，方能在流程架构设计上做到有的放矢。

5.2.3 对标标杆：对标业界最佳实践，识别并定位差距

在流程设计中引入业界最佳实践，实现整体业务运作最优化，做到"横向拉通，纵向集成"，形成前、中、后台高度协同、一体化运作。对标最佳实践方面，企业可以寻找适合自己的流程管理工具。对标杆不一定是全部对标，要找合适的部分进行对标。

【案例】某国内零售企业的IT能力对标

笔者在一家连锁零售店做业务流程变革咨询时，发现其IT能力不足，不利于后期的流程数字化建设。于是我们对标华为IT能力，通过IPD流程开发工具，发现数据IT部门的综合能力有很大提升空间，包括需求、立项、开发、验证、质量、运营等方面。从输入端到输出端分析，这家零售企业存在流程断点、流程不通、业务能力缺失的问题。标杆差距分析如表5-2所示。

第5章 流程架构设计：把价值流和业务能力落到可执行层面

表5-2 标杆差距分析

序号	根因	标杆说明（华为）	改善思路（目标）
1	（1）需求管理混乱、变更频繁、没有价值洞察 （2）IT没有路标规划 （3）没有做技术规划和技术开发 （4）没有统一流程和工具 （5）数字化能力较弱，不能支撑业务战略	（1）云化、服务化IT架构 （2）构建统一的数据底座 （3）数据化平台能力支撑研发、销售、供应、制造、采购等业务战略	（1）组建流程与IT团队 （2）开发流程工具 （3）把流程固化到IT中 （4）逐步构建数据IT及数字化能力，包括作业、交易、运营及办公 （5）IT全生命周期管理，用流程责任制进行保障
2	（1）流程与IT部门相互独立，常常因为需求而争吵 （2）IT强调功能化、重技术，对业务支持不足 （3）系统相对稳定，应变能力不足	（1）流程与IT部门合二为一，成立流程与IT团队 （2）IT功能融合，减少用户入口，注重用户体验 （3）在流程固化的基础上，IT系统与业务充分耦合	

笔者带领的流程变革团队以此为突破口，带领该企业积极构建数据IT及数字化能力，并导入流程架构，以支撑战略落地和业务目标达成。

选择对标的标杆，要看哪些标杆做得比较好，对企业未来2到3年有帮助。流程架构设计不是闭门造车，而是要观察业界谁做得好，然后去学习它们的优点，甚至拿来用一用，进而构建出适合企业自身的流程架构。

【案例】华为对标IBM，构建流程架构

2009年以后，华为的财经流程架构，最先对标的是IBM。当时华为有六大应付账款支付流程，划分标准不统一、分类复杂，主要是为了应对不同的内部采购流程而设置的支付流程，对业务支持不足，内部履行的PO与客户维度的PO不一致，影响内部操作及支付效率。而当时IBM有统一的面向客户PO全流程打通的支付流程，总体财经流程架构清晰，易于指导业务操作。华为在开展财经流程变革中，对标IBM，并基于华为各地代表处的业务实践形成"既面向业务、也面向财经的纵横结合的流程框

架"。从现金流管理、开票与回款、合同管理，再到基于国别的差异化本地流程建设，逐步完成从L1到L6（六级流程）的建设，实现了从无到有、从零散到有序的1.0版本体系化建设。

华为对标IBM的财经流程，在实践中不断完善，建立了适合自身的财经流程架构。这种对标业界标杆的方式，可以让企业快速定位自身的问题，为构建新的流程架构提供思路和方法。

5.2.4　架构设计：设计面向未来的流程架构

针对差距分析结果，设计业务流程框架。分析结果的应用有两种情形，一是将标杆的业务能力代入，适用于经营内容和模式相同或相近的企业；二是作为工具或参考重新构建业务能力架构。不论用哪一种方法，设计出的流程架构都要符合原则。

【案例】美的集团设计流程架构的关键要素

美的集团积极推进业务流程变革和优化，以端到端的流程视角，识别和整合核心业务流程，同时依靠IT系统，构建了流程架构，以提高整体运营效率和加快市场响应速度。美的集团将流程架构分为四个层级。L1级涵盖了所有核心业务流程，包括研发、市场营销（内销与外销）、供应链、财务、人力资源、资产管理等。在L1级流程的基础上，美的集团根据具体的业务场景和运营模式，进一步细化流程至L4级。这些业务流程覆盖了所有的运营层级，如总部、分公司、子公司，以及业务运营的不同领域，如业务价值链、管理管控职能。

每个流程模块之间有层级与逻辑关系，流程模块之间没有交集。美的集团的一级流程体现业务价值链，例如市场到订单；二级流程体现运营模式，也是主要业务活动，例如渠道管理；三四级流程为实现运营模式所需要的业务能力与业务活动做支撑。这体现了严谨的体系结构。美的集团的**各层级流程反映了业务逻辑关系**，从研发到市场营销再到资产管理，体现了价值链的业务总体顺序和关系；在业务开展方面，同层级的各业务活动相互串联，保证衔接顺畅。

对于业务价值链流程，会有各种业务场景，不同场景下设计了不同的**业务能力与流程模块**。例如美的集团的渠道管理二级流程需要在渠道分销业务场景下部署，而在直销业务场景下就不适用。

可见，美的集团的流程架构设计中，不同的层级的目的不同，其设计要求也不尽相同。总的来说，从案例可总结出面向未来设计流程架构的四个关键要素，分别是业务覆盖全面、体系结构严谨、反映清晰的业务逻辑及体现业务差异。还需要进一步设立流程架构分类分级有效性的确认标准，即通过业务流程的整体性、独立性及条理清晰三个维度进行评估，如表5-3所示。

表 5-3 流程分类分级有效性的确认标准

维度	说明
整体性	分级后的每个流程至少要包括两项活动过程，但流程分级不可过于细微，否则会失去整体性
独立性	分级后的各个流程不能重叠，保持相对独立，不能有过多交叉，如果重叠性强，可以把两个流程合并
条理清晰	分级后的流程要有确定的输入和输出，并且每个流程层级的端到端都应该有阶段性的产出

简言之，企业不论参考经典的流程分类分级模板，还是系统分析自身业务场景、设计流程架构，都应注重流程分类分级原则。

5.2.5 流程架构定义：用统一的规则，清晰展现架构信息

在对流程架构进行分层分级的同时，需要对流程进行命名与编码。流

程的命名与编码要体现层级关系，确保准确反映业务环节的边界与范围。

（1）流程架构命名

流程架构的一到四级命名原则上为主谓结构或动宾结构，同一个架构建议采用统一的命名方式。

（2）流程架构层级

流程架构层级尽量简单，一般到四级流程即可。只有当业务活动太复杂时，为便于管理，可适当地分解为若干子流程，子流程数量越少越好。同样的业务存在不同的业务场景，如果不能通用，可对流程进行定制，例如"投标流程-印度"即是基于华为全球通用的"投标流程"的定制化流程。

（3）流程架构编码

流程架构编码是企业流程的识别码，用于进行流程分类。编码从第一层到第四层，借鉴APQC的定义，编码基本形式为X.X.X.X。具体的流程架构编码方法如下。

1）第一层流程分类：流程架构最高层次，表示方式：X.0，如：8.0，9.0，X取数范围是1~99。

2）第二层流程分类：流程架构最高层次，表示方式：X.X，如：8.1，9.3，X取数范围是1~99。

3）第三层流程分类：流程架构最高层次，表示方式：X.X.X，如：8.1.2，9.3.2，X取数范围是1~99。

流程架构编码完成后，需要以统一的语言、符号、图形描述架构层、名称等，以唯一的框架展示各层级流程架构。流程架构通常以键盘图与清单两种方式呈现。

（1）用键盘图展示架构信息

企业通过键盘图展示流程架构的分类与层级关系。其中，每个流程框内表述方式为"编码+名称"，如图5-2所示。

采用键盘图形式排列，具有容量大、版面工整的特点，可以事无巨细地展示各层级的业务全貌，避免重复、遗漏。

第 5 章　流程架构设计：把价值流和业务能力落到可执行层面

（2）通过清单表达架构信息

自上而下按照流程类、流程组、流程、子流程（活动），清晰描述架构信息，如图5-3所示。

3.0 管理市场与销售					
3.1 市场营销管理					
3.1.1 市场洞察	3.1.2 营销策略管理	3.1.3 营销预算管理	3.1.4 用户运营管理	3.1.5 营销活动管理	3.1.6 营销资产管理
3.1.1.1 客户与市场情报分析	3.1.2.1 产品策略制定	3.1.3.1 营销预算制定	3.1.4.1 用户运营计划制订	3.1.5.1 营销活动计划	3.1.6.1 数字化营销内容管理
3.1.1.2 市场机会评估和排序	3.1.2.2 用户运营策略与目标制定	3.1.3.2 营销预算执行跟踪与分析	3.1.4.2 用户获取	3.1.5.2 营销活动准备	3.1.6.2 产品营销内容管理
	3.1.2.3 推广策略制定		3.1.4.3 触点运营	3.1.5.3 营销活动执行	3.1.6.3 营销物资标准与计划
			3.1.4.4 用户忠诚度计划	3.1.5.4 营销活动评估	3.1.6.4 营销物资分发及使用
			3.1.4.5 用户运营绩效分析与管理	3.1.5.5 营销活动费用兑现	3.1.6.5 营销物资监控与处置
			3.1.4.6 用户洞察分析		

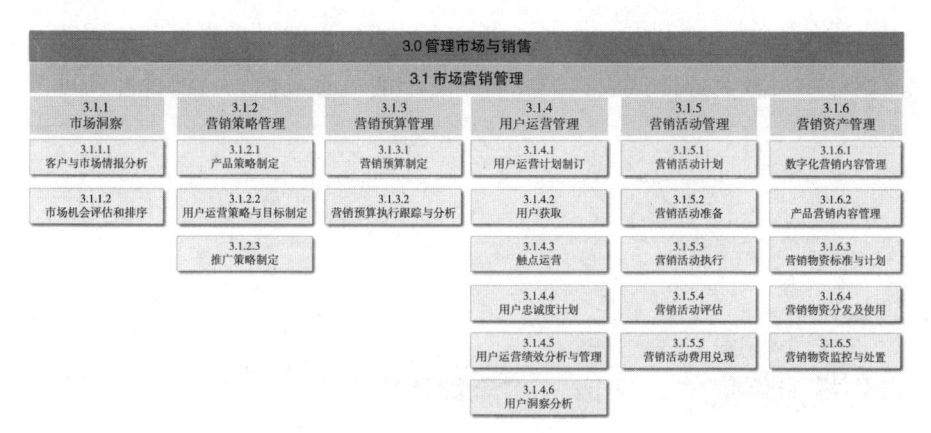

图 5-2　管理市场与销售流程键盘图（L1~L4）

3.0 管理市场与销售

3.1 市场营销管理

　　3.1.1 市场洞察

　　　　3.1.1.1 客户与市场情报分析

　　　　3.1.1.2 市场机会评估和排序

　　3.1.2 营销策略管理

　　　　3.1.2.1 产品策略制定

　　　　3.1.2.2 用户运营策略与目标制定

　　　　3.1.2.3 推广策略制定

　　3.1.3 营销预算管理

　　　　3.1.3.1 营销预算制定

　　　　3.1.3.2 营销预算执行跟踪与分析

　　3.1.4 用户运营管理

　　　　3.1.4.1 用户运营计划制订

　　　　3.1.4.2 用户获取

　　　　3.1.4.3 触点运营

　　　　3.1.4.4 用户忠诚度计划

　　　　3.1.4.5 用户运营绩效分析与管理

　　　　3.1.4.6 用户洞察分析

　　3.1.5 营销活动管理

　　　　3.1.5.1 营销活动计划

　　　　3.1.5.2 营销活动准备

　　　　3.1.5.3 营销活动执行

　　　　3.1.5.4 营销活动评估

　　　　3.1.5.5 营销活动费用兑现

　　3.1.6 营销资产管理

　　　　3.1.6.1 数字化营销内容管理

　　　　3.1.6.2 产品营销内容管理

　　　　3.1.6.3 营销物资标准与计划

　　　　3.1.6.4 营销物资分发及使用

　　　　3.1.6.5 营销物资监控与处置

3.2 销售管理

　　3.2.1 销售策略管理

　　3.2.2 销售运营管理

　　　　3.2.2.1 销售预算管理

　　　　3.2.2.2 销售目标管理

　　　　3.2.2.3 销售预测（计划）管理

　　　　……

图 5-3　以清单的方式表达架构信息

当企业完成流程架构设计之后，也可以选用此方式来呈现流程架构，为后期流程建设工作的开展夯实基础。

总之，企业在对标业界最佳实践的基础上，结合自身的业务实际，选用合适的方法，运用统一规则来定义流程架构，确保流程规范的同时，让流程参与者更好地达成共识，实现流程的可集成性、易编排性和可追溯性。

5.3

端到端流程集成，评审发布流程架构

流程架构完成后，梳理各项流程，形成流程清单、流程架构卡，确保彼此之间衔接畅与合理；最后形成核心流程，一般一级、二级流程以流程视图的形式展现，供决策者及高层管理者参照。流程视图是以信息流的形式描述流程之间的逻辑关系的。

5.3.1 梳理流程清单，输出流程架构卡，绘制流程视图

完成流程分类分级后，需要输出分类分级的流程清单，呈现不同级别流程之间的包含与被包含关系，并明确对应的流程责任人。流程清单的格式没有固定要求，可参考表5-4。

第 5 章 流程架构设计：把价值流和业务能力落到可执行层面

表 5-4　流程清单

一级流程	流程责任人	二级流程	流程责任人	三级流程	四级流程（如有）	流程管理员	协同部门	完成进度
5.0 门店经营		5.1 进销管理	XXX	5.1.1 门店进货			商品部、供应部	
				5.1.2 门店配货				
				5.1.3 现场销售			用户营销部等	
				5.1.4 外卖销售				
				5.1.5 自主销售				
				……				
		5.2 价格管理	XXX	5.2.1 价签打印			商品部、供应部、IT部等	
				5.2.2 价格调整				
				……				
……		……	XXX	……				

通过流程清单，不仅能看出各类流程及其相互关系，让流程架构更加系统、清晰，还能为流程架构搭建与优化提供指导。

另外，为了更好地指导流程的详细设计，要用流程架构卡，从 5W2H 等维度对流程进行详细描述，包括流程名称、流程责任人、流程层级、流程描述、流程输入/输出等核心要素（如表 5-5 所示），从而让使用者更好地管理企业价值创造的过程，同时也为架构设计、部门绩效的定义、流程图设计、IT 化建设等提供参考。

表 5-5　某零售企业流程架构卡（L2 层）

流程名称	库存管理	流程责任人	经营提升部长	流程层级	L2	流程架构编号	5.3
流程描述	基于退货申请、调拨需求等，开展门店调拨、商品报损、库存盘点、门店退货等工作	流程目的	旨在保障门店商品库存数据准确性，增强商品调拨、报损、退货等操作规范性	L1	门店经营		
^	^	^	^	L2	销售管理		
^	^	^	^	L3	门店调拨、商品报损、库存盘点、门店退货		
上游流程	进货管理、销售管理	下游流程	财务管理					
流程输入	退货商品、调拨商品、需报损的商品、商品账面库存	流程输出	门店退货记录、商品调拨记录、商品报损记录、报损费用结算单、商品盘点库存					
流程起点	门店商品调拨需求已识别、门店商品退货需求已识别、门店商品已确认损坏、门店商品盘点需求已接收	流程终点	调拨商品已入库、门店报损结算单已生成、门店商品盘点结果已输出、不可退商品拒退单已签收确认					
流程 KPI	审核报损费用、商品调拨时效、商品退货时效、商品账实差异率						

【案例】流程架构卡的核心构成要素说明

流程输入是指伴随流程启动进入流程活动的各种业务对象，包括实物输入、信息输入等，即数据实体及承载数据的表、证、单、书等。流程输入可能是上一流程的输出，也可能是流程从外界获取的信息。

流程输出是指流程活动执行过程中产生的价值或成果。衡量流程有效性，就是衡量流程输出的有效性。流程输出包括有形和无形价值。常见的流程输出有实物、资金等有形价值和信息、服务、品牌等无形价值。

流程起点是指触发流程第一个活动的开始事件。

流程终点是指流程最后一个活动所产生的结束事件。

第 5 章　流程架构设计：把价值流和业务能力落到可执行层面

在填写流程架构卡时必须遵守如表 5-6 所示规则，保证流程架构卡内容表述风格一致和简洁。

表 5-6　流架构卡填写规则

名称	填写说明
流程目的	旨在达成什么目的（明确流程的使命、价值和目标），例：旨在提高流程成熟度，提升业务运营能力
上游流程	填写该流程的上游流程，即前端流程，需与该流程层级相同；可以从信息流的角度出发，审视该流程会使用哪些流程的输出，从而识别上游流程
下游流程	填写该流程的下游流程，即后端流程，需与该流程层级相同；可以从信息流的角度出发，审视该流程的输出会被哪些流程使用，从而识别下游流程
流程输入	流入该流程的各种业务信息对象。例如"流程管理"的流程输入有企业战略、业界标杆、流程年度审视结果
流程输出	填写流程、活动产生的主要价值和成果。例如"流程管理"的流程输出有流程架构、流程架构卡、流程文件、流程审计报告
流程描述	基于什么内容，开展哪些工作等。例如基于企业战略、业务痛点、内外部环境变化，开展流程规划、流程建设、流程运营、流程评估等工作
流程起点	选择触发流程的事件
流程终点	选择对流程目标达成有意义的事件作为流程终点，例如"流程管理"的流程终点为最佳业务经验已融入流程文件，流程执行评价已完成
流程关键绩效指标	L2 流程绩效指标一般为基于 L1 流程指标拆解的由该流程承接的下级指标。例如流程管理－流程需求有效处理率，流程建设－流程建设计划达成率，流程梳理发布流程－流程发布率

在填写流程架构卡时有三大注意事项：第一，流程定义清晰；第二，流程目的明确，即来自企业战略或客户的要求；第三，流程责任人需填写岗位名称。

根据流程清单与流程架构卡，绘制流程视图，以流程块的形式，图形化、全景式地展示流程体系，包括每个流程步骤的具体内容、责任人、时间等信息，实现流程与流程之间纵向对齐、横向拉通。

> **【管理知识】流程视图的内涵与作用**
>
> 流程视图是表示业务流程信息的一个集合，向某一个特定情形或特定用户群提供一个业务总览图，反映特定规则下或特定业务场景里流程与流程之间的关联关系。企业可以根据区域、产品线、功能领域、客户、项目组等特定的业务场景或用户群等视角，去构建流程视图。

通常，流程视图由流程架构里的流程大类（L1）、流程组（L2）、流程（L3）或子流程（L4）构成，必要时可以使活动在流程视图上呈现，但必须引用已发布流程或子流程里的活动。需要注意的是，绘制的流程视图通常在一个页面上展示，有时为了便于理解，也可以在流程视图上使用其他符号或文字标注与说明。

5.3.2 评审发布：流程架构设计的最后一道关卡

流程集成后，需要评审流程架构及流程清单。评审必须经过流程专家、流程责任人、流程管理员、业务架构师、流程管理委员会或利益相关人的审核，以确认业务与流程适配，保证标准流程能够在特定业务场景下落地执行。完成流程的业务适配性评审后，需要由流程责任人提交线上会签，再经流程管理委员会或流程专家会签后予以发布。

表5-7给出的是流程架构评审角色；表5-8是流程架构网上会签责任矩阵，不同的责任人承担不同的审核责任。

第 5 章 流程架构设计：把价值流和业务能力落到可执行层面

表 5-7 流程架构评审角色

流程层级	是否跨地区/跨部门	流程设计		流程评审	
		流程设计责任人	评审组织责任人	评审角色	
流程架构		流程专家、业务架构师	流程管理委员会主任	流程专家、流程责任人、流程管理员、业务架构师、流程管理委员、流程主要利益关系人	
跨一层		流程专家、业务架构师	流程管理委员会主任	流程专家、流程责任人、流程管理员、业务架构师、流程管理委员、流程主要利益关系人	
跨二层		流程专家、业务架构师	流程专家、业务架构师	流程专家、流程责任人、流程管理员、业务架构师、流程管理委员、流程主要利益关系人	
跨三层		流程专家、业务架构师	流程专家、业务架构师	流程专家、流程责任人、流程管理员、业务架构师、流程管理委员、流程主要利益关系人	
三层		流程专家、业务架构师	流程专家、业务架构师	流程专家、流程责任人、流程管理员、业务架构师、流程管理委员、流程主要利益关系人	
三层以下子流程、操作书、模板		流程专家、业务架构师	流程专家、业务架构师	流程专家、流程责任人、流程管理员、业务架构师	

表 5-8 流程架构网上会签责任矩阵

流程层级	跨部门	流程发布申请审核	文控	文件审核	文件会审	文件批准
流程架构		流程责任人	流程专家、业务架构师	流程专家、业务架构师	流程专家、业务架构师、利益关系人	变革委员会主任
跨一层		流程责任人	流程专家、业务架构师	流程专家、业务架构师	流程专家、业务架构师、利益关系人	变革委员会主任
跨二层		流程责任人	流程专家、业务架构师	流程专家、业务架构师、	流程专家、业务架构师、利益关系人	流程专家、业务架构师

续表

流程层级	跨部门	流程发布申请审核	文控	文件审核	文件会审	文件批准
跨三层		流程责任人	流程专家、业务架构师	流程专家、业务架构师、	流程专家、业务架构师、利益关系人	流程专家、业务架构师
三层		流程责任人	流程专家、业务架构师	流程专家、业务架构师、	流程专家、业务架构师、利益关系人、流程管理员	流程专家、业务架构师
三层以下子流程、操作书、模板	是	流程责任人	流程专家、业务架构师	流程专家、业务架构师	流程专家、业务架构师	变革委员会成员
	否		流程专家、业务架构师	流程专家、业务架构师	业务主管	业务主管

为做好流程架构评审，各评审责任人要重点关注：一是与核心业务能力相关的一级二级流程是否识别准确，是否匹配企业战略目标；二是流程总架构规划方法是否适合企业当下和未来的经营模式；三是流程总架构规划中业务范围与边界是否清晰，是否符合企业的当前需求；四是一级流程架构所有者是否合适。

流程架构并不是一成不变的，需要定期进行运维，以确保流程架构始终牵引业务发展，支撑企业战略及经营目标的实现。

第6章

流程建设：流程过程资产管理，保障便于理解与执行

数智化时代，优秀流程是企业的核心竞争力，能显著将成功企业与其他竞争者区分开来，赢得客户信赖，实现商业成功。流程化组织运作的好坏，依赖于流程的质量；流程的质量，则取决于流程建设的质量。

企业要以新的流程架构为指导，进一步设计具体流程（比如L4～L6级），并开发流程文档，沉淀资产和能力，保障高效且稳定运作。

6.1

流程设计：聚焦客户价值链，设计高效的业务流程

流程能否承接战略、有效地落地，关键在于是否能设计出可执行、高效的业务流程。这表明，流程设计是流程建设的关键环节之一。

6.1.1 流程设计不能全面铺开，要抓大放小

流程设计需要抓住少数关键。也就是，流程设计要先从核心的一到两个流程开始，聚焦客户价值创造，将这些关键流程的节点列出来，逐个梳理、简化。

流程中的少数关键其实就是优先级较高的流程。优先级较高的流程通常具有以下四个特点：满足终端客户的需求；处于重要的位置，有助于业务增值；重复使用率较高；可行性较高。我们可以参照这四个特点来判断流程的优先级别。

【案例】某矿业企业的两个流程——采矿和选矿流程优先级对比

矿业企业有两个主要的业务流程——采矿流程和选矿流程。矿业企业通过采矿流程获得矿石，这个流程直接影响精矿质量、资源利用和环境保护等方面，因而采矿流程被视为客户创造经济和社会价值的一个重要流程。

但是，即便是采出同样的矿石，在不同的选矿厂或者不同的运作模式下，也会产出不同质量的精矿。而且，回收率、选矿成本等又会直接影响价值、质量和成本。可以说，满足客户需求的不同类型产品是在选矿流程上实现的。所以，选矿流程要优先于采矿流程。

在对各业务流程优先级进行排序时，可参照表6-1，生成系统的流程优先级排序表。

表6-1 流程优先级排序表（示例）

NO.	流程名称	绩效情况	重复性	控制性	运作时间	总分	排序
A1	产品开发流程						
A2	采购流程						
A3	生产制造流程						
A4	营销流程						
……	……						

对于不同的评价指标，应根据企业的战略、业务侧重点等因素，设计不同的权重，最终得出总分，并进行排序，形成流程优先级判断结果。

此外，企业还可以使用流程增值性判断矩阵，如图6-1所示，识别流程优先级。

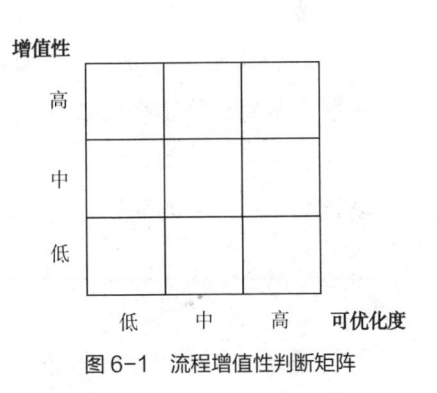

图6-1 流程增值性判断矩阵

可以看出，增值性越高，可优化度越高，流程越关键。可优化度高，表明流程需要大幅度优化，甚至可以推倒重来。企业可参照流程增值性判断矩阵来判断流程优先级别，识别需要优先优化的流程。总之，流程设计要抓大放小，从关键流程入手，可以实现重点突破，提高效率。

6.1.2 以终为始，应用七步法设计流程

不少企业在设计流程时，通常会为了过程管控、合乎规范而设置许多流程控制点，致使流程运行效率低。要知道，简单、高效是人的本能追求，太复杂会把好东西变成坏东西。

避免不必要的复杂性和过度设计，笔者认为，流程设计要遵循KISS（Keep it Simple and Stupid）法则。KISS法则的核心在于"简单就是美"，要求流程管理人员要将复杂的问题简单化，使得普通员工也能理解与使用。

> **【管理观点】流程设计理念**
>
> （1）流程里只有业务，看不到部门，在流程中只定义角色，组织要来承载流程角色。
>
> （2）流程设计要注重横向设计，将不同职能部门真正有效地串联在一起；消除部门之间的壁垒，降低协同成本，提升效率。
>
> （3）流程要标准化、可衡量。也就是，用数字说话，比如需要什么资源、需要多长时间、做到什么程度等。

笔者结合多年流程设计服务实践，提炼了高效设计流程的七步法，如图6-2所示。

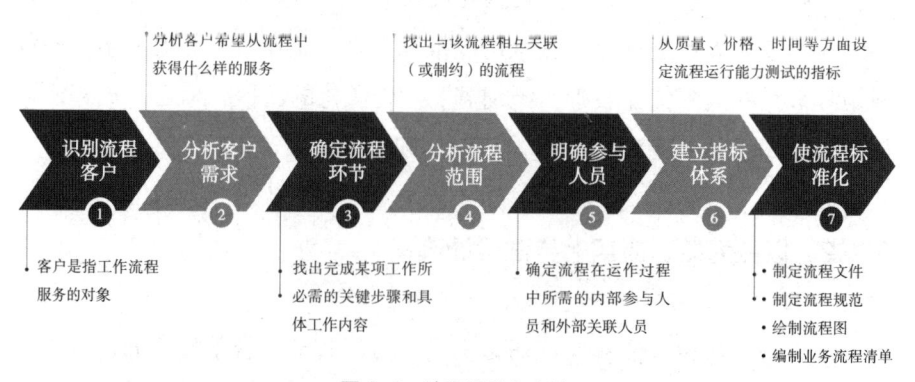

步骤	名称	说明
1	识别流程客户	客户是指工作流程服务的对象
2	分析客户需求	分析客户希望从流程中获得什么样的服务
3	确定流程环节	找出完成某项工作所必需的关键步骤和具体工作内容
4	分析流程范围	找出与该流程相互关联（或制约）的流程
5	明确参与人员	确定流程在运作过程中所需的内部参与人员和外部关联人员
6	建立指标体系	从质量、价格、时间等方面设定流程运行能力测试的指标
7	使流程标准化	·制定流程文件 ·制定流程规范 ·绘制流程图 ·编制业务流程清单

图6-2 流程设计七步法

第6章　流程建设：流程过程资产管理，保障便于理解与执行

（1）识别流程客户

流程的服务对象是客户，这个客户既有内部客户，也有外部客户。流程是否优质取决于面向客户业务流的具体表现形式，输入是客户的需求，输出是产品或服务。这表明，企业流程必然归于客户价值，必须真正为客户创造价值；同时，在流程的设计上要关注客户而非上司、关注整体而非局部、关注过程与结果。如果这些都实现了，那么流程越简单越好。

（2）分析客户需求

在设计流程时，应先分析客户希望从流程中获得什么样的服务。

【案例】华为一次艰难的付款旅程

华为《管理优化报》曾发表了一篇题为《一次艰难的付款旅程》的文章，指出了华为一线作为赞助商面向客户预付款时遇到审批多、流程复杂的问题，引发员工激烈讨论。文章主要内容如下。

情形一：对一线而言，找不到流程入口、不知道全流程的所有要求和操作规范，流程指导和说明往往比流程本身更复杂；

情形二：华为内部的流程建设大多针对的是某个具体业务场景，防范的是特定风险，在设计上往往防卫过当，不考虑执行成本，更不用谈面向对象的流程拉通和友好的用户界面了。

这个案例告诉我们，流程设计的首要原则是为作战服务。如何衡量设计后的流程是否做到满足客户需求？可以从客户和自身两个角度去衡量，如表6-2所示。

131

表 6-2　流程设计是否满足客户需求的衡量基准

从客户的角度去衡量	从自身的角度去衡量
快速。及时提供客户需要的东西，即流程的周期要短。	简单。流程的层级、活动、步骤必须简单明了，易于理解，易于执行。
正确。流程的输出应该是客户想要的东西，并且满足质量要求。	高效。流程的运作必须正确而有效，输出要满足客户需求。流程的执行周期要短。
便宜。客户需要少花钱并获得满足，即流程的成本要低。	增值。每一个流程都要有明确的为客户创造价值的目标，不论直接或间接的。
容易。容易与之做生意，即企业流程要具有友好简单的界面，能满足客户需求。	低成本。流程的综合运作成本要低，与业界相比要有竞争力。

（3）确定流程环节

在确定流程环节时，流程设计人员需要深入一线，了解各部门岗位及业务，并进行认真分析，甚至要沿着客户旅程进行分析，得出流程环节。

【案例】B企业维修工程师售后维修流程设计

笔者应约设计B企业维修工程师售后维修流程。于是，笔者选择跟踪观察B企业维修工程师的售后维修全过程。

每天，工程师进入企业后第一个动作是换上工作装，笔者就在本子上记下流程环节："整理仪容仪表"；工程师打开柜子、拿出工具箱、打开维修灯、戴上白手套，笔者就记录为"设备的准备"。

然后，工程师和前台接待、和后台库管接头。库房里存放的都是前一天快下班时所有需要维修的手机，前台事先已经给每一台需要维修的手机的问题做好了标签。

接下来，维修的工作其实很简单。比如，当标签上写的是"换屏"时，工程师就会打开手机观察。如果屏幕亮，说明只用换一个屏；如果屏幕不亮，说明里面的配件坏了。接着工程师就用万能检测表检测，找出哪个配件有问题。如表上显示103，就代表103的零部件坏了；如103和105

都显示，说明两个元器件都需要更换。笔者就这样一步步记录了售后维修流程的每一个动作与环节。

可以看出，流程环节的设计必须明确每个环节的价值，注重具有关键价值环节的设计，尽量保证每个环节的内容不重叠；同时要学会将流程环节的辅助动作和沟通动作识别出来，作为流程环节的配套活动。

（4）分析流程范围

分析流程范围，是指明确流程与流程之间的关系，识别本流程的上游流程与下游流程。这样做的目的是确保流程之间层级分明，归口清晰。

流程范围的确定可以通过本流程的输入端和输出端来找它的上下游。图6-3是华为基于客户视角的交易流程。

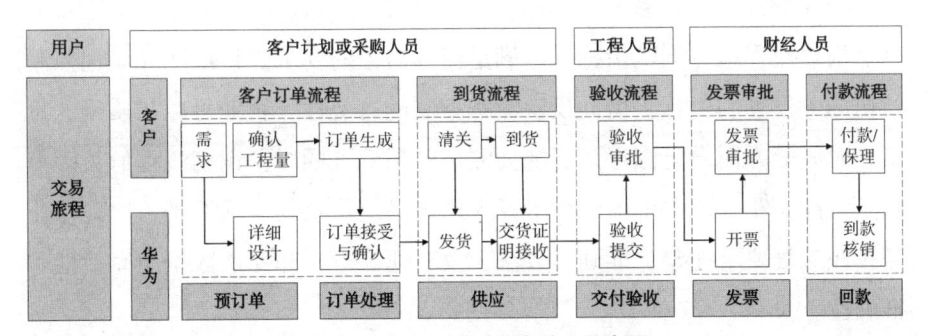

图6-3 华为基于客户视角的交易流程

顺着交易流程，可以发现华为交付验收流程及回款流程是同一级、上下游流程，是相互关联的。

（5）明确参与人员

确定流程运作过程中的参与人员，这些人员也可称为流程角色。这些参与人员既有内部参与人员，也有外部关联人员。流程参与人员在流程中的位置如图6-4所示。

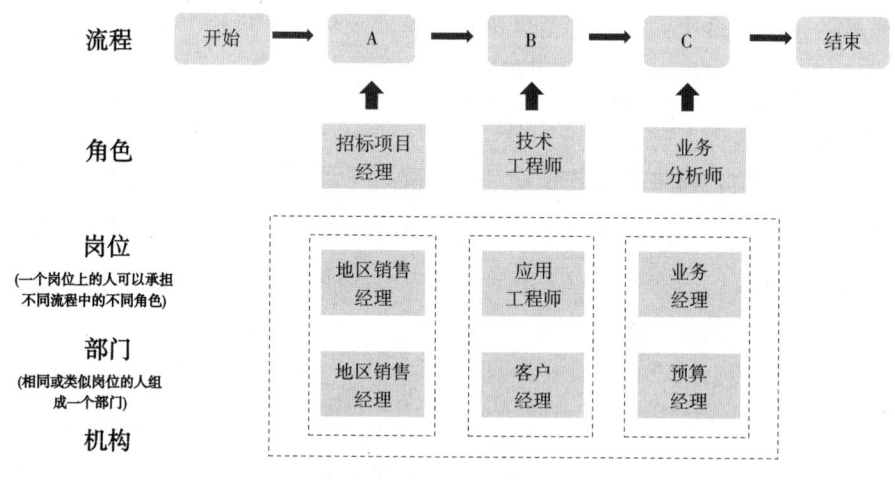

```
流程      开始 → A → B → C → 结束
                 ↑   ↑   ↑
角色          招标项目  技术   业务
              经理    工程师  分析师

岗位         ┌─────────────────────────┐
(一个岗位上的人可以承担 │ 地区销售  应用    业务   │
不同流程中的不同角色)  │ 经理    工程师   经理   │
                     │                        │
部门                  │ 地区销售  客户    预算   │
(相同或类似岗位的人组  │ 经理    经理    经理   │
成一个部门)          └─────────────────────────┘
机构
```

图6-4 流程参与人员在流程中的位置

（6）建立指标体系

构建流程运行测试指标，以满足流程内控的要求。设定测评流程控制状况的关键控制指标，借此反映流程控制的有效性。企业可以从质量、价格、时间等方面设定流程运行能力测试的指标，同时，识别流程的关键控制点，即在业务流程中由流程责任人确定必须执行的一项活动，以确保业务按照流程要求完整、准确、合法、及时地执行，并保证数据的完整性和准确性。

（7）使流程标准化

将流程固化，形成可操作、可复制的标准。企业可以通过制定流程文件、绘制流程图、编制业务流程清单等实现流程标准化，后续章节会有详细介绍。

流程设计七步法为企业设计流程提供了路径。具体实操过程中，企业可结合自身业务实际进行"裁剪"，设计出高效的、与业务流相匹配的流程。

6.2
将流程制度化、文本化，保证权威性

如果不规范管理，那么主意越多，人心越乱。为此，企业需要将设计出来的流程制度化、文本化，也就是将流程以制度的形式进行规范，辅助流程体系运作的同时，保障其权威性。

6.2.1 用确定的规则支持和服务前方决策

【案例】星巴克标准化制度助力前端服务标准化

星巴克从美国西雅图一家连锁咖啡店成为世界知名的连锁咖啡企业，得益于它的标准化服务流程，并以制度来保障执行。如冲泡不同口味的咖啡及如何为客户服务，所有的员工都要牢记相关规则并熟练操作：奶液需用蒸汽加热至65～76摄氏度；每份浓缩咖啡必须在2～3秒内提拉或摇晃；如何把咖啡桶的油擦掉；如何打开一大包咖啡；勤洗牛奶咖啡机里的牛奶注入棒；如何把咖啡渣装入袋子里，并贴上标签。

就连培训都是严格按照既定的流程标准进行的。在星巴克，所有的员工要经过六个星期、五门课程的培训。培训员会依据操作标准进行演示。例如：要冲出完美的咖啡泡沫，得这样来回拉十次。

星巴克有三个员工指引方针：保持自信、倾听并答谢、寻找并帮助。这让员工在培训或服务中有良好的心态，并专注于咖啡的制作和服务，以及意外状况的处理。

这样一来，星巴克所有连锁店都能以统一的服务面向客户：一小时服务220位客户；客户进门3～5分钟能拿到咖啡；卡布其诺加的牛奶煮6～8

秒，拿铁煮3~5秒，绝不弄混；倒掉超过半小时的咖啡；有87000种饮料组合；使用更好的咖啡机等。

可见，高质量的流程制度，一方面，能较好地指导岗位工作，减少对人的依赖；另一方面，能帮助新员工快速掌握岗位所需知识和具体的操作要求，并实现独立操作。星巴克正是用标准化的服务，为店面运作提供执行规范。

打个比喻，流程是河流，制度是护堤石和堤岸，如图6-5所示。其中，制度的作用在于规范活动，保证行为的统一和规范；流程的作用在于整合活动，保证资源的利用效率和产出。

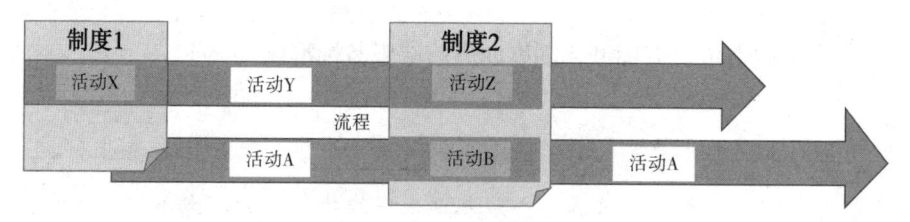

图 6-5　流程与制度的关系

流程管理制度的基本内容如表6-3所示。

表 6-3　流程管理制度的基本内容

构成	具体说明
制度属性	制度名称、版本号、制度编号等
制度目的	制度描述的主要内容、适用环节等
制度适用原则	制度应用和适用原则
制度正文	描述制度的相关规定和细节说明
制度附加说明	描述制度归口部门、解释与修正部门、制度试行与正式执行时间

将流程制度化，能有效降低例外情况的出现频率，全力保障企业流程运作的规范化。

第6章 流程建设：流程过程资产管理，保障便于理解与执行

6.2.2 围绕流程形成制度文本，保障流程高效运作

流程制度化的关键抓手是要将流程转换成管理制度及文本，让它们作为流程的配套体系，以保障流程运作。通过将各层级流程操作制度化、文本化，企业可以逐渐形成从末端规范操作、各层级流程分解，再到主干流程规划原则的一整套流程管理制度体系，保障一线作战。图6-6是流程制度文件的整体架构。

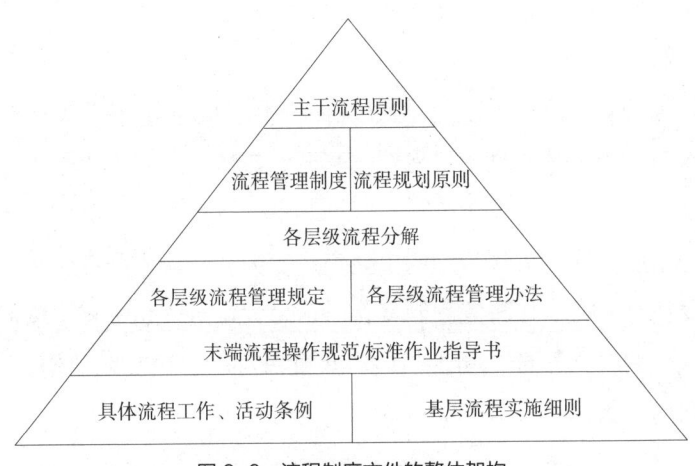

图6-6 流程制度文件的整体架构

（金字塔自上而下）
- 主干流程原则
- 流程管理制度 / 流程规划原则
- 各层级流程分解
- 各层级流程管理规定 / 各层级流程管理办法
- 末端流程操作规范/标准作业指导书
- 具体流程工作、活动条例 / 基层流程实施细则

通常，主干流程的流程文本相对末端流程内容更简洁，逻辑更清晰，通过简洁化的流程描述加快流程运作速度。而末端流程涉及具体的工作规范和活动操作及执行任务，文件描述应该尽可能细化、易懂，真正起到指导作用。

【案例】比亚迪精诚服务核心流程制度提升管理水平

近年来，比亚迪积极构建"精于勤，诚于心"的核心服务理念，依托领先科技，为客户提供快捷、便利、省心的售后服务。

为更好地聆听客户诉求，为客户提供个性化服务，让客户与品牌建立连接，比亚迪制定了"比亚迪精诚服务核心流程"，核心流程分为标准服务流程、熟客服务流程、高标顾客服务流程、SVIP服务流程四大核心模块；同时兼顾不同的业务场景对差异化运营的需求，引入可视化服务，增强流程灵活性。

此外，比亚迪十分重视每个细节化的服务，并就这些细节进行了制度化设计。有惊喜服务、上门取送车服务、高峰期服务、车辆健康诊断服务、代步车服务、免费饮品及小食服务等制度化流程。

比亚迪精诚服务核心流程制度全面提升了服务效率，优化了服务体验，并将精诚服务核心理念：专业、真诚、热情、友好、体贴更好地进行贯彻。

流程制度文件是流程管理的重要资产，为企业流程服务管理提供了保障。需要注意的是，在将流程制度化时切忌大搞形式化工程，输出一大批文件却又束之高阁；要尽可能"内容正确凝练、表达简明易懂"，使配套体系得到真正意义上的应用与贯彻。

6.3

流程标准文件化，确保流程的准确性和高质量执行

将流程标准文件化，使流程环节所需文件都能系统对应，使流程各个环节的负责人及执行人规范作业，以保障流程的准确性及高质量执行。

在流程标准文件化时，既要关注流程架构规划，也要注意流程可操作细节的完善度，确保实用性与可执行性。如此，它才能被流程执行人员真

第 6 章　流程建设：流程过程资产管理，保障便于理解与执行

正地理解和执行，达到预期的业务效果。

6.3.1　借助规范文件载体定义流程，确保员工正确高效地做事

大家都在强调流程或流程化运作，但对于流程具体包括什么并没有形成统一的认识，各有各的理解。不妨借助流程文件包定义流程。

什么是流程文件包？它是指符合一定格式规范要求，用于指导业务运作而编制的各类文件总称，由一系列相互配套但又各有侧重的文件组成，如图6-7所示。它主要包括政策、程序、操作指导、模板、检查表等五部分。

政策：流程在运作过程中需要遵从的管理方针、政策及工作要求等管控机制，通常是某类业务而不是某个流程。

程序：是流程图相应的流程说明书，是指为完成业务需要遵从的活动程序，包括每个活动的前后顺序、关联顺序、输入/输出成果，以及操作中所需的角色。**程序本质上是流程的路径。**

操作指导：对关键动作的操作进行规范或指导，用于描述作业环节所需的工具、方法，以及注意事项，并匹配操作案例与图片等。操作指导要简练扼要，不要有歧义。

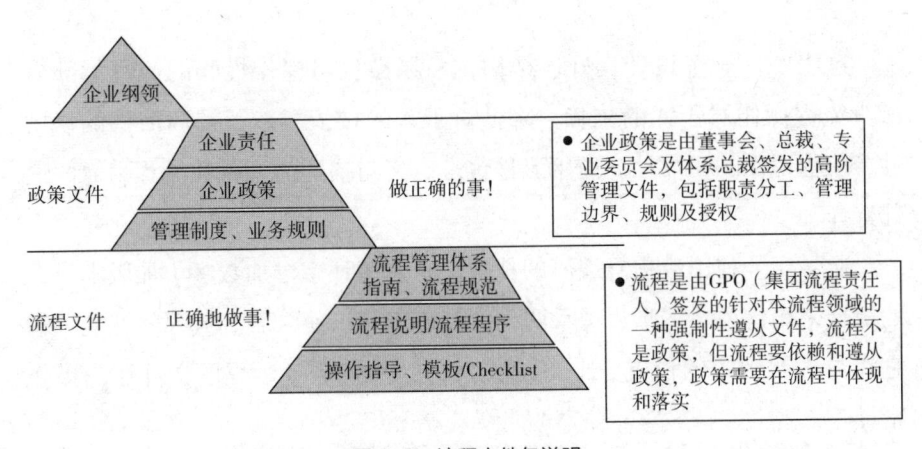

图 6-7　流程文件包说明

模板和检查表：是流程规范和一致性的保证。它们的设计要合理且清晰，目的是让流程执行人员一看就能进行操作。

企业可依据流程的难易程度，对这五个部分进行适当"裁剪"，以便让流程更加简洁、逻辑清晰。

【案例】华为流程文件的实践运用

20世纪90年代，印度软件企业的年度平均离职率通常为25%到35%。美国因为软件产业迅速发展，每年都需要从印度引进大批软件专业人才。尤其每年9月到次年2月，印度软件企业的离职率甚至高达50%以上。

与华为合作的一家位于印度马德拉斯市的软件企业，从8月份项目开始到次年1月份结束，印方参与人员从项目经理到开发人员几乎换了个遍。但是即使是在超高离职率的情况下，该印度企业依然能高质量地交付项目，基本没有拖累项目进度。究其原因，这家企业采用流程包来定义流程，将所有的交付流程以文件的形式记录下来，这样即便是新人也能通过简单培训胜任岗位。

这表明，一个设计良好、结构化、易懂且可操作性强的流程能部分减少流程操作对于人的依赖，降低对于人的技能要求，提高流程的易用性、流程运作的可靠性。而用流程包来定义与描述流程是让流程易懂的最佳选择。

业界充分利用流程号编码的技术，采用多种字母加数字（加版本号）的组合来构建逻辑清晰、关系明确的流程定义，使人看到流程号就能了解它在流程架构中的位置、上下游关系，以及它本身是程序文件还是操作指导。

6.3.2 标准流程文件的八要素：清晰描述业务运作过程

流程怎样才能清晰地被描述出来？企业可以借鉴美国质量管理大师威廉·戴明提出的SIPOOC模型（如图6-8所示）。其中，Supplier（供应商）：确定流程的输入来源；Input（输入）：明确流程所需的各种资源；Process（过程）：设计和优化流程中的活动；Output（输出）：定义流程产生的结果和价值；Operator（操作者）：涉及流程执行的人员或团队；Customer（客户）：识别流程服务的内外部客户。

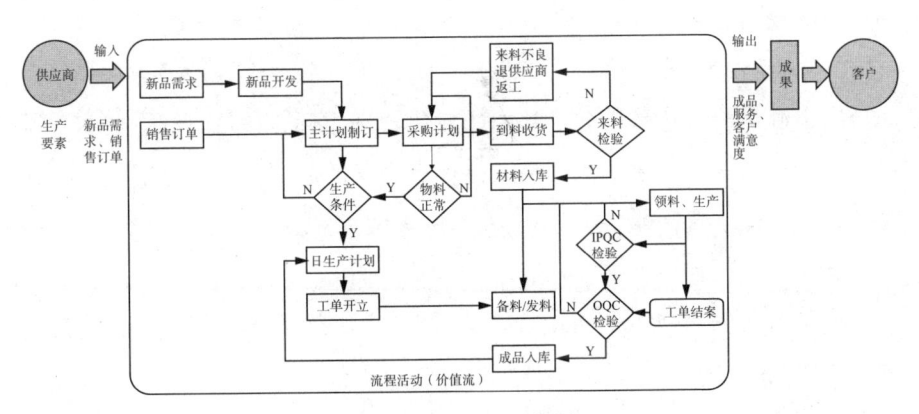

图 6-8 SIPOOC 模型

根据SIPOOC模型，流程有八个基本的构成要素，分别是流程目的与范围、活动、角色、流程绩效指标、流程起点、流程终点、输入与输出、关键控制点。

（1）流程目的与范围

描述流程涉及的业务使命、目标，以及业务模块、企业、区域等。例如"出入库流程"目的是指导、规范采购和仓储作业，保证过程与结果准确。

（2）活动

活动是流程的基本单元，体现为一组互相关联、有成果和输出的任务。流程的每个活动都要明确责任角色。一些活动由协同角色参与完成。

当某项工作有多个角色时，尽可能拆分为多个活动。活动的颗粒度无严格的标准，那些成熟度高的业务，例如标准化作业的流程活动颗粒度可以大一些，反之则要小一些。此外，流程活动的颗粒度还与IT相关，作业IT化率较高，则流程活动描述程度更概括，反之亦然。

（3）角色

负责流程活动的执行及输出者，如合同注册专员、合同评审团队等。角色要有明确的职责和技能要求。角色与组织中的岗位、职位不同，通过与岗位、职位匹配，对应到一个人、一类人，甚至一组人。角色不随组织结构的变化而变化。

（4）流程绩效指标

用于衡量流程运作绩效及目标的量化管理指标，包括时间、成本、质量等。例如开票准确率。流程绩效指标有准确的数据来源、分析方法和计算公式。流程绩效指标一般有3个左右的关键指标。

（5）流程起点

触发流程的第一个"活动事件"。例如"成品出库流程"的起点为收到发货通知单。触发流程的事件可以是单个事件，也可以是多个事件，任何流程都至少有一个起始事件。

（6）流程终点

流程最后一个活动的结束事件。这个事件对流程目标达成具有重要意义。比如"运输管理流程"的终点为交货单签收。流程结束的事件可以是单个事件，也可以是多个事件，任何流程都至少有一个结束事件。

（7）输入与输出

流程中各业务活动的输入与输出内容，包括数据实体及承载数据的表、证、单、书，如开工单、领料单等。每一个流程活动都会有输入和输出，它们共同构成流程与流程、流程中活动与活动之间的信息链。

（8）关键控制点

用以保证企业战略中资产安全、法律遵从、财务报告、数据质量、产品/服务质量、客户满意度等要求的贯彻落实，并综合考虑质量、成本、效率和管理要求，在流程中设置用于监控的关键活动，如合同评审等。需要指出的是，关键控制点必须在流程图及流程说明中有清晰的定义，同时必须有检查表或测试项用以定期回顾。

6.3.3　流程文件开发要关注流程价值，写实与写真结合

流程可传承企业各个经营细节中的优秀个人能力，而流程文件能有效地把这些显化，使得企业经营不再完全依靠某个"英雄"，而是根据流程文件即可顺利开展工作，从而使得组织能力及工作经验得到更有效传承。不过，很多企业的流程文件过于侧重管控和职责界定，而忽视了经验和知识传承的重要性。流程文件缺乏对工作的实质性指导，员工很少关注它们，导致流程文件的实际效果不佳。因此，**流程文件应写得尽可能翔实，关注流程价值本身**，企业才能持续优化，实现经验和知识沉淀。

（1）流程文件开发的原则

流程文件的开发需要遵守两个编写原则。

第一原则：写实。流程文件要说、写、做一致，这是最基本的原则。如果流程文件过于理想化或完美，导致无法执行，那么它就失去了实际的指导意义。

第二原则：重视优化能力的提升。许多企业在流程管理上遇到问题，往往与它们的流程优化能力不足有关。虽然大家都明白流程应该真实反映实际操作，但往往难以推动各部门进行优化和实施，导致无法制定出切实可行的解决方案。

（2）编写流程文件的要点

流程文件的编写要有侧重点和针对性，不能眉毛胡子一把抓。在编写流程文件时需要把握以下几个要点。

1）将流程活动细化，按照逻辑详细描述；

2）把握活动的颗粒度，把握重点；

3）将重要流程的目的描述清楚，便于流程操作者理解背后的原理；

4）提炼重点的岗位知识点和操作要点，减少新员工不必要的摸索；

5）尽量将例外事件的处理过程文本化，增强员工的应变能力；

6）用语规范、通俗易懂、逻辑清晰，能起到指导作用。

（3）流程文件、编号

流程文件标识采用编号加文件名称的结构，一般有七个部分。其中，前四个部分为流程所属各层流程构架的编码，第五部分为流程自定义的类别，第六部分为通用文件分类加编号，第七部分为文件名称。华为IPD流程文件编号如图6-9所示。

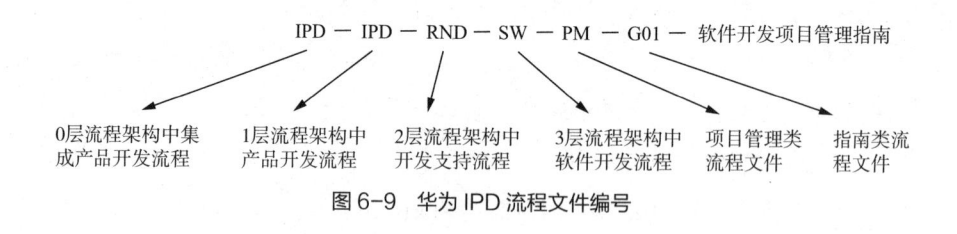

IPD — IPD — RND — SW — PM — G01 — 软件开发项目管理指南

| 0层流程架构中集成产品开发流程 | 1层流程架构中产品开发流程 | 2层流程架构中开发支持流程 | 3层流程架构中软件开发流程 | 项目管理类流程文件 | 指南类流程文件 |

图6-9 华为IPD流程文件编号

第六部分的通用文件分四类，分别是指南类，用G表示（Guideline）；流程类，用C表示（Chart）；表格类，用F表示（Form）；模板类，用T表示（Template）。

（4）流程文件流转、更新与优化频率

流程文件以主流程、子流程为单位进行管理，每半年进行一次小优化，每年进行一次大优化。流程文件流转、更新与优化指引如图6-10所示。

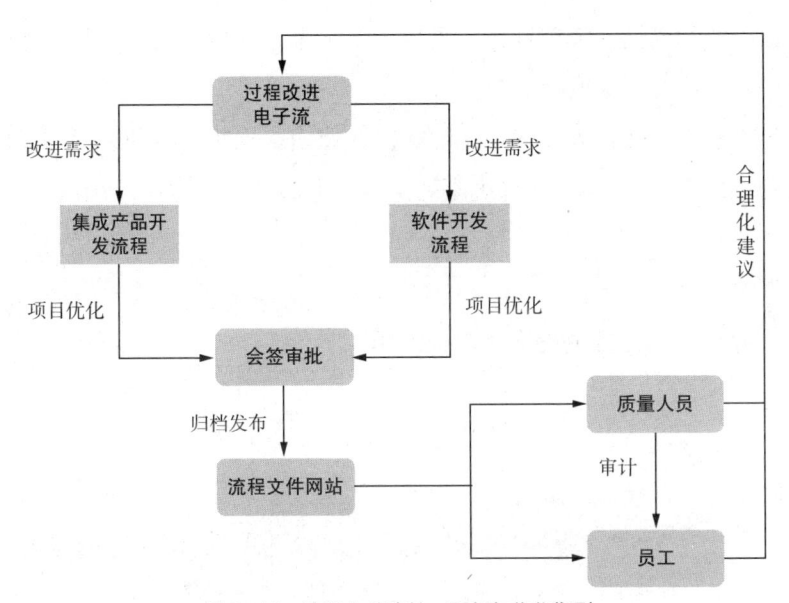

图 6-10　流程文件流转、更新与优化指引

6.4
流程图：可视化描述流程参与角色与活动逻辑

为了让流程具有立体感，我们可绘制流程图。企业可用统一、清晰、规范的流程语言进行绘图，让使用者（包括业务人员、管理者等）拥有一套共同的流程语言，同时更轻松地了解各个流程的运作路径，为提升运作效率夯实基础。

6.4.1　用符号化的图形语言，呈现流程的内在逻辑

流程与流程之间的关联性，环节与环节之间的关联性，从流程输入到

流程输出的明确性，都应预先清晰地界定出来。然后用符号化的图形语言将流程的内在逻辑呈现出来。

要绘制流程图，需先识别流程的内在逻辑。流程本身的逻辑与关联，是流程系统的内核；围绕这些流程形成的规章制度，则成为组织行为的依据。

【案例】富士康的标准化内在逻辑

富士康以代工生产闻名，创造了让多家竞争对手在同一家工厂生产、取货的奇迹。富士康采用流水线生产，就是人们常说的"一条龙"生产车间，每名员工只负责某一特定工序，甚至某一动作。例如，苹果手机外壳边缘打磨工作，负责这一工序的员工在工作期间唯一的动作就是对生产线上的手机半成品进行打磨加工，其他生产工序上的员工也是如此。

自2012年开始，富士康开始在整个工厂的组装线部署100万台机器人，并计划在十年内取代80%的人力。不过，在市场对产品需求强，大规模赶订单的情况下，机器人与一线工人仍然需要按照流程要求来推进工作。

富士康坚持标准化，使用机器人后依然没有舍弃标准化流程体系。事实上，这与劳动力类型无关，而是因为流程之间的内在逻辑是需要被标准化、被固定下来的。无论选择机器人还是手工劳动，或二者兼容，都需要以流程规范要求作为生产运作的基本参照。

通过符号将流程的内在逻辑反映到流程图上。绘制正式的流程图前，企业要统一流程语言，以便员工能够快速地理解和运用最终的流程。所谓统一流程语言，是指采用业内规定的、统一的流程图常用符号，将流程全部记录下来，避免因理解障碍出现流程运作遗漏或失误等现象。

流程图常用符号使用说明如表6-4所示。

第 6 章 流程建设：流程过程资产管理，保障便于理解与执行

表 6-4 流程图常用符号使用说明

符号名称	符号图样	说明
流程开端	〈准备〉	（1）表示一个流程的开始 （2）有些流程图可以没有此符号，直接从第一个业务开始
工作内容	负责岗位 / 工作内容	（1）在描述一个流程时，使用操作步骤描述工作过程 （2）一般用动词词组命名流程活动 （3）上方框填入操作此项工作的岗位名称。有些流程图会省略岗位名称，仅标识工作内容
文件 / 表单	文件	（1）工作步骤中直接用到的文件 / 表单，或工作步骤中产生的文件 / 表单 （2）此形状不是单独的工作步骤，必须与相应的"工作内容"一起使用
判断 / 决策	〈判断〉	（1）在需要进行判断的时候使用 （2）判断结果统一使用"是"与"否" （3）使用此图形，必须而且只能出现两种判断结果；应该只有一个信息入口和两个信息出口
信息系统 / 电子存档	数据系统	（1）在一个工作步骤需要借助信息系统完成时，或完成的工作表单以电子文档的形式存储时使用 （2）此图形不能单独作为独立的工作步骤使用 （3）应用连线附属在"工作内容"或"文件 / 表单"图形下面
连线	（1） ↓ （2） →+→	（1）连接两个图形之间的关系，箭头表示流程进行的方向 （2）线条与图形的连接点应为相同业务方向，不能造成无限循环 （3）同一点上不能同时出现信息流入和信息流出，可以有多个信息流入或多个信息流出 （4）线与线间不能交叉，如果必须交叉，应采用跨越模式，如图样（2）
非电子文档存储	▽一式三份	（1）产生的结果需要以非电子形式进行存档时使用 （2）此图形不是独立的工作步骤，必须附属在"文件 / 表单"下面，用连线将此图与所属"文件 / 表单"图形连接
页码索引	⬠	（1）当流程图较长，无法在一页中绘制，需要多页绘制时使用 （2）此图为第一个页码的结尾图，是所连接页码的开始图，用连线与其他图形连接
引用 / 拆分流程图	流程名称	（1）在流程图中，当需要引用别的流程图时使用；或流程图中某一环节较复杂，可以进一步拆分成子流程图时使用 （2）当使用此图形时，默认所引用的流程图已经完成相应工作

在绘制流程图之初，要明确流程图绘制的基本目的、作业范围和作业起点等，并列出流程运作过程中的相关内容。然后，借助符号描述流程环节与关联，基本描述原则是从左到右，从上到下，同时考虑图形大小、配置、文字量的平衡等。

【案例】华为内部人才市场运作流程

图6-11是华为内部人才市场运作流程，其以符号化的图形语言，体现了华为内部人才市场运作的内在逻辑。

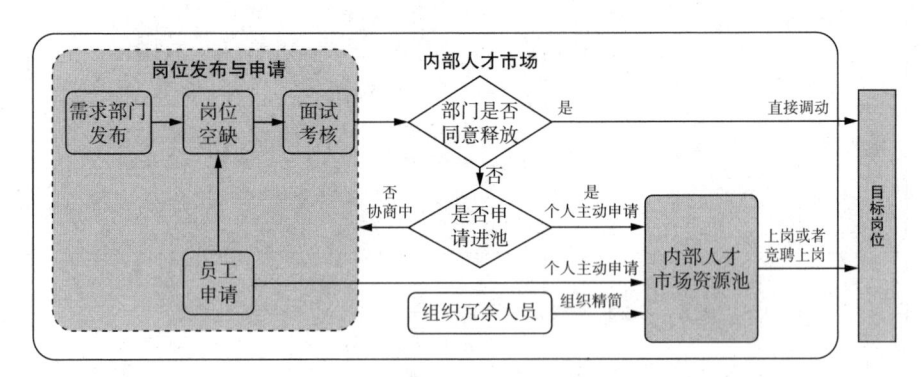

图6-11 华为内部人才市场运作流程

通过内部人才市场，员工在企业内部通过信息平台看到空缺岗位的信息；符合条件的员工，可自主在企业内部进行选择。在不离开原岗的情况下，到目标岗位应聘；也能先离开原工作岗位，只要符合条件就能主动申请，进入内部人才资源池，在一个月内可以带薪到新岗位。当员工到了新岗位后，就必须遵守新岗位的要求。

理清流程的内在逻辑和图形符号，能清晰、明确地表达流程走向。企业通常采用水平泳道图来绘制流程图，以更好地展示流程，指引参与角色执行流程。

6.4.2 运用水平泳道图绘制高质量的流程图

为了方便流程文件编制及查阅，企业通常采用水平泳道图绘制流程，即角色在左侧，业务活动横向布局，必要时纵向分阶段。水平泳道图绘制步骤如图6-12所示。

1. 填写流程说明表
   包含流程名称、流程编号、适用范围、流程说明等
2. 画出泳道和参与者
   确定流程涉及的各个部门和岗位，排列在空白流程图中
3. 添加流程标记
   将动作和表单填入流程文件，按照先后次序连线，标上序号
4. 绘制完整流程图
   进行版面调整，在不清楚的地方加入标注
5. 流程图校验
   检查整体流程，进一步确认流程是否完整合理

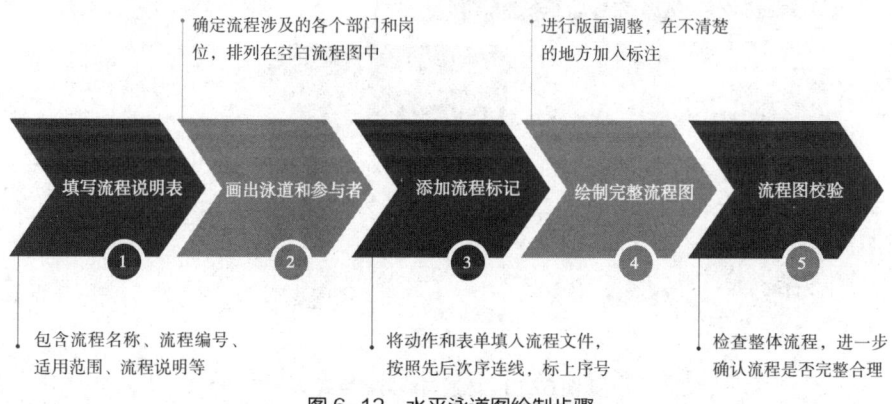

图6-12 水平泳道图绘制步骤

（1）填写流程说明表

将流程的各项作业内容，无遗漏地填入流程说明表（如表6-5所示），为后续填写流程图内容做好准备。

表6-5 流程说明表

流程名称：			流程编号：	
目的：				
流程范围：				
流程说明：				
序号	活动	执行人（角色）	内容描述	输出表单
制度（程序）				

（2）画出泳道和参与者

依据流清单、流程架构卡或流程说明表，画出泳道和参与者。具体绘制形式及要求如图6-13所示。

图 6-13　泳道与参与者绘制

（3）添加流程标记

用符号化的图形语言，将流程活动按照逻辑关系排序，如图6-14所示。每个流程只有一个起点，至少有一个终点，避免多条交叉线；决策符号必须有两个以上的流出线，其他符号只有一个流出线的流程标记要求。

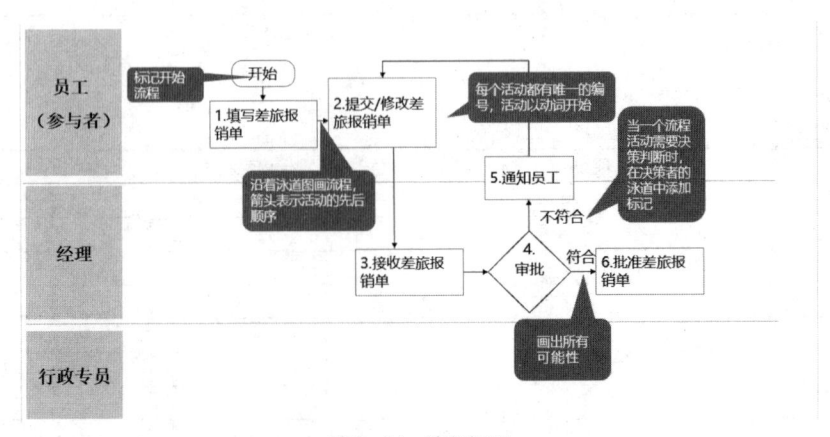

图 6-14　流程标记

第6章 流程建设：流程过程资产管理，保障便于理解与执行

（4）绘制完整流程图

依据流程说明表提炼或引用流程活动内容，标注水平泳道图中不清楚的地方。描述流程活动的语句要简洁，采用动宾短语，例如，提交申请等，最后形成完整的水平泳道流程图，如图6-15所示。

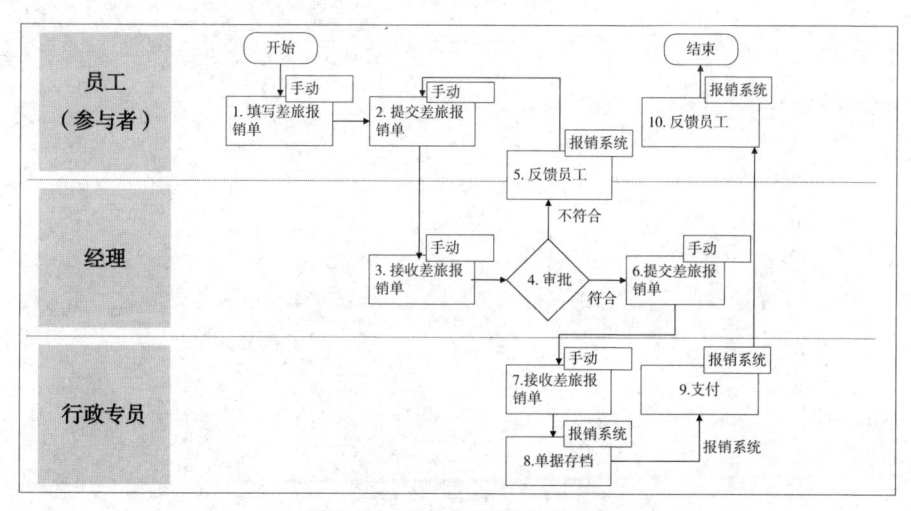

图6-15 完整的水平泳道流程图

（5）流程图校验

流程图绘制完成后需要校验，进一步确认其完整性与合理性，保证没有遗漏的内容。一般从五个维度进行校验：一是确保流程有一个起始点和一个终点；二是确认是否所有的参与者都体现出来；三是确认判断中是否穷尽所有选项；四是确认判断中是否都有箭头通向下一步；五是已经与参与者确认流程，考察流程操作者是否理解并执行流程图中的内容。

THE THIRD ARTICLE

第三篇

运营管理篇

第7章

流程运营：瞄准业务目标，周而复始地运转并达成目标

运营就是流程管理体系"跑"的过程。没有运营，流程就没有生命力。

通过流程的试点验证、推行，将流程和实际业务场景、组织匹配，助力流程的落地运转，提升业务效率；通过流程赋能与宣贯，促进全体员工更好地理解和遵从流程，形成良好的文化氛围。换言之，流程运营的本质是瞄准业务目标，周而复始地进行流程运作和优化。

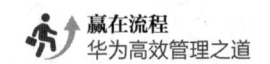

7.1
流程运营创造价值，提升业务效率，管控全程风险

当下客户端需求不断发生变化的背景下，企业必须重视流程的作用。积极开展流程运营，筑牢高效运行与优质运营的基础，提升业务效率，实现组织理性。

7.1.1 没有运营，流程就会静止，失去生命力与创造力

在一个企业中，运营无处不在，大到整个企业的运营，小到一个基层组织的运营。华为轮值董事长徐直军指出，运营就是指业务运行过程中的连续性循环活动，运营的目标是为利益关系者创造价值。图7-1是企业流程运营模型。

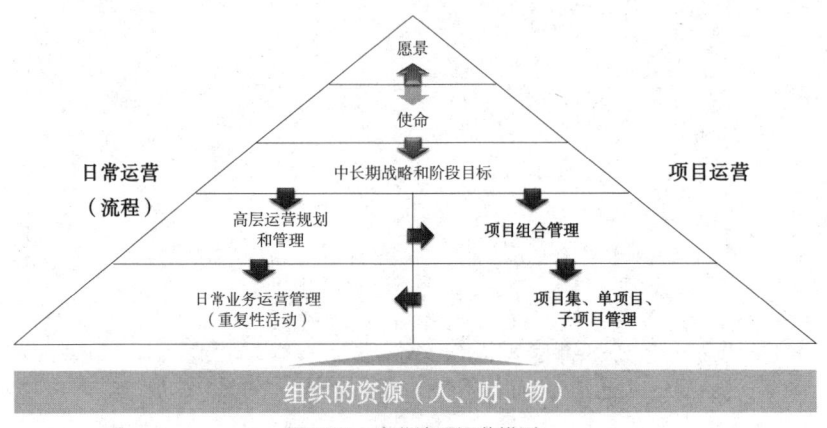

图7-1 企业流程运营模型

可以看出，运营的范围可以分为日常运营和项目运营两种方式，日常运营包括销售运营管理、营销运营管理、知识运营管理、质量运营管理

第 7 章　流程运营：瞄准业务目标，周而复始地运转并达成目标
CHAPTER 7

等；而项目运营是以交付为目的的管理。这两种运营管理体现了流程和管理体系运行的过程。

运营反映业务，流程承载业务。没有流程运营，流程和管理体系就是静止的，企业的价值创造就无法实现，也就无法实现业务目标。比如，企业运营中可能会出现潜在的风险，而这些风险恰好处于流程外，这时如果按原有流程处理，就会爆发危机。相反，重视流程运营，就是对问题和危机进行合规处理，准确识别风险及其对整个业务流程的影响，尽早介入并采取有效的措施。

【案例】华为账务共享中心面向市场风险的流程运营

华为账务共享中心于2015年5月推出了一批验收文档，要求进行修正和反冲，原因是合同并没有按照之前的原则进行核算，然而项目团队却对于财务共享中心的退回意见不认可，双方为此陷入争执之中。

面对僵局，项目负责人组织项目团队和财务共享中心进行沟通，经过多次协商和沟通，双方达成一致意见，确认需要定义新的核算规则。意见统一后，项目负责人立刻组织项目团队按照新的核算规则补充了验收文档，财务共享中心在检查后认可这批合同的收入。

但不久，项目负责人发现财报内控问题，金额每个月都很大，达十万美元，这属于项目财务流程中的异常情况，同时合同订单延迟下发，需要立刻建立响应机制进行解决。

项目组对此进行了分析，发现在合作订单延迟下发在账务共享中心这个层面来说，是根据收入确认时点和合作订单下发时点进行简单匹配来判断的。于是项目负责人与账务共享中心进行流程的梳理和澄清，确认其中占比最大的"COR（合作变更）场景"是合理的业务诉求，并不是真正导致合同延迟下发的原因。

随后，项目组负责人提交了月度CORPO清单，并将该清单交SSC备

157

案，在季度末进行验收后，形成了CORPO进行合作成本预提。财务共享中心审核了相关清单和预案后，同意从财务内控问题中剔除场景数据。

项目负责人作为财务监控和内控管理责任人，保证了财务规则的有效执行及内控风险的管理，确保项目能够可靠、稳定地支撑企业整体经营。

流程运营包括但不限于流程推行、流程文化、流程绩效，如图7-2所示。

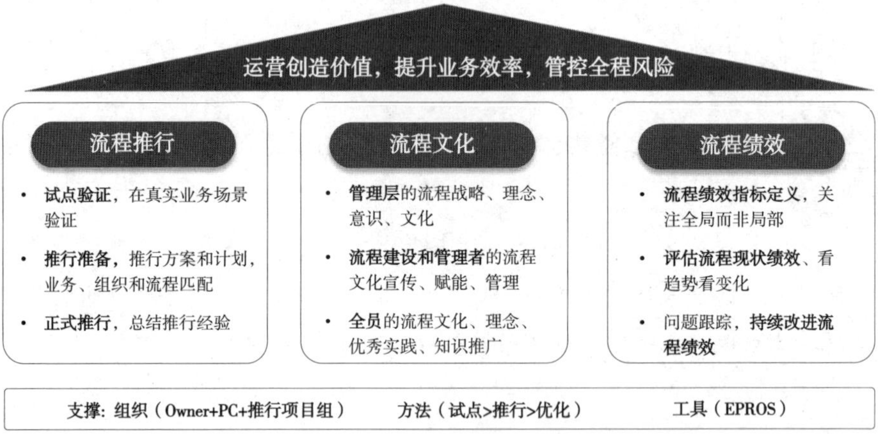

运营创造价值，提升业务效率，管控全程风险

流程推行
- **试点验证**，在真实业务场景验证
- **推行准备**，推行方案和计划，业务、组织和流程匹配
- **正式推行**，总结推行经验

流程文化
- **管理层**的流程战略、理念、意识、文化
- **流程建设和管理者**的流程文化宣传、赋能、管理
- **全员**的流程文化、理念、优秀实践、知识推广

流程绩效
- **流程绩效指标定义**，关注全局而非局部
- **评估流程现状绩效**、看趋势看变化
- 问题跟踪，**持续改进流程绩效**

支撑：组织（Owner+PC+推行项目组）　　方法（试点>推行>优化）　　工具（EPROS）

图 7-2　流程运营全景图

流程运营通过对流程运营过程和流程体系的有效管理，实现端到端的业务价值流运作，以支撑企业的商业成功。此外，通过流程运营，将运作过程中可能发生的问题和风险控制在可控范围之内，保证流程运作的可控化、有序化和常态化。

7.1.2　业务主管是流程运营的第一责任人

流程运营的三件事：流程推行、流程绩效和流程文化，贯通整个业务流程、横跨多个职能部门。

在业界常用的解决方法是，谁受益，谁负责设计方案；谁担责，谁运营。业务主管作为各业务领域的流程责任人，负责本领域的流程运作，天然地也是流程运营的第一责任人。其主要职责是新流程的设计和运营、组织与流程的匹配与调整、绩效考核制度的调整适配、人员技能的培训。

业务主管在主持流程运营工作时，所涉及的其他单位或部门，一般以业务伙伴的形式出现，例如IT、财经业务合作伙伴、人力资源业务合作伙伴。部分企业业务主管还需要精通财务、IT知识，以让自己所负责的流程更好地多打粮食、合规运营、快速上线。

业务主管要对准业务目标，按照流程运营PDCA循环（如图7-3所示），确保流程运营持续而稳定，保证流程适配业务、执行准确。

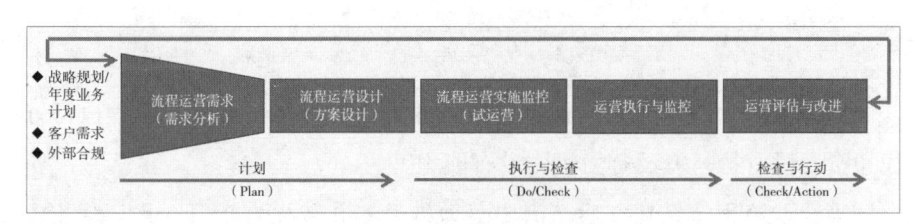

图7-3 流程运营PDCA循环

【管理知识】流程运营PDCA循环

（1）运营规划：综合业务规划、变革规划及变革项目输出的运营方案，识别运营重点，制定运营目标、策略（作战地图），发布运营计划和运营机制，支撑业务目标达成；

（2）运营执行：设计预防控制方案，流程赋能，过程审核，例外事件管理；

（3）运营绩效管理：数据收集与差距分析，审核与决策，发布运营报告；

（4）管理持续改进：提出改进措施，实施改进，闭环与固化，赋能和辅导。

其实，流程本身不是最有价值的，它的管理理念才是最有价值的。这种理念是需要各级管理者去学习、体会的。如果管理者不转变，流程就是没有价值的。可见，业务主管作为流程运营的第一责任人，在新流程发布后，应积极推动流程的落地。

7.2

流程推行：练拳不练功，到老一场空

只有流程，没有能力，就不具备战斗力。流程好比拳法，流程执行好比力量，没有执行就没有力量、没有能力。

当企业流程体系建立后，需要落地推行，并转化为能力，此时企业才具备了流程作战能力，真正地让流程发挥战斗力。

7.2.1 榜样示范：经试点与验证的流程，才能大规模应用

流程在全面推广前是需要先试点的。通过试点验证来发现流程设计中可能存在的冗余，或者是同业务实际脱节的情形，从而减少新流程对业务的冲击。

许多企业在优化流程后没有经过试点，就匆匆全面推行，结果是解决了旧问题，又冒出了更多的新问题，然后不停地修改流程需求，到最后一线怨言越来越多。

第7章 流程运营：瞄准业务目标，周而复始地运转并达成目标
CHAPTER 7

【案例】LTC-MCS流程变革的试点推行

一年多紧锣密鼓地调研和开发后，项目变革团队选择在体量大、场景复杂的印尼代表处进行试点，谁知刚到印尼就碰了一鼻子灰。产品经理抱怨："我们都这么忙了哪还有时间来推流程呢？""印尼常年有流程要推行，很多流程都需要产品经理参与，但推行的结果却是产品经理的活儿越来越多。""交付、供应、财经都上了很多系统，这些系统中很多数据都是以合同和PO为源头的，都需要产品经理往里面填数据。产品经理自己的业务已经很多了，还要应付内部的那么多系统。"

面对这些意见，讲道理很容易，但要做到让一线从内心认同，却是非常难的。经过试点项目组赋能，并和一线同事反复沟通，双方逐步达成了共识：摒弃受害者心态，通过开展变革摆脱困境。解决了意识问题，大家真刀真枪干了起来，代表处所有系统部都结合自身业务对LTC-MCS流程进行了适配。四个月过去，代表处感受到了变革带来的变化，当初提反对意见的人，经过深度参与，也变成了变革的支持者。

印尼试点完成之后，我们总结了经验和教训，接下来在沙特、泰国、意大利、波兰四个代表处的推行中顺利了很多，也很快看到了收益。比如在沙特和泰国，发现了一个共同的业务痛点，一线同事在重要的售前环节，如客户战略制定、网络规划、预算形成阶段往往介入不深或者过晚，这就造成了投标阶段的仓促应战。基于积累的经验，泰国和沙特代表处做了LTC-MCS流程和客户流程的对接，以解决作业流不同步的问题。经过打磨，LTC-MCS流程更加丰满、更加实用了。

流程设计即使完美，在实际推行中也会出现各种状况，通过试点来验证推广力度、方法、可行性及容错情况，可为后期推广积累经验，增强信心。当然，在试点中如果发现确实难以执行，应该及时进行优化，但是这种优化必须是以流程变革项目组为主导进行的，而不是个人或某

个部门的行为。

流程要在真实业务场景进行验证，打造样板，做到"手中有典型，胸中有全局"。对于如何选择流程推行试点，可从试点匹配度、试点的意愿、试点的能力及试点影响力四个维度，选择一个典型的业务场景对新流程进行验证。

【管理知识】流程推行试点的四个维度

第一，试点匹配度：试点业务场景要有很强的典型性，与流程优化方案设计的典型场景有很高的匹配度；如一个试点满足了所有的典型场景要求，则可选择多个。

第二，试点的意愿：试点区域的流程优化意愿非常强，领导强烈支持。

第三，试点的能力：试点区域的业务承接部门能力强，或者区域变革力量强（流程IT人员），并且能提供很好的支持。

第四，试点影响力：试点区域有足够的影响力，能起到样板的作用。

企业可通过这四个维度来选择试点。同时对流程进行验证，检验流程内部是否能够顺畅运作，最终的输出是否能够满足业务要求，确保流程发布后可正常运作。

测试验证通常遵循三个步骤。第一步，设计一个或多个典型案例，案例代表了大部分业务场景，且覆盖各流程分支。第二步，对流程所涉及的各角色或代表进行讲解和培训，确保所有人理解流程内容及测试案例。第三步，通过案例从起点到终点模拟流程中各项活动，评估流程是否达到预期目的，并解决发生的问题。

第7章 流程运营：瞄准业务目标，周而复始地运转并达成目标

【案例】L国代表处的试点验证

2011年，华为在推进IFS的变革中，对各代表处进行试点调研，确认是否具备优先开展项目变革的条件。经过调研发现L国代表处的变革意愿非常强，领导强烈支持，且试点区域的业务承接部门能力强，流程IT人员能提供很好的支持。L国代表处的业务场景与IFS项目匹配度高，有很强的典型性，满足了所有的典型场景要求，能够推动其他国家代表处的项目变革。华为L国代表处财经团队开始流程试点，模拟当地业务场景，制订演练计划，并输出变革方案及相关的业务环节视图。通过演练各场景处理方式，验证业务方案和流程的可行性，同时加深各关键角色对于业务方案的理解。在演练中发现问题，积极寻求解决方案并完善。L国IFS流程验证结果分析如表7-1所示。

表7-1 L国IFS流程验证结果分析

方案模块	匹配类型	完成匹配	基本匹配	不匹配	说明
合同条款改善	流程落地	√			目前条款尚可，可以继续改善
订单打通：订单不打包	流程落地		√		网络产品存在少量打包问题，不严重
订单打通：合同注册	流程落地		√		一个项目下的服务订单的下发情况系统不能有效统计管理
	IT落地		√		
订单打通：订单验证	流程落地	√			
	IT落地	√			
订单打通：在履行环节贯通	流程落地	√			
	IT落地	√			
订单打通：在交付环节贯通	流程落地	√			iCoding和iSite已经在代表处使用
	IT落地	√			

续表

方案模块	方案匹配度				说明
	匹配类型	完成匹配	基本匹配	不匹配	
订单打通：交付出发开票	流程落地		√		重要开票依据 SAP Code 的获取，目前系统不能管理
	IT 落地		√		
订单打通：订单状态可视化	流程落地	√			
	IT 落地	√			

L国代表处经过验证，解决了IFS项目推行可能遇到的问题，为后续其他国家代表处推行该项目打下了坚实的基础。

在流程推行中，只有经过严格验证的流程，才可以正式发布。在笔者看来，在流程试点时需要不折不扣、认真推行，争取快速获得短期收益，这样就能为新流程的全面推行夯实基础。而且，企业可以用事实胜于雄辩的力量，告诉那些反对新流程推行的人，推行已经取得局部成功，还等什么；同时告诉那些支持新流程推行的人，试点已经取得成功，更要铆足干劲前进。

通过一个试点，到一条线，再到一个面，循序渐进，不断获得各层级员工的支持，推动流程逐步深入，最终实现全面落地。

7.2.2　战前准备：成立推行项目组，制定推行方案

许多企业流程推行能持续成功和落地的原因之一，是在流程变革委员会下成立流程项目组，并制定流程推行方案；同时明确项目推行组和具体业务部门、职能部门的工作职责、边界。如此一来，大家各司其职，按照计划有序推进，流程变革就能实现既定目标。企业在成立项目推行组时要把握以下几个要点。

（1）项目推行组不能只考虑自己，还要将流程落地的承接部门、主管部门纳入进来。

（2）在流程推行时，要注意人员的转移和技能落地。

（3）考虑流程的复杂性。流程越复杂，项目组的架构也越复杂。

对复杂流程来说，项目推行组包括两个层级。一是总体推行管理，指负责协调的管理团队，主要由流程推行经理、推行监控、需求收集、解决方案开发等组成；二是推行实施团队，指在现场工作的团队，主要由流程推行项目经理、业务主管、核心业务人员、IT实施人员等构成。

流程项目推行组架构如图7-4所示。

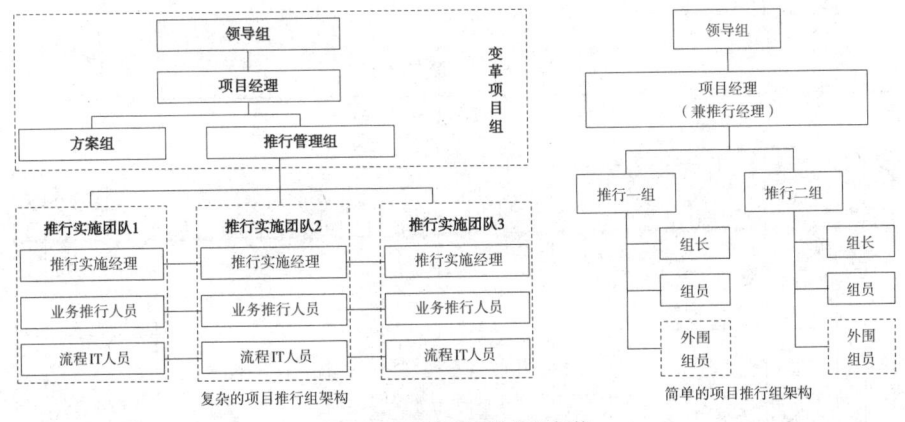

图7-4 流程项目推行组架构

在设计复杂的项目推行组架构时要注意三点。第一，当流程由项目组与承接部门共同推行时，要以承接部门为主；第二，项目组和承接部门在推行角色上要一一对应，便于流程技能传递。同时复制一个样板区域推行团队，在条件成熟时独立承担推行任务，以快速推行流程；第三，流程推行应有独立于推行团队的管理组，便于协调；还要有方案组，收集优化需求并修改业务方案，按流程版本进行优化、发布。

简单的项目推行组针对的是方案简单，对业务影响小、阻力小，容易实现的流程。在简单项目中，项目组全部转化为推行组，以外围组员的形式借助承接部门的力量。

流程架构明确后,要选择成员:一是积极推行流程运营,并且支撑周边人员参与流程推行;二是在推行组离开后,要负责支撑与监控相关流程关键点的落地;三是推行人员要保证有足够的投入时间;四是成员要充分理解流程试点、推行方案及系统操作。

项目推行组成立后的首要事项是制定推行方案,分两步走。

第一步,收集试点数据,根据推行方案可能覆盖的范围及资源条件,大致确定推行总周期,这也是制定推行方案的基础支撑;

第二步,根据推行策略和风险分析预估推行的批次,确定里程碑计划及各推行时间节点(如表7-2所示)。

表7-2 流程推行计划

阶段	任务	子任务	合同条款质量提升	OTC-订单源	OTC-集成供应链打通	OTC-全球技术服务部打通	OTC-开票	总账	项目负责人	8月 8.24-8.28	8.31-9.4	9月 9.7-9.11	9.14-9.18	9.21-9.25	……	里程碑	备注	交付件要求
准备阶段	组织建设	试点推行沟通																
		试点关键人员识别和投入确认																
		试点合同建立																
		项目组任命																
	业务调研	业务调研																
		场景梳理匹配																
		差距分析																
	开工准备	权限申请																
		推行材料准备																
		开工会																
	培训	培训材料客户化和材料发布																

可见，成立项目推行组，制定推行方案，同时明确工作组和具体业务部门、职能部门的工作职责、边界。这样一来，大家守土有责、守土担责，新的流程就能逐步推进。

7.2.3 推行节奏：由点到面，逐步复制，全面推广

推行节奏是指一步一步将流程推行到整个企业的过程，受到推行资源、方案复杂性等因素的制约。一种是逐片展开，推行团队按照区域、部门逐步推行，速度比较慢，适合复杂流程，需要对很多业务场景进行定制化。一种是全面铺开，推行团队在全企业推行方案，适用于方案很简单且标准化的场景。

最常见的推行节奏是由点到面，分阶段进行，速度适中。推行团队先建立样板，验证流程并培养流程推行人才，然后借助样板区人才和业务部门的力量进行推行，一次性覆盖周边部门或区域，在分阶段推行中不断总结和复盘，将成功和失败经验固化，这种方式适合大多数企业。根据业界标杆的方法，企业的由点到面的流程推进分为关注、发明和推广三个阶段。

（1）关注阶段，进行大量的"松土"工作，即在调研诊断的基础上，进行反复的培训、研讨和沟通，使相关部门和人员真正理解流程变革的思想和方法。

（2）发明阶段的主要任务是方案设计和选取一到三个试点进行推行。

（3）推广阶段是逐步推进的，先在50%的项目中推广，然后扩大到80%的项目，最后推广到所有项目。

【案例】华为IPD试点与推广

华为1998年8月启动调研，1999年4月启动IPD体系建设，2001年7月导入试点项目运行。IPD变革刚开始时，各个产品的研发PDT已有雏形，

但只有IBM参与成立的IPD项目组成员对IPD有较明确的理解。

当时研发流程使用的是IPD 1.0，只在两个产品线上试点。这一过程持续到2001年。2001年，任正非与流程变革项目组规定，企业内30%的产品线按照IPD 2.0流程运作，70%的产品线继续按照IPD 1.0流程运作。

2002年，华为规定年底所有产品线全部按照IPD 2.0流程运作。这个时候，支撑IPD流程的相关人事、财务和绩效考核制度等都已建立起来。同时，华为从高层领导到基层产品开发人员对IPD有了深入认识，华为已经具备全面推行IPD的客观条件。2003年，华为的IPD流程升级到3.0版本。

华为在项目实践的基础上，按照"先僵化，再固化，后优化"的方针，持续对业务体系进行变革和优化，一直到2016年推出"日落法"，开始进入固化阶段。

流程变革没有终点，时至今日，IPD流程已升级至14.0版本，依然在不断完善当中，成为华为日常管理的一部分。

华为的IPD推进，从发布流程推行公告，到试点，再到全产品线推广，一边按计划推行，一边总结经验，固化成果。推行计划不断循环，IPD也不断迭代，让流程周而复始地运转，始终紧盯不同时期的业务目标。流程推行要松弛有度，把控好节奏。在流程运营方面，笔者的咨询团队也有着深刻的见解，接下来分享一个流程推行案例。

【案例】S企业商圈店型IPD推行由试点验证到全面推广

笔者与德石羿团队，研究华为等标杆企业的管理变革经验，并结合多年的流程与数字化建设咨询服务实践，总结并提炼了一套流程实施的方法。

实验期：单点验证。通过业务打通、走顺，并且审视项目的过程投入是否能够承受；

试点期：小规模试点。需要算账、复盘，使其成为成功的商业模式，

第 7 章　流程运营：瞄准业务目标，周而复始地运转并达成目标

包括流程等；

复制期：批量复制。在试点区域成功后，寻找与试点类似的地方，大面积复制；

推广期：总结实战经验，整合实践过程中各地个性化的措施与方法，形成解决方案，全面推广。

简单说来，**先实验，再试点，成熟后批量复制，将优秀经验整合并全面推广**。

笔者推动 S 企业商圈店型 IPD 落地，实施路径如图 7-5 所示。选择一个商圈、一个店试水、验证，并通过复盘，确定商圈店型 IPD 的落地路径；然后由一个商圈复制到多个商圈、一个店型复制到多个店型，直到全部商圈、店型。

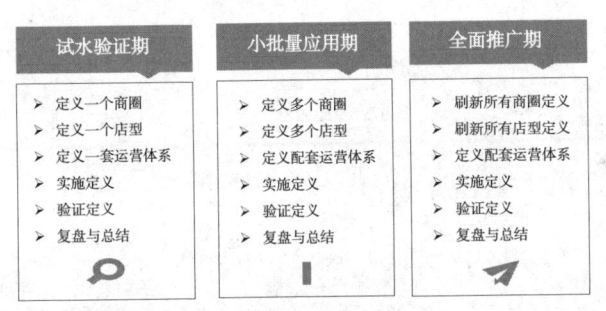

试水验证期	小批量应用期	全面推广期
➢ 定义一个商圈 ➢ 定义一个店型 ➢ 定义一套运营体系 ➢ 实施定义 ➢ 验证定义 ➢ 复盘与总结	➢ 定义多个商圈 ➢ 定义多个店型 ➢ 定义配套运营体系 ➢ 实施定义 ➢ 验证定义 ➢ 复盘与总结	➢ 刷新所有商圈定义 ➢ 刷新所有店型定义 ➢ 定义配套运营体系 ➢ 实施定义 ➢ 验证定义 ➢ 复盘与总结

图 7-5　商圈店型 IPD 实施路径

商圈店型 IPD 实施以来，该企业将骨干成员拉入推行小组不断赋能。在复制 IPD 典型店经验成功后，释放项目组。项目组中的部分成员到各产品线担任业务主管，推行商圈店型 IPD 流程，同时一年两次分享 IPD 的推行状况与成功经验。

流程推行由试水到持续优化，每个阶段都完成了各自的推行目标。循序渐进，复制成功经验，目的是最终让企业所有流程参与者、业务承接部门能够完全理解和掌握流程，进而形成强流程执行能力，助力业务目标的达成。

7.2.4　流程推行关键是业务、组织要与流程适配

流程已匹配了业务，如果组织没有匹配流程，就会导致流程不匹配业务，使得部门墙更严重，结果造成"流程一张皮，业务一张皮"。为此，流程推行关键是业务、组织要与流程适配。

流程与业务适配需要对一线特定业务场景进行分析、找出差距、对标准流程进行调整和优化，以保证输出适用于特定业务场景的本地化流程。

原则上，流程适配不能修改标准流程内容，包括一到四级流程、关键控制点、绩效度量指标。流程适配通常要沿着客户流程端到端集成。图7-6是华为某区域业务IT流程适配过程。

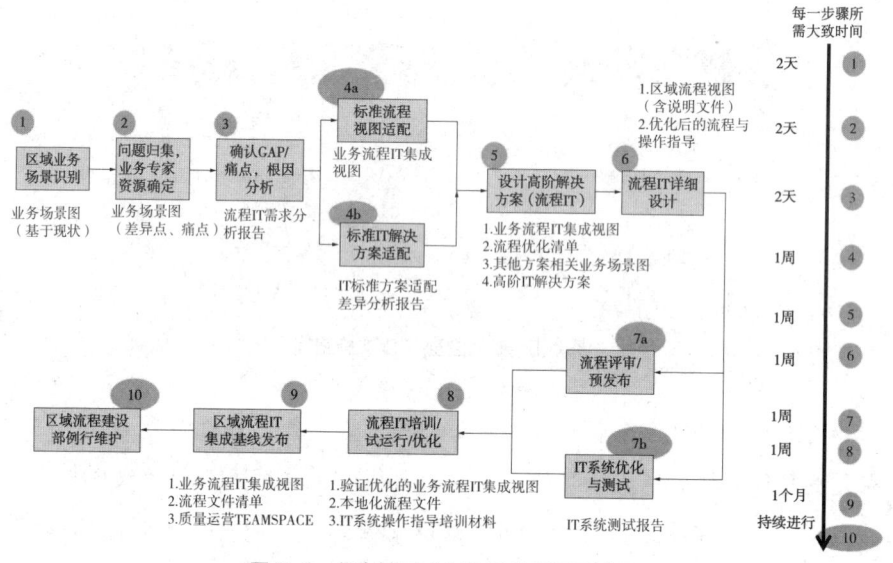

图 7-6　华为某区域业务 IT 流程适配过程

以下是华为某区域业务IT流程适配过程的说明，企业在流程适配时可作为参照，不过需要把握几个关键举措。

举措一：针对客户进行业务场景识别。业务场景包括组织/岗位、角色、活动、规则、数据、应用和技术等要素，通过这些要素之间的逻辑关

第 7 章　流程运营：瞄准业务目标，周而复始地运转并达成目标

系描述业务当下和未来的状态。

举措二：**业务场景差异点、痛点分析**。严格按照机关调研问卷设计的方案、访谈角色，对调研点逐渐覆盖；除了当面访谈，尽可能要求访谈对象提供相应的书面文档；区分哪些属于共性问题，哪些是个性问题，个性问题需要结合具体客户群分别调研。

举措三：**拟制现状业务集成视图的价值**。使推行组与一线对业务形成共同语言；确保基于客户视角业务现状调研的系统性；识别现有业务环节在流程衔接上的断点。

这几项关键举措可保证流程推行与实际业务适配。

流程的执行最终要依靠组织来实现，因而组织与流程适配也是十分必要的。为什么要强调组织与流程适配的必要性？华为前副总裁费敏指出："流程已经匹配了业务，但如果组织还是原来的组织，没有匹配业务，就会造成流程不匹配业务的表象，部门墙可能更严重。"流程与组织不匹配会给流程运作带来很多不可估量的负面影响，具体表现在以下几个方面。

一是导致部分流程运作闲置。在实践中，大部分的企业流程运作处于闲置状态。这些闲置时段主要体现在等候、按顺序执行、传输或追踪等方面，它们是无法为企业创造任何价值的。从根源上来说，这种闲置状态的出现通常是组织与流程之间的匹配度欠佳所致。

二是造成部门墙。在流程建设与优化过程中，很多企业往往从单一部门角度出发来打造流程系统，因而其流程大多缺乏对业务运营活动的总体考虑，仅仅局限于本部门的业务需求。这导致各部门之间存在部门墙，流程信息难以传递和共享，存在大量的流程断点，最终影响整体流程的运作效率。

三是增加管控要素，降低协同效率。为了解决部门墙问题，部分职能部门在流程接口处设计了相互妥协和制约行为，以此来处理流程运作中的分歧和矛盾，而且这种相互妥协和制约的行为（比如前后环节的检验操作）随之被写入业务流程。这一系列举措导致流程接口处的管控要素随之

增加，降低了流程的协同效率，甚至影响该职能部门的业务定位和绩效成果的实现。这实际上也是组织与流程不够匹配所致。

此外，流程与组织匹配是企业高效运作的基础，同时要进行角色与职位/岗位的匹配，如图7-7所示。

可见，整个流程的推行需要理清业务、组织与流程的关系，并确保彼此匹配，让后续流程能落地且可执行。

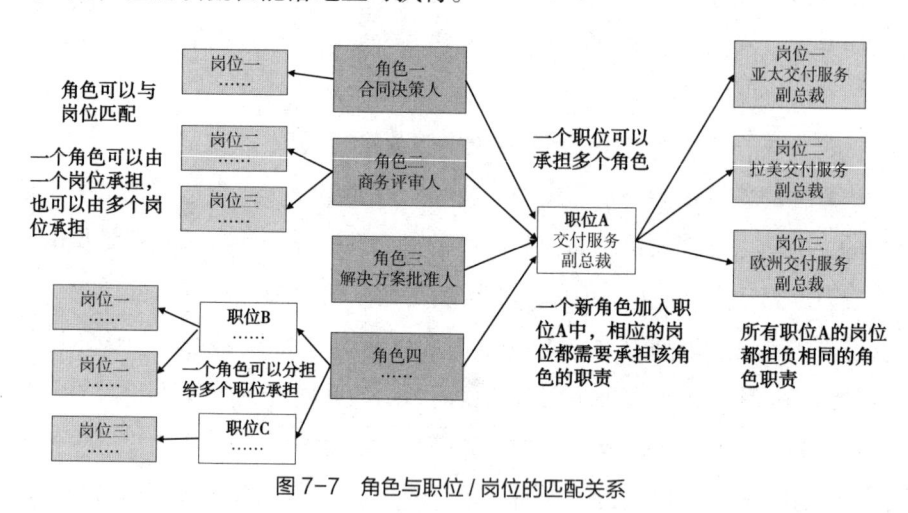

图7-7 角色与职位/岗位的匹配关系

7.3

流程赋能与宣贯：让流程深入人心并得到切实执行

在流程推行过程中，要用巧劲，定期或不定期开展流程赋能与宣贯，讲清楚企业的流程、为什么要做流程建设等，让大家明白流程建设的重要性；同时统一流程执行者对流程的理解，增强员工的操作技能及其对流程管理的信心和认同感，强化他们的流程遵从意识，让流程深入人心，从而形成良好的流程文化氛围。

7.3.1 树立流程权威，打造"重视流程、管理流程"的氛围

营造人人重视流程、管理流程的氛围是流程文化运营的重要内容。许多企业都建立了流程体系，设计了各种各样的流程、制度，以期推进流程体系的规范运作。如何让各级员工贯彻执行就成了重中之重。根据经验，一些企业在流程推行中，尤其是在前期存在一些状况，最突出的就是不知道和不执行两个问题。不知道，是指一些管理层和员工不知道有流程，不知道怎么执行；不执行，是指消极对待流程推行，不遵从流程。

（1）提高对流程推行的重视程度。建议在流程推行方案出台后，企业最高领导者召开流程推行启动大会。在大会上公布流程推行计划、流程项目推行奖惩制度，流程变革委员会成员宣誓和立责任状等。

（2）明确流程推行工作规范及制度。制定流程变革委员会的项目奖惩制度，领导签字盖章，纳入企业日常制度管理；明确工作指南，包括项目人员评价、工作汇报制度等。以此使推行人员和业务承接部门按要求推行流程。

（3）奖惩结果公开化。对流程推行中表现优秀的团队、个人进行奖励；对违反制度或执行不力的人员给予处罚。对于结果要适当公示，对于当事人及其他人员都是一种激励或警示。

（4）成果展示与维护。在流程推行中，已经推广落地的流程，要以可视化方式及时展示，既包括优秀成果，也包括失败案例，以引起共鸣；同时要严格要求各流程角色，杜绝例外。流程推行人员、业务承接部门要到现场检查和辅导，用制度维护流程权威。这方面，丰田的实践方法是非常值得借鉴的。

【案例】丰田的作业标准宣传与贯彻落实

丰田的作业标准制定后，班组长会完全掌握这个标准，并在现场亲自

向作业人员展示，直到作业人员能够完全理解标准并独立操作。丰田认为，只有深入现场才能发现问题并进行解决。

丰田车间里，监督员会按照规定进行现场巡查。当发现瑕疵品时，监督员会立刻询问作业人员："你是否严格按照标准化要求来执行？"随后，监督员会要求作业人员按照标准化工作说明表中规定的步骤操作一遍，仔细观察并分析问题发生的原因。如果作业人员是完全按照要求作业的，那么就意味着：企业必须对细节进行修正。如果发现瑕疵品是作业人员的执行错误所致，那么这位作业人员会受到相应的惩罚。不过，丰田的所有作业人员都接受过严格的标准化作业训练，必须达到"不看标准文件也能准确无误地执行"才能上岗。所以，因执行错误而产生作业瑕疵的概率非常小。

我们必须认识到，流程活动节点的工作标准，会对流程运作与执行产生极大的影响。流程推行人员和业务管理人员要严格贯彻落实流程。

从流程遵从的角度来看，一旦规则意识深入人心，那么人们都会重视流程的推行与执行。

7.3.2 快速提升企业的流程执行能力

流程能准确执行的关键就是人们已准确理解。要理解为什么推出这个流程，希望它实现什么效果，流程的关键点在哪里，流程执行的规则是什么，如何评估这个流程。在流程发布之后，推行团队需要投入更多的精力和资源深入做好流程培训、引导和推动工作。首先是管理层的流程战略、理念、意识、文化，流程的推行是否顺利在很大程度上取决于管理层的态度；其次是流程建设和管理者的流程文化宣传、赋能，他们承担着流程推行的具体职责，必须有流程管理能力；最后是全员的流程文化、理念、优秀实践、知识推广和互动，让广大员工接受流程文化。

第 7 章　流程运营：瞄准业务目标，周而复始地运转并达成目标

【案例】华为某区域流程推行培训与学习

推行团队与所在区域业务部门对总部发起的关键流程进行分析，结合 E2E 流程推行和总部业务专家建议，确定本区域推行的关键流程，输出清单，并设立专门的服务器目录存放所有流程，分发给全体员工学习。对所有员工进行岗位和流程匹配分析，为每个岗位确定关键流程。对关键成员进行深入培训，使其深入理解流程，这些人将作为流程培训和检查的关键成员，为本业务部门进行流程的培训、分析、监督。

从 7 月初开始，安排全体员工学习和培训，以自学为主，培训和讨论为辅，部门经理和关键成员作为辅导人员。从 8 月开始组织多轮考试，要求所有员工在 9 月底通过考试，考试成绩直接与三季度考评挂钩（没按时通过考试则降一级），对优秀人员进行奖励。在实际工作各个环节加强流程遵从规范检查，进行案例学习和经验总结。

流程推行团队要熟知流程赋能的方法，如图 7-8 所示，确保流程参与者满足流程变革要求，遵从流程。

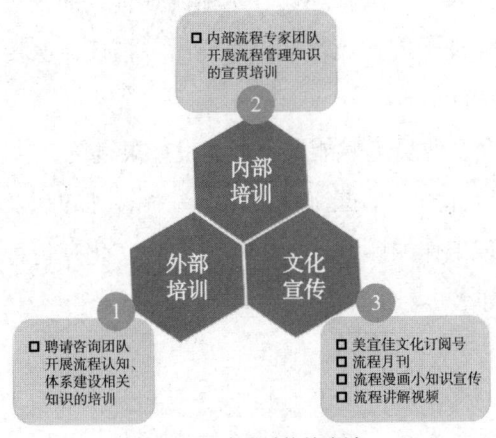

图 7-8　流程赋能的方法

流程推广的目的不同，培训对象、流程文化宣传的阶段、内容是不一样的。推行团队要进行确认和区分，确保流程培训的准确性。

通常流程培训分为三个阶段，自上而下，使流程培训落地。

第一阶段：中高层领导赋能、流程管理知识普及。

培训目标为转意识、树理念、塑造流程文化，懂架构和变革管理；深入理解树立流程文化，能力建在流程组织上、流程创造价值。第一阶段流程培训说明如表7-3所示。

表7-3 第一阶段流程培训说明

培训方式	培训对象	培训内容
沟通培训	中高层	战略驱动的流程变革培训
	一级到二级流程责任人	流程架构规划与设计培训
	三级到四级流程管理员	流程管理基础培训
文化宣传	上述人员	一级到二级流程架构的宣贯
		流程工作指引的宣贯：《流程架构规划工作指引》《流程建设工作指引》《流程运行工作指引》《流程责任人工作指引》
		流程管理基础知识的普及

其中流程责任人、流程管理员，包括流程管理部，对各体系部门的流程建设部和流程金种子进行流程知识赋能后，担任二次传播者，在各体系部门内部开展普及宣传。

第二阶段：全企业员工赋能、流程建设成果宣贯。

本阶段培训目标为，掌握流程架构、流程管理知识及工具、方法、模板，确保流程管理工作的顺利进行，提升流程文化宣传推广能力。第二阶段流程培训说明如表7-4所示。

第7章 流程运营：瞄准业务目标，周而复始地运转并达成目标

表 7-4 第二阶段流程培训说明

培训方式	培训对象	培训内容
沟通培训	核心业务域人员	流程项目管理培训 IT 系统管理及运维培训
	全企业员工	流程管理基础培训、IT 系统操作培训
文化宣传	上述人员	一级到三级流程架构的宣贯
		流程工作指引的宣贯：《流程项目管理工作指引》
		IT 流程管理系统的宣贯、流程设计方法论的普及
考试	上述人员	全员开展流程管理知识线上培训及考试

第三阶段：全员推广流程变革、监督及优化。

本阶段培训目标是全员懂流程，了解流程基础知识，在工作中尊重流程、遵从流程，形成良好的流程意识和流程文化氛围，逐步改变做事行为，从而达到主动要求改变与优化的目的。第三阶段流程培训说明如表7-5所示。

表 7-5 第三阶段流程培训说明

培训方式	培训对象	培训内容
沟通培训	核心业务域人员	流程监督及优化培训、标杆流程业务域一级到五级的内部宣贯
	全企业员工	流程项目管理培训、标杆流程业务域的推广宣讲
文化宣传	上述人员	流程工作指引的宣贯：《流程优化工作指引》《流程监督/稽查工作指引》
		标杆流程业务域的推广讲解
		流程变革及优化案例的讲解

这是笔者的团队经过多年实践和观察得出的流程培训路径。从中可以看出，流程培训方式主要有沟通培训与文化宣传两种。其中，沟通培训包括各种面对面形式的会谈、训战、巡讲、现场指导等培训方式，具体采用何种方式，需要根据不同的业务场景来确定。

其实培训工作并不限于大规模培训，企业可建立信息化流程库，在上

面发布已经优化的流程，做好说明标记，方便流程执行者查阅和学习。

流程培训与流程学习是相辅相成的，流程参与者接受培训的同时也要系统学习与灵活应用流程管理知识。对此，笔者建议流程参与者借助闭环原理，通过"学习—思考—输出"，最终对流程、知识、技能、规则实现从认知到实践的切实转化。

在实际工作过程中，遇到流程运作难题时，流程参与者之间要共同探讨、分析、研究，既强化对已有内容的认知，又能补充学习未尽之处。从认知学习到应用实践，从应用实践到认知学习，由此形成知行合一的闭环模式。

CHAPTER 8

第8章

流程质量：质量是企业核心竞争力，必须构筑在流程中

产品是企业为客户创造价值的业务活动的产出及实现交易的载体；质量是产品的核心属性，不能脱离产品而单独存在；流程则是业务活动的有序组合，是业务活动的正确描述与体现。

三者互相融合，成为一体。然而许多企业，当前是业务、质量、流程三张皮各走各的，结果导致产品难以构筑自己的核心竞争力！而笔者认为，质量要求，包括零缺陷、内控、信息安全等都必须构筑在流程中，严格地执行流程，持续优化质量要求，最终实现高质量发展。

8.1

将质量要求落实到流程中，一张皮运作

流程和质量，就像一个人脑袋的前脸和后脑勺。如果流程是脸，那么质量就是后脑勺。质量管理大师菲利普·克劳士比说，质量的定义就是符合要求。在流程运营中，质量要求必须构筑在流程中，而内控、信息安全、网络安全是特定形式的质量要求。

8.1.1 所有业务都追求高质量，而质量管理是为了业务

许多企业在质量问题上的认识，仍然停留在产品、技术、工程质量等领域，而实际上质量应该是一个更广泛的概念。尤其是在流程变革的背景下，业务的本质是以客户为中心，持续地为客户创造价值。任正非指出："一切工作，都以质量为优先，研发、采购、制造、供应、交付，都要瞄准高质量的目标，构建结果质量、过程质量和商业环境口碑质量。"在此背景下，企业需要开展全流程的、全员参加的质量管理活动，使企业有能力持续提供符合质量标准和客户满意的产品与服务。这也说明了企业以优越的性能和可靠的质量满足客户需求、获取竞争力的必要性。

【案例】华为以质取胜，全过程构筑核心竞争力

华为2010年建立了客户满意与质量管理委员会（CSQC）。它以虚拟的形态存在于企业的各个层级当中。企业的轮值CEO亲自担任CSQC的主任，以下各层级、组织也有对应责任人。这样可以保证华为的每一层级组织都能够深刻理解质量要求、明确客户的诉求，它也成为业务活动开展

第8章 流程质量：质量是企业核心竞争力，必须构筑在流程中
CHAPTER 8

和改进的动力。各层级的CSQC还会定期审视自己业务范围内的客户满意度、产品质量、客户体验感，并且发现客户最关心的需求，进而确定改进项目，以快速响应和解决客户的问题。

这是自上而下的质量文化管理，华为还建立了基于客户需求导向的质量管理体系。华为运营商业务群会在每年召开的用户大会上邀请全球100多个关键客户。大会上分不同主题进行三天的研讨，请客户提意见，最终梳理出一份需要华为改进的TOP清单。然后华为基于TOP清单，逐条与客户核对，并在内部建立质量改进团队，解决TOP清单上的主要问题。在来年大会召开时，华为的第一项议程，就是汇报上一年的TOP 10改进状况，并让客户就改进结果投票。华为根据客户反馈，不断完善质量管理体系，使得质量管理体系跟随客户的需求变化而不断演进。

这两项管理措施，都是华为基于其"大质量观"而来的。华为认为的质量好不仅是产品结实、耐用，还包括产品质量和用户体验，在做好产品的同时，更要把零售、渠道、服务等端到端的每个环节的客户体验都做好。这让华为在业界极具竞争力。

华为的价值观是以客户为中心，所以质量观也是从客户的角度衡量和管理的。企业的竞争优势与质量密切相关。在短期内，企业的竞争优势源于现有产品的性价比。但是在首轮全国性、区域性竞争中存活下来的企业，现在都已趋向于采用相似的、严格的产品成本和质量标准。它们已经成为继续留在竞争行列的最低要求，对于形成差异化优势的重要性已越来越小。

从长期来看，竞争优势将取决于以更低的成本和更快的速度获取核心竞争力，开发出满足或超越客户期望的新产品。而质量也是降低成本、增加利润的最直接方式。克劳士比在《质量免费》一书中指出：质量不仅仅是免费的，它还真诚地对待每一个利润追逐者。如果一分钱没有被投入到错误的决策中，相反就会在盈亏平线上多出半美分的利润。如果专注于确保质量，就有可能增加相当于销售额5%~10%的利润。

三星零不良与费用的1∶10∶100法则，如图8-1所示，反映了质量损失由1到100递增的过程。这表明，企业在质量经营中要将客户放在首位，贯穿产品整个生命周期，不接受不良、不制造不良、不流出不良，追求零缺陷。

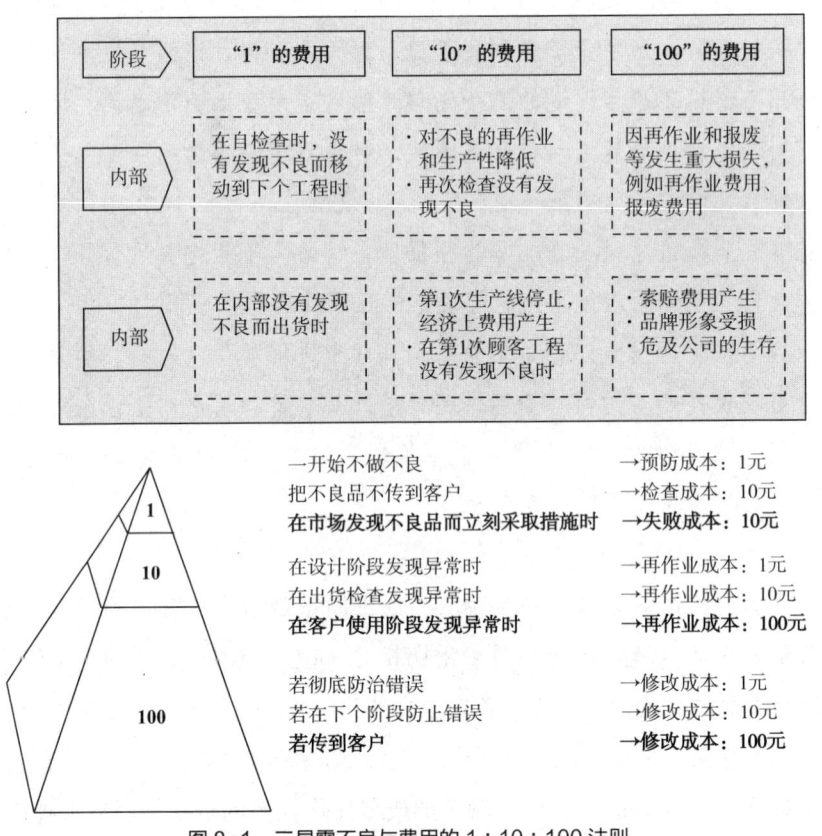

阶段	"1"的费用	"10"的费用	"100"的费用
内部	在自检查时，没有发现不良而移动到下个工程时	·对不良的再作业和生产性降低 ·再次检查没有发现不良	因再作业和报废等发生重大损失，例如再作业费用、报废费用
内部	在内部没有发现不良而出货时	·第1次生产线停止，经济上费用产生 ·在第1次顾客工程没有发现不良时	·索赔费用产生 ·品牌形象受损 ·危及公司的生存

一开始不做不良	→预防成本：1元
把不良品不传到客户	→检查成本：10元
在市场发现不良品而立刻采取措施时	→**失败成本：10元**
在设计阶段发现异常时	→再作业成本：1元
在出货检查发现异常时	→再作业成本：10元
在客户使用阶段发现异常时	→**再作业成本：100元**
若彻底防治错误	→修改成本：1元
若在下个阶段防止错误	→修改成本：10元
若传到客户	→**修改成本：100元**

图8-1 三星零不良与费用的1∶10∶100法则

【案例】华为改善质量管理体系，促进业务高质量发展

从2000年伊始，华为走上了快速发展的道路，开启了全球化之路。企业在高速发展过程中，忙着抢市场、抢订单。然而在这背后却是质量问题

第 8 章 流程质量：质量是企业核心竞争力，必须构筑在流程中
CHAPTER 8

突显，客户的抱怨越来越多。华为秉承以客户为中心的理念，不惜成本与时间，一趟趟地飞到客户那里，把有质量问题的产品进行更换，通过售后服务解决质量问题。但久而久之成了一个恶性循环：订单越多，质量问题越突出，客户也越来越不满。

对于这些问题，任正非都看在眼里，他亲自主持召开了质量反思大会——从泥坑中爬出来的就是圣人。他让人将从客户那里换回来的问题单板，以及一趟趟往返机票，装裱在一个个相框里。将它们当作质量大会的"奖品"发给当事人。这次大会成为华为将质量定为核心战略的开始。随着华为从IBM引入IPD，以及学习印度CMM软件能力成熟度模型和集成供应链的建立，保证了产品的一致性。华为实现了基于流程建设质量的过程，最终让全球客户接受了华为的产品与服务。

客户的需求在变，质量体系也在变。2007年4月，华为70多名中高级管理人员召开质量高级研讨会，以克劳士比"质量四项基本原则"，即质量定义、质量系统、工作标准、质量衡量为基础确立了企业的质量原则。将克劳士比的零缺陷理论贯穿整个业务流程之中，推进全员质量管理，构建质量文化。

过去几年，质量与流程IT保障了华为业务的高速发展，建立了IT服务质量承诺等；通过部署"三朵云"，面向客户实现了体验式营销；开启区域站点存货盘点后，中心仓存货的账实准确率达到99.89%，业务对流程IT的满意度达到87.22分，IT需求端到端交付周期缩短等。

质量与业务不是两张皮。一次把事情做好，是对业务的基本要求，也是为了使业务更好发展。在整个产品开发、生产销售及服务的全过程中，如果业务活动全部满足质量要求，那么企业将会获得一笔免费的钱，也会赢得客户的信任。

所有的业务都追求高质量，可以赢得客户信任，获取核心竞争优势。实际上质量管理是业务活动开展的基础活动，因此质量应贯穿整个业务流

程，包括市场调研、研发设计、试产、采购、生产、销售、服务和使用等业务活动的全过程，并确保其始终处于受控状态。

8.1.2 零缺陷等质量要求需跟随业务流落实到流程

质量分为过程质量和结果质量。过程质量需要构筑在流程中，否则业务都跑完了，质量却单独在流程外，这就会产生严重后果。美国质量管理大师威廉·戴明认为：产品质量是生产出来的，不是检验出来的。这也意味着最终检验的是结果质量。我们不否认检验的重要性，可是当我们在检验中发现质量缺陷时，意味着企业实际上已经出现损失，而且严重时会导致产品返工或停产，甚至导致下游客户合作与购买信心不足。这要求企业在关注质量结果的同时，也要关注生产过程质量控制。

随着自身质量管理的发展及对客户体验的关注，越来越多的企业和管理专家尝试将质量要求、标准引入整个企业的业务流程中。这里列举一个代表性模型：美国的鲍德里奇奖评估模型，如图8-2所示。在该模型中，质量管理开始成为经营改革的中心。

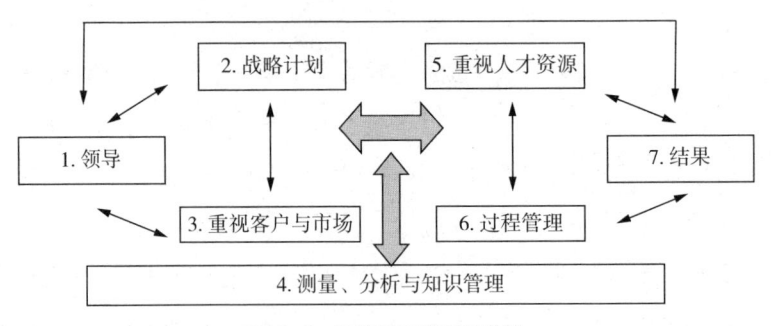

图8-2 鲍德里奇奖评估模型

鲍德里奇奖评估模型涵盖了从产品决策到结果各个阶段的评价，形成了标准化的评价准则，极大地推动了将质量管理纳入组织的日常业务流程之中，三星便是其中的代表。

第8章 流程质量：质量是企业核心竞争力，必须构筑在流程中
CHAPTER 8

【案例】三星在产品设计流程中统一质量标准

三星认为产品质量设计与成本、效率、运输时间息息相关。它们中的 70%～80% 是在设计阶段就确定了的。因而在产品设计阶段，三星就充分考虑了这些要求。产品设计阶段，设计人员深入现场调查，了解材料、零件的特性、现有工艺规范等，以实现符合生产实际的产品工艺。产品设计符合人因工程学，即不因注重质量而忽略产品零件的装配难易度；装配难度大，容易造成员工疲劳。推进零部件和工艺的标准化，以此提升标准化操作的水平和生产效率。三星还通过减少不必要的工序降低质量事故的发生概率，例如铜制零件不需要刷漆，或将一些零部件集成。此外，三星在质量设计中还预先设计了防护措施。

研发部门应充分与企业内部各部门就新产品设计达成一致。三星在产品设计上，尊重了来自各部门的诉求：设计部门在完成新产品开发后需要多部门进行评估，以确认是否满足其他部门的诉求。不同职能部门对产品设计的关注角度不同。在三星的一些下属制造单位，一般采用百分制进行评估。每个部门对新产品打分，平均分达到80分才能试产，试产后还要进行优化提升，最终平均分达90分才能量产。

新产品量产前每个产品都要形成可控的质量标准，确保产品设计完成闭环的同时形成量产保证。这些标准包括研发部门新品承认书、通用的质量标准表单、供应商供货与验收标准、每个型号的检验基准书、生产作业标准书等。

在产品设计阶段，三星就开始考虑从采购、生产、运输到客户等整个业务流程应统一质量标准，推动产品实现零缺陷。不论质量要求，还是质量标准，都必须跟随业务构筑在流程中，明确过程质量要求及标准，能够保证业务流的可靠性。

我们说，过程质量决定结果质量。对此，华为副董事长徐直军曾表

示:"基于过程质量的管理能带来结果质量,由于追求结果质量迫使我们从源头来管控过程质量。"

为了让业务流程中每个环节的交付能够刚好满足下游的要求,就需要定义每个作业环节的输入与输出交付件及其质量要求,并基于质量管理的方法,确保每个作业环节达成质量要求。

【案例】三一重工质量标准前移,实现来料百分之百合格

曾有一个时期,三一重工按照来料检验流程,对运到工厂后的零配件进行检验。后来发现,现场检出了不合格品,严重影响了生产进度;同时来料不良也增加了供应商的成本。经过与供应商的协商,三一重工决定将质量控制前移,即针对重点供应商进行驻厂管理,指派工程师对供应商的工艺、生产过程进行质量辅导。驻厂人员既要把控来料质量,还要推进供应商检验标准的统一,同时负责指导工艺技术、提升过程能力等。

三一重工实施质量前移管理后,实现了零配件百分之百合格。后期三一重工积极推行零配件上下游质量标准的统一,即供应商来料检验中有明确的检验标准,也就是产品公差要求。在实际的供应商管理中,公差检查普遍存在一个传导效应:次级供应商会放大上游的质量要求,致使公差越来越严格。表面上看,保证了来料质量,但长期如此,会严重损害下游供应商利润,不仅质量管理成本升高,而且导致供应链无序竞争。对于这些问题,三一重工统一了产品的质量标准。从产业链上统一标准,打破上下游信息孤岛,建立产业链闭环服务生态系统。

三一重工在供应商管理中将质量标准前移,使供应商对标企业质量标准,客户的标准和企业质量有差距的,要让对方接受企业的标准,要做样品并进行产品分级,确保企业产品质量达到对应的分级标准,从而有效提高采购流程的来料良品率,降低采购风险。

第 8 章　流程质量：质量是企业核心竞争力，必须构筑在流程中
CHAPTER 8

为了让各业务环节知道其作业的质量要求，即该做什么，企业需要定义质量标准及建立质量清单。同时，需要明确支撑该作业环节达到交付要求的工具、方法、指导书等内容。

8.2
内控必须构筑在流程中，保障企业高质量发展

内控是企业内部管理防止腐败、控制风险的要求。其本质体现在两个方面：一方面是职责分离，防止腐败和控制财务风险；另一方面是掌握关键控制点，在关键控制点有控制要素和控制程序。企业要把它们构筑在流程中，保证业务运行的可靠性，确保高质量发展。流程是信息的载体，流程透明就是最好的内控。

8.2.1　有效的内控管理既是润滑剂，又是制动器

内控管理就是看流程在执行到关键控制点和需职责分离时，是否遵从流程内控要求。部分企业在做内控时，会把内控和流程分离，结果内控一个摊子，流程一个摊子，导致出现了互相对立的问题，同时还容易把流程管死。实际上，有效内控是把内控构筑在流程中，让流程成为内控防线。对此，华为轮值董事长孟晚舟指出："当庞大机器运转时，内控既是润滑剂，又是制动器。改善经营、优化作业，内控是润滑剂；分权制衡、数据透明，内控是制动器。"沿着流程走，所有的内控都在业务过程中实现监管，同时又能优化和推进业务活动。

有效的内控管理，为授权、行权提供了制度上的保障。让机关组织合

理授权、有效监控,让一线敢于行权、积极行权。有效的内控管理机制让企业各级作业组织,都能在自己的权责边界内积极行权。

【案例】华为把内容构筑在流程内,随业务流一起跑

华为在推行内控的时候,财经部门一度被视为阻止业务快速通过的障碍,内控目的偏离了目标。在经过一番探索和反思后,内控被融入业务流程。财经部门进行了新的定位,即将内控管理目标定为:内控价值要体现在经营结果改善上,成为业务的有力支撑。为此,财经部门首先为财务赋能,让财务人员熟悉交付业务;其次派遣他们深入一线,为业务提供支持,并把内控工作内容细化,逐个代表处、组织进行讲解和沟通,逐个确定各业务域、内控工作目标。

内控管理在此目标的引导下,一线由原来的不理解、没时间做,到现在的理解和接受,愿意沿着内控的管理要求展开业务活动。结果业务风险少了,业务目标也更容易达成了。

M代表处内控团队推行自动化验收、开票与核销系统,提高OTC流程的作业质量,使开票时间从原来的80分钟缩短至10分钟,客户拒票率下降98%。同样,L代表处内控团队推行OTC流程改进,针对业务痛点,研究"PO与客户自动对接"的课题,项目实施后,当年减少3200万美元的应收账款差异和1100万美元的退货损失。

做好内控,不能到处都是红绿灯。华为的这些内控机制在流程运行中起到润滑剂的作用,带来了真实的经营收益。华为提倡流程化的企业管理方式,任何业务活动,包括内控管理都有明确的结构化流程来指导。

接下来看看华为的内控体系,如图8-3所示。

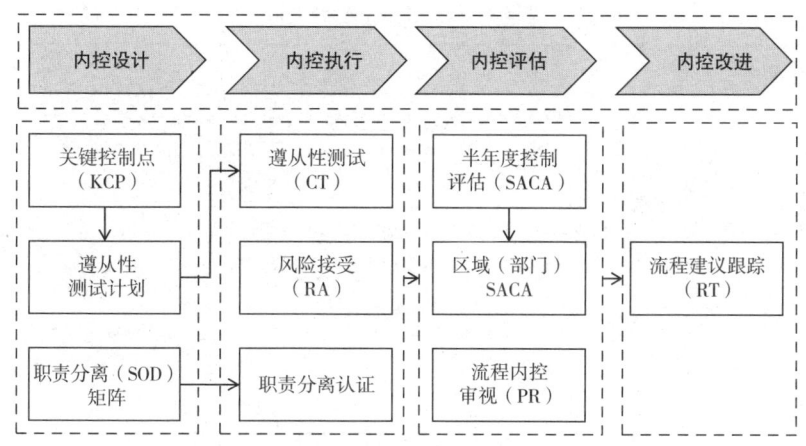

第 8 章 流程质量：质量是企业核心竞争力，必须构筑在流程中
CHAPTER 8

```
内控设计 → 内控执行 → 内控评估 → 内控改进

关键控制点          遵从性测试          半年度控制          流程建议跟踪
（KCP）            （CT）             评估（SACA）        （RT）

遵从性              风险接受           区域（部门）
测试计划           （RA）             SACA

职责分离（SOD）     职责分离认证        流程内控
矩阵                                  审视（PR）
```

半年度控制评估（Semi-Annual Control Assessment, SACA）
遵从性测试（Compliance Testing，CT）

图 8-3　华为的内控体系

可以看到，华为内控体系首先保证内控在流程设计阶段就要满足的内控要求：一是识别流程的关键控制点，在业务流程或应用系统中，流程责任人必须明确执行的一项活动或职责，以确保业务按照流程要求执行，并保证数据的完整性和准确性；二是进行职责分离设计，即识别可能导致企业财产损失或腐败的任务或权限，并将这些存在冲突的工作任务或权限进行职责分离；三是设定测评流程的关键控制指标，主要用来反映流程控制的有效性，如从采购到付款中，超期未开票发票量/比例等。

关键控制点的设置是流程内控的关键。关键控制点是流程中关键的活动单元，对流程目标的达成及业务风险控制有极其重要的作用，有助于流程责任人、决策人员通过流程记录中的数据了解详情，并做出反应。关键控制点设置说明如表 8-1 所示。

表 8-1 关键控制点设置说明

关键控制点		说明
内容	关键财务控制点	确保财务报告真实可信，符合公认会计准则要求的关键控制点，且满足五个要求。一是财务报告真实与完整，二是交易数据真实准确，三是授权行权规范，四是资产安全，五是遵从法律法规
	关键运作控制点	支撑业务有效运作的关键控制点，满足两个要求。一是保证运作效率，二是实现客户满意，遵从非财经类法律法规
原则		具有突出重点、易于纠偏、利于监控的特点
制定者		关键控制点由业务部门识别，流程责任人发布，根据流程运行现状定期审视和更新，时长是半年
数量		关键控制点在一级流程下的流程中。一般一级流程下的关键控制点数量不超过20个

需要指出的是，关键控制点在流程中并非一成不变，过去被定义为关键控制点，经过一段时间后，可能不再是关键控制点，原来的关键控制点就要撤销。而业务中出现的一些新问题则可能会成为新的关键控制点。关键控制点不论如何设置，最终还是要落实到流程中，随着流程自然而然完成监控。华为线索到回款流程关键控制点设置（示例），如表8-2所示。

表 8-2 华为线索到回款流程关键控制点设置（示例）

流程阶段	控制点	关键控制点	
第1阶段 线索管理	控制点1	生成线索	
	控制点2	验证与分发	
	控制点3	跟踪线索	
第2阶段 项目立项	控制点4	立项建议书	
	控制点5	评审及定级	关键控制点1
	控制点6	任命项目组	
第3阶段 标准准备	控制点7	需求分析	
	控制点8	策略决策	关键控制点2
	控制点9	标书制作	
	控制点10	商务决策	关键控制点3
第4阶段 投标	控制点11	提交标书	
	控制点12	表述澄清	
	控制点13	总结归档	

第 8 章　流程质量：质量是企业核心竞争力，必须构筑在流程中

续表

流程阶段	控制点	关键控制点	
第 5 阶段 谈判	控制点 14	成立谈判组	
	控制点 15	定目标策略	
	控制点 16	实施谈判	
	控制点 17	出具合同草案	
第 6 阶段 合同评审	控制点 18	技术评审	关键控制点 4
	控制点 19	职能评审	
	控制点 20	完整性检查	
	控制点 21	合同决策	关键控制点 5
第 7 阶段 合同签订	控制点 22	准备合同	
	控制点 23	签前审核	关键控制点 6
	控制点 24	合同权签	
	控制点 25	签后复核	关键控制点 7
第 8 阶段 交接	控制点 26	传递与签收	
	控制点 27	组织交接会	关键控制点 8

一般情况下，内控随流程一起跑的时候，需要由流程责任人每三个月组织独立的人员对流程关键控制点执行状况进行持续测试。旨在及时发现流程设计和业务执行中的问题，为目标的实现提供合理保证，测试方式为遵从性测试。

【管理知识】遵从性测试的原则

有独立的测试人员；完整的测试计划，包括样本范围、测试要素、检查标准等；经济性原则。

流程内控协助流程责任人识别已经出现的风险或者潜在的风险，保证企业朝着业务目标前进。

8.2.2　不修万里长城：围绕流程，保护核心信息资产

企业的信息包括战略、运营管理、生产、销售、技术等内容，它们关系到企业核心竞争力能否持续，一旦外泄，将给企业带来沉重的打击。与企业的固定资产相比，信息资产更重要，尤其是核心信息资产。因而，信息安全是企业内控管理的重要组成部分，涉及企业核心资产的保护和风险防范。那么核心信息资产产生于哪里？它伴随业务流程而产生。所以，需要将信息安全构筑在流程中。需要指出的是，信息安全防控并不意味着所有的信息都需要进行防护，构筑一道万里长城来防护所有信息，使得客户访问时，被拒之门外。大数据时代，业务场景由 To B 向 To C 转变，交易由线下转移到线上，业务随流程快速运转，数据需要更加完整、开放和透明，保证数据能够更广泛地集成和共享。

【案例】华为基于流程保护，共享核心信息资产

华为的信息安全管理有一段时间，是在修万里长城，发了上百个文件，修了又修，不仅增加流程成本，也让需要查阅信息的工作人员处处受限。后来 EMT 发布了决议，调整了信息安全的管理思路，不再处处设防。

首先，只防核心资产。业务部门通过与 IT 配合抓取数据，提炼核心资产。100 多个信息安全的文件几乎被清理完了，流程跑起来也更轻松了。

其次，把信息安全和共享两个职责都放到信息安全部，既实现了抓信息安全，也实现了抓信息共享。同时华为还把信息安全和共享作为信息安全部的一项考核指标。

最后，将非核心资产剥离，通过流程与 IT 建立信息共享平台，在确保安全下对于核心信息资产也进行共享。

网络安全也是一样的。产品在各个流程中需要具备网络安全的能力、建立防御能力。这几项举措实施后，很少再出现员工无法查阅信息的情况。

第 8 章　流程质量：质量是企业核心竞争力，必须构筑在流程中
CHAPTER 8

华为把信息安全构筑在流程中，流程运转到哪里，核心信息资产就定义到哪里，保护到哪里。华为通过在流程、IT、质量与运营工作中，建立数据库，来收集并保护信息。信息是数据的载体，数据是业务流中各作业活动的输出。每个作业环节的输出都需要满足下游要求，做到不冗余、不缺失，并达成该环节的质量要求。

第9章

流程绩效：让流程充满活力，持续提升业务效率

流程绩效管理从战略目标出发，将战略目标分解为各级流程的具体绩效指标，实现组织目标与流程绩效的有效对接，通过流程责任主体持续监控并进行流程绩效结果评估，来确保流程与组织战略方向、业务目标的一致性，驱动业务效率的持续提升。

9.1
流程绩效反映流程的核心竞争力，与业务绩效并存

企业需要借助流程绩效实现价值输入与输出。保证流程绩效目标的实现，是企业实现价值目标的关键所在。所以，企业要让流程绩效融入绩效管理体系，让员工的行为以流程绩效为导向，使个人绩效、部门绩效指向组织绩效目标，从而实现企业战略的落地。

9.1.1 流程绩效架起组织绩效与员工绩效之间的桥梁

谈到绩效管理，很多人第一时间想到的是绩效目标、绩效考核等，这些都属于员工个人绩效管理的范畴。事实上，员工个人绩效管理只是企业绩效管理体系中的一部分。企业绩效管理体系包括组织绩效、流程绩效及员工绩效三个层面，如表9-1所示。

表 9-1 企业绩效管理体系的构成

构成	内涵及侧重点
组织绩效	组织绩效是指在一定时期内，衡量组织基于自身职责定位承接企业或上级组织目标完成的结果。对于企业来说，组织绩效是战略目标的实现程度；对于部门/团队来说，组织绩效是部门/团队任务完成的结果
流程绩效	流程绩效反映流程的核心竞争力和管理重点，通过测评数据分析绩效达成结果，使管理层在政策、资源分配或规划中做出合理决策，持续改进，以达成流程/业务目标。主要涉及对流程的时间、成本、质量等方面的管理
员工绩效	员工绩效是指员工个人在一定时期内履行其岗位职责与角色要求的有效产出，一般包括工作结果、工作行为和工作态度

组织绩效、流程绩效与员工绩效之间的关系，如图9-1所示。

第9章 流程绩效：让流程充满活力，持续提升业务效率
CHAPTER 9

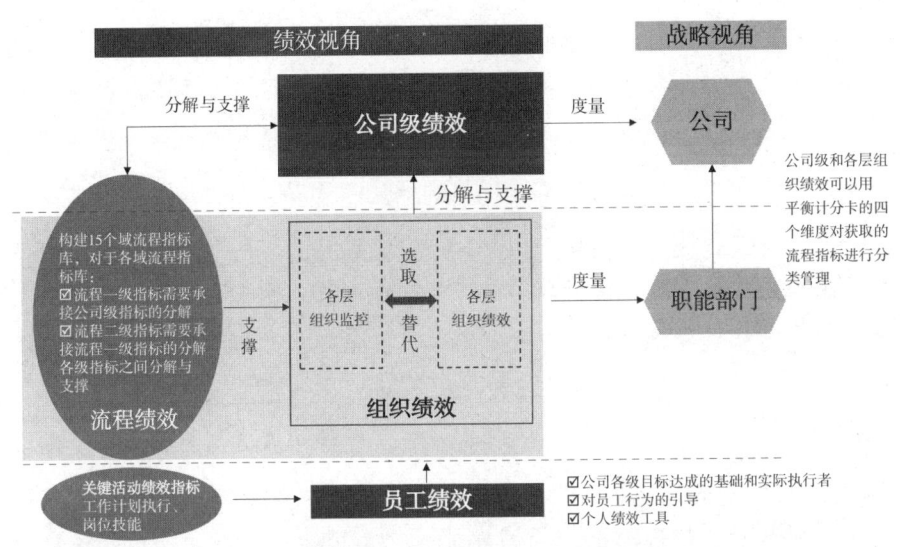

图 9-1 组织绩效、流程绩效与员工绩效之间的关系

可以看出，组织绩效要落实到员工绩效，必须依靠流程绩效这座桥梁。组织中的员工虽然受纵向职能管理，但是他们的日常工作多为跨职能、跨部门及跨岗位的接力赛，如果没有流程绩效管理，那么工作产出何时能到达客户手中，就没有衡量标准。不仅时间上没有标准，而且质量、成本上也没有衡量标准。也就是说，组织绩效的产出是通过流程运作而产生的，流程绩效又需要借助不同岗位工作的人员切实履行流程责任来实现。

【案例】C企业流程绩效缺失，阻碍目标实现

C企业是一家家电企业，在该企业负责销售的王副总最近闷闷不乐。他连续奔波了几个月拜访企业的主要客户与经销商，才说服了他们大批量购买新型空调。可是生产线这几个月却处于调试阶段。如果不能在天气炎热前发货，那么这些客户与经销商就有权取消订单。如果真出现这种情况，那么销售业绩不仅会大幅下降，而且新生产线的投资也要承受巨大的损失。他刚得知：第一批新型空调很可能要到订单交货日之后才能发货。

而C企业主管生产的汪副总却很高兴，因为他的两项主要考核指标：保证产品质量与生产率完成得非常出色，次品率也降低了52%。其中，生产率目标是指让车间满负荷运作，在对产品型号转换时把机器停工时间降至最短。使新产品的生产质量达标是一个费时费力且效率很低的过程，于是他就擅自减少了对新生产线的生产投入。他认为新产品的生产会对提升部门的绩效产生影响，便将新产品的生产任务延迟到年中考核以后。销售不是他要考虑的问题，反正他分内的工作只是保证产品质量和生产任务的完成，这也是企业今年对他的绩效考核指标。

主管财务与行政的李副总过得也不错。他的绩效考核指标之一是缩短应收账款的周期。他认为缩短应收账款周期的捷径是缩短客户的付款期限。原来的付款期限为60天，现在他自作主张缩短到28天。他知道这种方法对销售不利，但是销售不是他要考虑的问题。他要关心的只是为企业尽快收回应付款，减少利息成本。

该家电企业为每一位副总设计考核指标时，没有基于流程来设计，导致这些指标横向失衡，严重阻碍了战略目标的实现。

需要注意的是，流程绩效虽然是由岗位工作人员通过流程执行来创造的，但流程系统的好坏却是直接影响绩效表现的因素。

因此，流程绩效管理的重点关注两个方面：一是确保设计的流程能创造高绩效；二是确保流程参与者能严格贯彻流程要求。这就给流程绩效管理提出了要求：构建基于流程的绩效管理体系，引导流程参与者的行为，让流程绩效管理制度化，保障流程绩效目标落地，持续为企业创造价值。

9.1.2　构建基于流程的绩效管理体系

从本质来看，企业所有绩效都是依附于流程的或在流程中产生的，而流程活动的落实最终必然要细化到岗位、个人。为了保证员工按照流程要求执行，规避岗位上因个体行为问题而对流程绩效产生的影响，那么就需要构建基于流程的绩效管理体系，如图9-2所示。

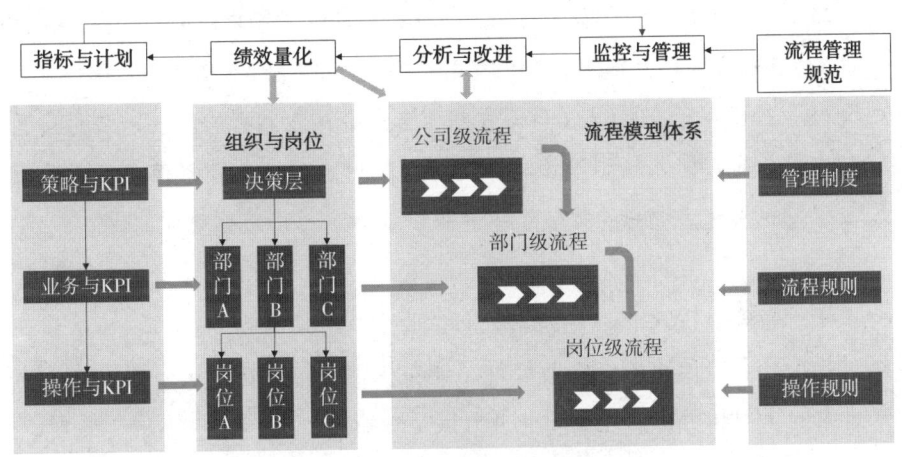

图9-2 构建基于流程的绩效管理体系

可以看出，构建基于流程的绩效管理体系，需要员工抛弃部门本位主义思想，关注全流程的产出（如：过程产出、最终产出）；然后，对流程环节和岗位进行对应的绩效分解。

流程绩效管理体系的建立不仅是为了评价流程和改进流程，还要促进流程管理体系的有效运行，确保企业战略目标的实现。

企业尚处于理念引入和体系建设的阶段，此时不宜仅评价流程执行效果，还要考虑那些有利于流程体系建设的绩效管理维度。比如，流程的稳定性和适应性；若企业当前比较注重流程的效率，那么绩效评价则应该侧重于效率方面。即企业流程管理的成熟度决定了绩效管理体系在当下阶段的定位，而企业面向未来的关注重点则决定着绩效管理的导向性。

【案例】A企业流程绩效管理体系的三阶段演变历程

2010年，A企业开始着手建立流程管理机制，明晰与优化流程，提升全员服务水平。企业在项目开始之初就设计了考核方案，并指出考核的重点是促进流程管理体系的建立。聚焦该重点，企业针对各部门对相关工作的配合程度和效果设置了考核指标。

2011年，当流程管理工作渐入正轨后，该企业以流程效率为导向，将流程绩效考核指标调整为关键流程运行效果监控、流程优化和服务满意度指标。

到了2012年，当流程效率、服务理念已经深入人心的时候，该企业又转向质量导向，引入端到端流程的理念，同时在年度绩效考核中加入流程优化相关的指标，进一步打破组织界限、提升各部门流程管理能力。

在一些规模较大的、管理成熟的企业中，打造流程绩效管理体系往往相对复杂，需要慎重考虑细节设计，避免因流程绩效指标过多而给员工带来过大的压力和负担，进而对业务开展造成影响。

9.1.3 让流程管理制度化，推动组织获取高绩效水平

企业需要构建一个针对流程的持续管理机制，一个流程好比经优化的汽车引擎，若没有一套维护保养机制，就会因疏于维护而报废。而流程管理制度就是一套保养措施，能够保证企业不间断地对核心流程进行监控与优化。

"国际流程教父"吉尔里·拉姆勒和艾伦·布拉奇在他们所著的《流程圣经》中指出，在一个已经将流程管理制度化的企业中，每个关键流程都具备以下要素。

（1）一张流程图：详细记录了流程各步骤和执行各步骤的职能部门。流程图需要涵盖流程的六个要素，包括输入资源、活动、活动的相互关系、输出结果、价值及客户。

（2）一系列客户驱动的测评指标，这些指标和组织层面的考核指标是存在关联的，并且能驱动职能部门。一个流程管理已经制度化的组织，不会允许职能部门在追求自身绩效指标达成的同时，让其他部门及整个流

第9章 流程绩效：让流程充满活力，持续提升业务效率

程受损。

（3）一个流程责任人，即流程所有者，负责流程的整体绩效，确保流程不会因为跨部门而被割裂。

（4）一个稳定的流程团队。其定期开会，对流程绩效进行评审，以针对性地实施流程改进、优化。

（5）一个针对所有核心流程的BP（年度业务计划），包括期望的结果、目标、预算、非财务资源需求。

（6）持续的流程绩效监控机制，及时发现流程偏差。

（7）流程问题解决及流程机会投资的程序（如根源分析）和实体（如流程小组）。

许多企业为了确保流程符合这些绩效标准，建立了流程认证评定体系。如美国福特汽车的流程要想达到4级中的最高级，那么它必须满足35项认证标准。这些标准包括：流程名称、按照零缺陷要求进行评定等。尤其是流程所有者必须对流程评估与认证承担主要管理责任。

【案例】通过流程管理制度确保流程被持续管理

A企业是一家信息科技企业，成立时间已经超过15年。在过去一年半的时间内，企业的市场份额显著下降，而且内部人员变动频繁，导致士气消沉。为了解决这些问题，企业高层邀请了一家咨询企业C帮助开展绩效改进项目。期间，发现问题之一是缺乏对流程持续监控的管理机制。对此，C企业帮助A企业建立了流程管理制度，以确保流程被持续管理。以A企业的订单处理流程为例，为了确保它被持续管理，设计了4个管理举措，分别是：

（1）对流程绩效评级，在客户满意度、成本、记录的清晰度和完整性及测评指标的质量与数量等方面分设等级。而且，每个职能部门对流程的贡献也可评级。

（2）任命流程Owner监督整个流程。

（3）建立一个稳定的流程团队，定期开会评审及改进流程绩效。

（4）坚持月度常规评审，首先评审流程绩效，其次是职能绩效。只有当流程目标达成，且职能贡献度达标时，才能奖励职能部门的员工。

可见，企业应为流程绩效管理建立一套管理制度。包括日清日结管理制度，针对各种信息、报表、报告的拟制、审核、分发、反馈制度，各种例会的程序和决策制度，这些都是保障流程运作和追踪流程绩效的有效管理制度。

企业完成流程管理制度化建设后，可以通过严格的流程绩效管理，对现有流程的运营进行绩效管理。这样，便可以在企业内部形成"重视流程、使用流程、管理流程"的文化氛围，进而让全体员工形成按流程化规定进行操作的习惯，以获得高绩效。

9.2

设置流程绩效指标体系，衡量并落实业务流程目标

要想让流程持续为客户创造价值，就必须以客户需求为导向，从全流程角度为流程量身定做一套明确的、可衡量的、相对稳定的绩效指标，让每一个流程参与者明确自己的流程责任、绩效目标要求，强化流程意识，更好地完成业务流程目标。

9.2.1 以客户为导向，从全流程角度设置端到端的绩效指标

流程绩效指标是衡量流程运作绩效的量化管理指标。比如，开票准确

率、单板综合直通率、应收账款核销周期。它是以客户为导向、从全流程角度出发、关注端到端高效贯通的指标。

> **【管理知识】流程绩效指标的两大类：过程指标与结果指标**
>
> 过程指标：是对流程执行情况的反映，比如，流程周期、成本、返工频率等；
>
> 结果指标：是对流程所产生的业务价值的衡量，如交付及时率、缺陷率、客户满意度等。
>
> 其中，过程指标不需要全部落实到考核中，以免增加流程监测的工作量，或使流程执行者产生抵触情绪；结果指标可直接和流程责任人、责任部门的绩效考核挂钩。

1. 流程绩效指标提炼与设计要求

流程负责人在提炼并设计流程绩效指标时，需要遵循以下原则。

（1）全局性。应该跳出部门、岗位甚至企业，从整个行业价值链的角度设置全流程绩效指标。

（2）端到端。不要为了便于考核就切分流程，而应该设置端到端的指标。

（3）客户导向。要从客户的角度出发，时刻问自己，并确保这是外部客户关心的，而非内部客户一厢情愿。

（4）少而精。不要贪多。流程绩效指标可能有多个，通常选1到5个作为流程关键指标。

（5）可衡量。设计流程关键绩效指标要衡量业务流程目标是否达成；要有明确的数据收集、分析渠道和计算公式。

此外，流程负责人可以从时间、质量、成本、服务四个维度提炼流程绩效指标。

时间：涉及流程完成所需的时间，包括每个步骤的时间和整个流程的总时间。它能帮助企业评估流程效率，发现瓶颈和优化空间。

质量：涉及流程的质量和效益，包括符合性、精度、完整性等方面。它能帮助企业确保流程的正确性与可靠性，提高工作质量及客户满意度。

成本：涉及流程实施所需的成本，包括人力、物力和时间成本。它能帮助企业控制成本、提高效率。

服务：涉及客户对流程的满意度，包括客户体验、服务水平、响应速度等方面。它能帮助企业了解客户需求和意见，优化流程并提高客户忠诚度。

2. 流程绩效指标的系统分解过程

了解了流程绩效指标提炼与设计的基本要求，那么如何将流程绩效指标逐步分解到个人身上呢？一般来说，企业应面向战略目标，对绩效指标进行系统分解，力求上下对齐、水平互锁，以形成一套科学的、符合上述要求的流程绩效指标体系。

图9-3是从战略目标分解到组织目标与指标，再分解到各层级流程绩效指标的示意图，是流程绩效指标系统分解的底层逻辑。

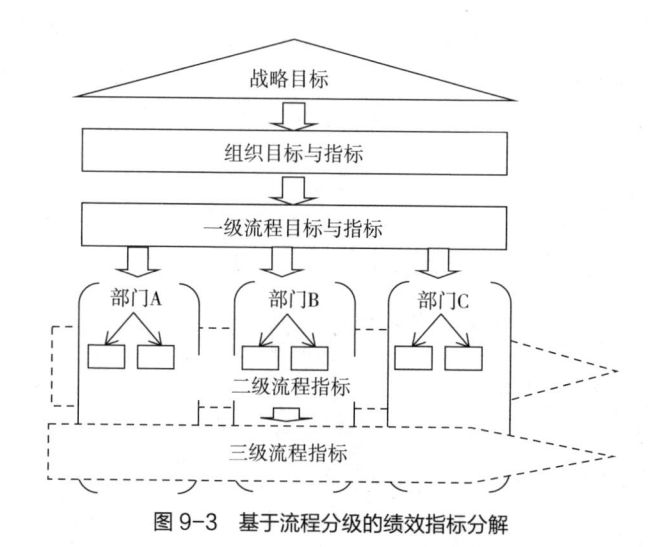

图9-3 基于流程分级的绩效指标分解

第 9 章 流程绩效：让流程充满活力，持续提升业务效率

可以看出，战略目标、组织目标直指一级流程目标。将一级流程目标与指标成功地分解到各级流程上，就相当于掌握了各级流程的核心，从而更有助于流程价值创造活动达成其预期目标。

图 9-4 是笔者为一家零售连锁企业设计流程绩效指标时，从质量、时间及成本维度提炼出的衡量 L1 级供应链管理流程的绩效指标，并进行纵向分解，将供应链管理流程的流程绩效指标分解到 L2 级。

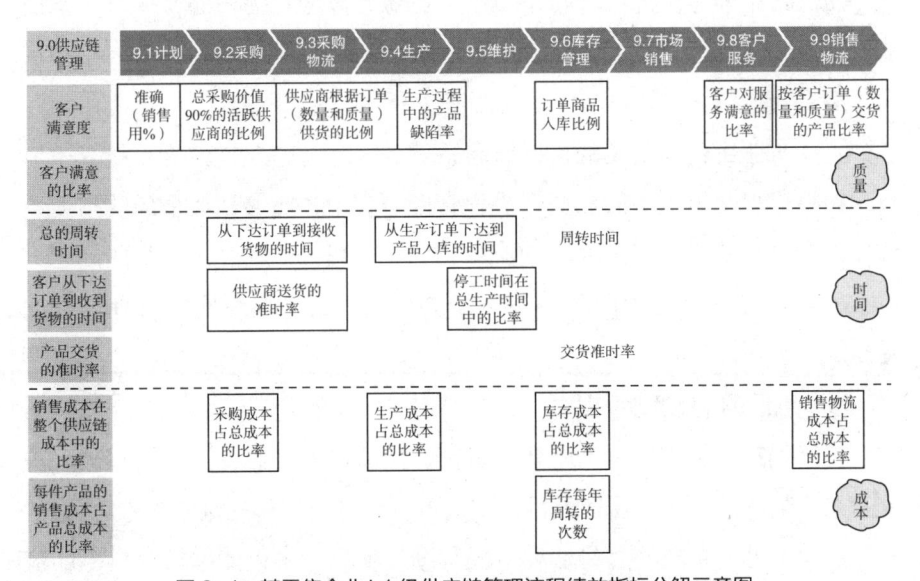

图 9-4 某零售企业 L1 级供应链管理流程绩效指标分解示意图

总之，流程绩效指标设计应保证每个层级的流程指标都与上一级的流程指标和下一级的子流程指标紧密相关，以形成一个清晰的因果链，让企业战略目标能够通过监控和改进流程指标来实现。

9.2.2 将流程责任与绩效捆绑，增强员工的流程意识

将流程责任与绩效捆绑，以强化流程建设中的责任结果导向，同时增

强员工的流程意识。具体而言，这种做法对企业来说有四个好处，分别是：

（1）提升员工的全流程责任意识

让流程参与者不仅仅关注本岗位的输出，更关注全流程的结果。围绕客户需求，以全流程的眼光对市场变化做出快速响应，从而为客户提供令其满意的产品和服务。

（2）增强员工的客户导向意识

使流程中的每个部门、每个员工真正做到以客户为中心，认真、积极地倾听客户的声音，主动把握客户需求，并将其当作开展各项工作的依据，努力为客户交付合格的产品和服务。

（3）加强部门与员工的目标导向意识

如果流程化组织中的成员在流程管理过程中，能够站在全局的角度系统地思考，从流程目标出发规划流程、优化流程，并解决流程中的问题，那么便可以保证流程中的各个环节能够方向一致，最终保障流程目标的实现。

（4）加强团队协同意识

在流程管理工作中，当团队成员都有团队协同意识时，就能够破除本位主义，坚持共同的流程管理目标，使得流程管理工作的难度大大降低。

由此可见，企业通过将流程责任与绩效捆绑，不仅能够培养员工的流程意识，还能让企业上下明白，只有围绕客户需求做出贡献，才能推动业务可持续发展。

【案例】IBM以Checkpoint系统落实业务目标

2015年，IBM业务范围开始向人工智能与混合云服务迁移。IBM迅速改变员工工作模式，将原先的PBC绩效管理系统进行重塑，以适应新商业模式下的创新和速度要求。

在IBM，工作方式与绩效模式发生了显著变化。一是强化流程角色，

第 9 章　流程绩效：让流程充满活力，持续提升业务效率

让员工随着流程流动，参与各种项目。二是绩效考核不只强调绩效结果，还注重流程执行中的过程绩效。例如，新技术开发下的各种指标，以确保更快的技术更新速度。

经过多次优化和复盘，IBM 于 2016 年 2 月正式发布绩效管理系统 Checkpoint。在 Checkpoint 中，绩效反馈贯穿全年。个人绩效对"胜利、执行、团队合作"的承诺变为对"业务结果、客户成功、创新、对他人的责任、技能"五个领域的承诺，并匹配 IBM 当下价值观，以指导和约束流程责任人及各岗位员工。

此外，在新绩效管理系统下，员工的年度评估不是单一评级，而是通过 ACE（赞赏、指导和评估）系统，寻求多元化反馈。

IBM 的 Checkpoint 绩效管理系统不仅始终围绕目标落地，还将流程责任与绩效捆绑。案例中关于流程绩效的落实还包括个人绩效承诺，它是强化员工流程意识的重要手段，也是由 IBM 最早提出来的，目的是在项目中和业务流程中，强化员工的责任意识、考核员工。

个人绩效承诺的主要构成如下。

第一个承诺：承诺胜利（Win）。即在个人绩效承诺书中，以部门、项目为单位设定绩效目标，然后是个人绩效目标。让团队和个人共同承担流程责任。

第二个承诺：承诺执行（Execute）。依据计划、目标，付出行动，挑战自我，并不断提升自身素养。

第三个承诺：承诺团队合作（Team）。各单位、部门围绕一个目标展开合作与沟通。流程运营一个人是无法完成的，需要以团队合作作为行动的出发点。

无论个人绩效承诺，还是 Checkpoint，它们的每一项绩效承诺都是与最终的绩效捆绑的，让所有流程参与者更加积极主动地去创造价值，从而形成超强的执行力。

9.3 流程绩效评价：监控流程绩效，让流程绩效提升有的放矢

在流程绩效评价的过程中，除了结合流程绩效指标与目标进行真实的数据监测，还要特别考虑流程绩效评价责任主体、流程绩效评价维度，目的是检验流程绩效是否达成了目标，同时让流程绩效提升有的放矢。

9.3.1 根据评价内容，选择合适的流程绩效评价主体

在建立流程绩效指标体系后，通常由流程归口负责部门与流程管理部门协同合作，评价流程绩效。流程评价内容及主体说明，如表9-2所示。

表9-2 流程评价内容及主体

评价内容	评价主体	说明
评价流程运行效能	流程归口负责部门	包括整体评价、重点流程评价及标杆案例分析。流程归口负责部门比流程管理部门更熟悉流程运行情况，而且更直接地接触流程运作，也更容易发现流程问题及其发生原因。故而，由其来评价是较为合适的
评价流程管理组织的效能	流程管理部门或更高一级组织	此类评价主要针对企业的运作效率、相关管理流程的完善度、管理组织人员的胜任情况等方面，也要考虑对不同人群评价时的侧重点，实施差异化评价。故而，由流程管理部门或更高一级组织作为评价主体是较为合适的
评价流程优化与创新的效果	流程管理部门	流程优化和管理创新：设置流程优化方面的指标，包含推进情况、是否达到预期效果、配合部门的积极性等。此时，流程管理部门或流程客户比流程归口负责部门更合适
流程成熟度评估	流程管理部门	流程体系与企业的成熟度维度：PEMM（流程与企业成熟度）评估模型。这需要专业的流程评估团队，也就是流程团队依据相应的工具进行评估

由此可见，企业可以结合具体的评价内容，细致地考虑如何选择更适合的流程绩效评价主体。

第 9 章　流程绩效：让流程充满活力，持续提升业务效率
CHAPTER 9

流程绩效指标体系建立之后，由责任主体定期进行流程绩效评估，确保它能够发挥出积极作用。流程绩效评价的作用有四个。一是能够实时掌握所有流程运作的基本情况；二是更准确地了解流程运作的性能状态；三是根据绩效结果，确认流程修正的方向；四是根据绩效结果，有针对性地实施流程改善措施。

需要注意的是，如果企业已经基于流程体系搭建了自己的IT系统，可从IT系统中直接获取与流程绩效相关联的数据。此时，评价流程绩效的主体、责任主体的范围可以设置得宽泛一点。当然，在条件允许的情况下，企业还可以聘请熟悉流程管理领域的第三方（比如咨询企业）来协助进行流程绩效评价，能更客观、专业地进行流程绩效评价并得到相应的评价结果。

无论选择谁作为流程绩效的评价主体，流程绩效考核时要注意如表9-3所示的要点，以客观分析当前绩效值与客户期望值及竞争对手标杆值的差距，持续优化流程绩效，最终实现企业流程绩效体系的流畅运行。

表 9-3　流程绩效评价责任主体实施绩效考核时的注意点

序号	注意点
1	收集某流程运行的绩效数据，对流程运行情况进行考核
2	确认流程考核指标的设计是否合理，是否需要改进
3	确认流程数据的收集工作比较容易开展，并对数据的收集方式予以改进
4	确保流程 KPI 真实反映了客户的需要，指标能有效满足客户需要
5	寻找流程运行周期与其他指标的差异，改进流程的考核周期
6	确保流程 KPI 口径的一致性，以及各个指标考核对象覆盖范围的合理性

9.3.2　围绕流程目标，定期评估流程的运作绩效

确定流程绩效评价责任主体后，企业必须主动地围绕预先制定的绩效指标，对相关业务流程的运作状况进行评估。流程绩效评价的频率通常是每个季度或每半年进行一次。流程绩效评价内容，如图9-5所示。

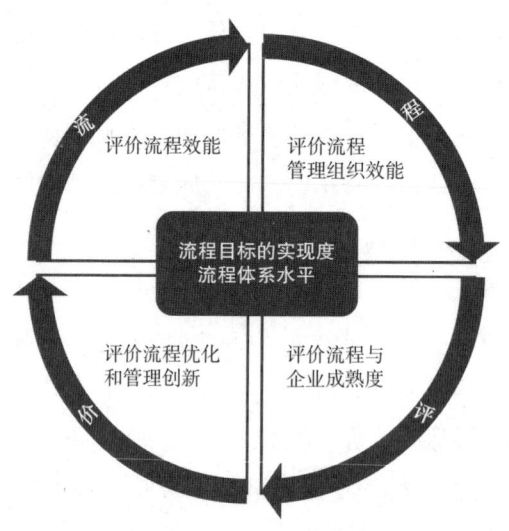

图 9-5　流程绩效评价内容

（1）评价流程效能

流程是业务流的表现形式。因此，流程效能维度被视为流程绩效评价的重点。通常从整体评价、关键流程评价及标杆案例分析三个方面开展，如表9-4所示。

表 9-4　流程效能评价的三个方面

评价方面	说明
整体评价	在整体评价中，侧重于对重点流程领域的分析，目的在于通过对各流程领域的重要性、整体绩效表现两个维度的评估，找到当前存在问题的领域；然后，结合企业当前或来年的战略重点，初步确定需要重点关注的流程领域
关键流程评价	通过关键流程评价，可以有效分析具体问题，由此得出的结果可以进一步和整体流程评价的结论相互印证，最终确定要重点关注的流程领域
标杆案例分析	通过标杆案例的分析和宣传，借鉴好的经验，总结教训，同时调动员工参与流程运作及优化的积极性

其中，关键流程评价是重中之重。我们可以分两步进行。

第一步：考察流程实务。通过对真实的流程数据进行提取和痕迹管理，以评估流程的规范性与有效性。比如，流程执行者是否按照流程规范进行流程活动、流程审批环节的时长等。

第二步：评价流程运作效率。譬如，流程各节点是否在规定时间内按要求完成。如果企业打造了端到端流程体系，在设计绩效指标时就要围绕这一点。

（2）评价流程管理组织效能

对于流程管理组织效能的评价，主要考察的方面包括该组织的运作效率是否高效、相关的管理流程是否完善、管理组织的人员是否能胜任等。

同时，也要考虑评价不同人群时的侧重点，实施差异化评价。作战类人员要以作战结果来评价；资源类人员用项目成果来评价；能力类人员要体现战略导向，要考试及考核，增加一线评价；管控类人员要通过数字化减少中间传递层，定岗定编，通过"考军长"等方式识别"南郭先生"。以此延伸设计，针对不同人员的工作性质进行差异化的价值贡献评价。

比如，对于承担经营性责任的人员，要建立长短期价值贡献结合的评价机制；对于承担职能性责任的人员，要区分企业经营管控、监督与服务工作所形成的价值贡献。

（3）评价流程优化和管理创新

如果企业鼓励部门或员工不断优化流程，可设置流程优化方面的指标，包含流程优化计划是否按时推进、优化是否达到预期的效果、配合部门的积极性、流程文件是否符合要求等。当企业倡导流程优化时，就应对部门/员工提出的流程优化点的数量和质量等进行评价。

（4）评价流程与企业成熟度

对于这项评价，建议引入流程再造创始人迈克尔·哈默创建的PEMM评估模型。后续会有详细介绍，这里就不再赘述。

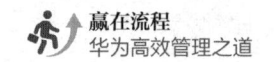

9.4
综合分析流程绩效结果，促进流程持续改进

客观而准确的流程绩效与价值评价结果是流程绩效改进的依据。由流程绩效评价责任人对主要流程的绩效指标进行统计和分析，通过对照，发现问题，及时解决，不断迭代，实现最佳业务实践。

9.4.1 明确流程现状与绩效目标间的差距，指明改进方向与目标

流程运作绩效表现是流程优化的基础和依据。当流程绩效评价结果输出后，企业便可了解当下绩效与目标绩效的差距。此时，企业应建立一套系统的流程绩效改进机制，来保障流程绩效改进这一目标的持续稳步实现。笔者认为与业界最佳进行流程绩效的对标分析，识别差距，就是最好的改进方式。

业界最佳为企业提供了已经被实践证明的解决方案，通过与业界最佳实践对标，可以极大地节约企业在流程绩效管理方面的时间和资源，且有助于认清自身的优势与劣势，并合理安排流程绩效改进活动的优先顺序。

【案例】电子企业 A 流程绩效结果标杆分析

我们在辅导电子企业 A 做 LTC 流程变革的初期，针对其供应链流程运营情况进行了详细的分析，并与业界最佳的同行企业做了对标分析，如表 9-5 所示。

第9章 流程绩效：让流程充满活力，持续提升业务效率

表 9-5 供应链流程绩效指标差距分析

供应链流程绩效指标	A 企业	同类制造商的平均水平	说明
及时交货率	85%	96%	在客户要求日期或之前交货的订单的百分比
订单交付提前期	7 天	5 天	从签订订单到交货所需时间
一天内从库存到发运	35%	90%	一天内装运的"库存到装运"的订单百分比
库存周转天数	41 天	17 天	365 天除以一年内库存周转的次数
净资产周转率	4	9	总产值除以总净资产

为识别企业供应链流程绩效产生的根本原因，对供应链的业务能力进行评价分析，如图9-6所示。先选取了17项能力来反映供应链的业务能力，并设置了1～5分的评价标准，然后逐项进行打分，并分析供应链业务能力评分结果。

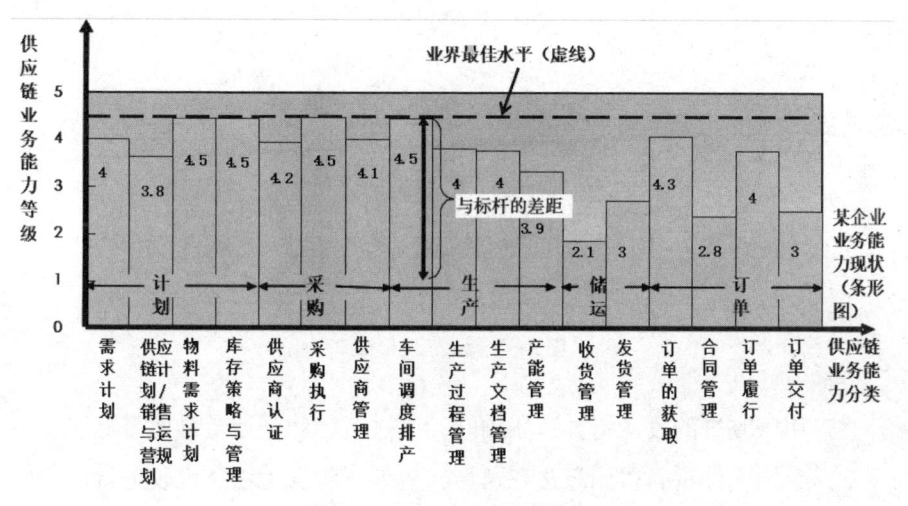

图 9-6 供应链业务能力分析

可发现，供应链流程大部分业务能力与业界最佳平均水平有一定差距，考虑到流程刚开始运营，是可以接受的。但收发货管理、合同管理、订单交付方面差距较大。通过走访和调查，发现收发货管理不及时；合同管理中各单位IT化运用不熟练，仍然有手工操作的情况；订单交付延误明显。

针对绩效评价结果，展开对标分析，发现自身的流程绩效与业界标杆的差距，确定流程绩效改进的目标，为流程改进指明方向。

通过流程绩效结果的分析，找出问题出处，是源于流程设计本身，还是源于流程管理。针对流程绩效问题发生的不同根源，设计不同的改进目标。

此外，大量的流程改进项目实施中存在一个普遍问题，即不懂得取舍和匹配。笔者在很多企业流程绩效改进失败的经验中，得出一个等边三角形规律，如图9-7所示：随着投入量的减少，流程绩效改进的质量也会随之降低。

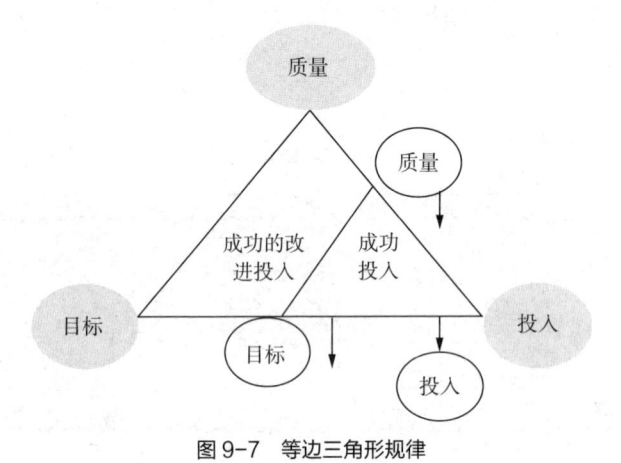

图9-7　等边三角形规律

当用于改进的投入资源被压缩时，改进目标和预期质量也需随之做出调整，否则无法重新得到等边三角形，也就意味着无法实现改进目标：如果将流程改进的费用压缩三分之二，意味着将一套价值45万元的平台设备换成15万元的平台设备。缺乏匹配的资源支持，则代表企业在其他方面要付出同等的代价，成功改进概率也随之降低。

流程绩效改进目标的取舍标准是投入价值。面对有限的资源投入和流程绩效改进期限，企业必须进行必要的取舍，确定优先解决流程管理中的哪些问题,从而保障整个流程绩效改进的成功。

9.4.2 实现流程绩效改进的闭环与循环管理,持续提升流程绩效

企业识别流程绩效差距后,需要设定新的流程绩效目标,保证流程运营处于最佳状态。业务主管紧密配合流程团队制订相应的绩效改进计划,推动流程绩效目标的实现,并对过程进行追踪,保证目标落地;同时,针对流程绩效的执行情况进行考核,找出较低的流程绩效和获得提升的绩效;然后向团队和个人反馈考核结果,并再次提出流程绩效目标。周而复始,让流程绩效不断优化。企业一旦在流程管理上停滞不前,很快会面临经营危机;更不用说那些流程绩效管理本身就存在不足的企业了。对于企业来说,在流程绩效管理上应保持"持续追求改进"的理念。

(1)制订流程绩效改进计划

为流程绩效改进工作涉及的各项活动制订计划,需要明确对哪些方面改进、具体做哪些工作,需要配置的资源、费用及工作任务分配。

(2)实现流程绩效改进工作的闭环

对标业界最佳实践,可以让企业快速制定解决方案,解决自身问题。流程绩效改进工作要有管理痕迹,追踪到位,最终确保每个流程绩效问题得到解决,实现流程绩效改进工作的闭环。

【案例】电子企业 A 的供应链流程绩效改进

经过标杆差距分析,我们开始着手进行 A 企业的供应链流程改进。改进前,我们召集相关利益干系人、流程角色召开流程绩效情况说明会,就流程绩效评价结果进行了说明,并部署接下来的流程改进工作,签订个人绩效承诺。表 9-6 为 A 企业供应链流程改进说明。

表 9-6　A 企业供应链流程改进说明

维度	问题	标杆	改进思路与方法
合同管理	库存周转率低、库存高	·准时化生产 ·出入库电子流 ·IT 可视化 ·出入库流程 KCP	·电子审批出入库，由计算机自动通过，无需人工经手 ·流程角色信息化培训 ·设置 KCP 节点，削减审批及时率指标
收发货管理	有效率低，回款周期长，例外多	·统一的客户界面 ·业务与财务相互赋能 ·内控在流程体系内	·引导客户项目交付后付款 ·强化流程内控和审计，相关指标纳入业务绩效考核体系
订单交付	交付周期长、审批环节有时走不通	·ERP 整合到自身 IT 系统 ·己方订单交付流程与客户流程同步	·与客户沟通，重新审视流程，线下审批转移至线上审批，削减人工审批环节
人员	流程角色能力不足	·通过实践演练、分层培训等多样化的培训形式为流程管理人员赋能	·结合业务场景，对标标杆的流程管理人员的能力要求，开展赋能培训

根据供应链流程改进思路与方法，制订供应链流程改进的推进计划。在供应链流程改进过程中我们予以辅导，并对改进成果进行评估与验证，改进后的流程经流程变革委员会批准后正式发布。

当流程绩效没有达到预期绩效目标时，流程责任人应积极应对，分析原因，落实主体责任，找到问题，采取有针对性的措施完成目标。属于流程设计上的问题，需要包括流程专家在内的流程团队共同合作，直接产生流程优化需求，上报流程变革委员会，经批准后优化。

（3）推进流程绩效工作的持续改进

有的流程绩效问题不能马上解决，需要用流程绩效改进的循环提升模式，进行多轮改进，持续推动企业流程体系的迭代与升级。

THE FOURTH ARTICLE

第四篇

持续改进篇

第10章

流程评估：深化洞察，疏通堵点，让流程更加高效

通过定期、客观分析流程现状与客户期望值及竞争对手之间的差距，找到堵点，并加以疏通，同时持续进行改善，以适应外部市场和内部环境的变化，保障流程实现安全、高效、合规运作。

10.1
定期监控与检查流程，确保流程更具合理性与有效性

流程评估要有针对性，抓住关键要点。开展流程问题评估，看流程效率是否得到普遍提升，没有浪费环节；推进流程运作质量评估，对流程运作状态进行评估，确保流程具有灵活性与可配置性，以适合多种业务场景；利用流程成熟度评估，评估流程体系建设的效果，确保客户满意。

企业需要定期开展流程问题、流程运作质量与流程成熟度评估，识别流程存在的问题与差距，及时进行优化改善，确保流程愈加贴近业务。

10.1.1 流程问题评估：客观评估流程体系的符合性及有效性

流程问题评估是周期性的、独立的、全面的检查。根据检查实施主体对象的不同，分为两种类型。一种是自查，即通过流程责任人进行专项符合性调查和流程执行过程随机检查。具体表现为流程责任人每月或每三个月组织本领域L2-L4级流程Owner，对本业务领域流程进行流程执行问题自检，也被称为流程内控审视。聚焦流程执行中的业务痛点，帮助识别及发现问题，并基于流程解决问题，其出发点是检查业务痛点、流程效率和业务输出。另一种是互查，即通过流程上下游间的内审方式进行检查，进而将流程的问题暴露出来。

根据检查范围划分的不同，也可以分为两种类型。一种是专项检查，由流程管理团队针对特定流程主题发起定期或不定期检查，如采购流程专项检查等。另一种是全面检查，表现为例行检查，半年或者一年一次。常见的就是流程审计，以评估流程设计的合理性与完整性、执行的符合性与有效性；法律法规、业务目标或战略目标落实与达成、财务和业务数据的

第 10 章　流程评估：深化洞察，疏通堵点，让流程更加高效

可靠性、运营效率保障的评估，并从中识别风险，明确影响程度。最后定位根本原因，提出优化建议，推动流程的持续优化。

这里专门对流程审计进行介绍，它是指在充分理解流程的前提下，结合规范化的手段，评价企业风险管理、内部控制和治理程序等，如图10-1所示。它是一个全面、系统、独立并形成文件的过程。实践中，流程审计需成立专门的审计小组，实施包括召开首次会议、现场审计、召开审计小组检讨会议、召开末次会议等主要工作。

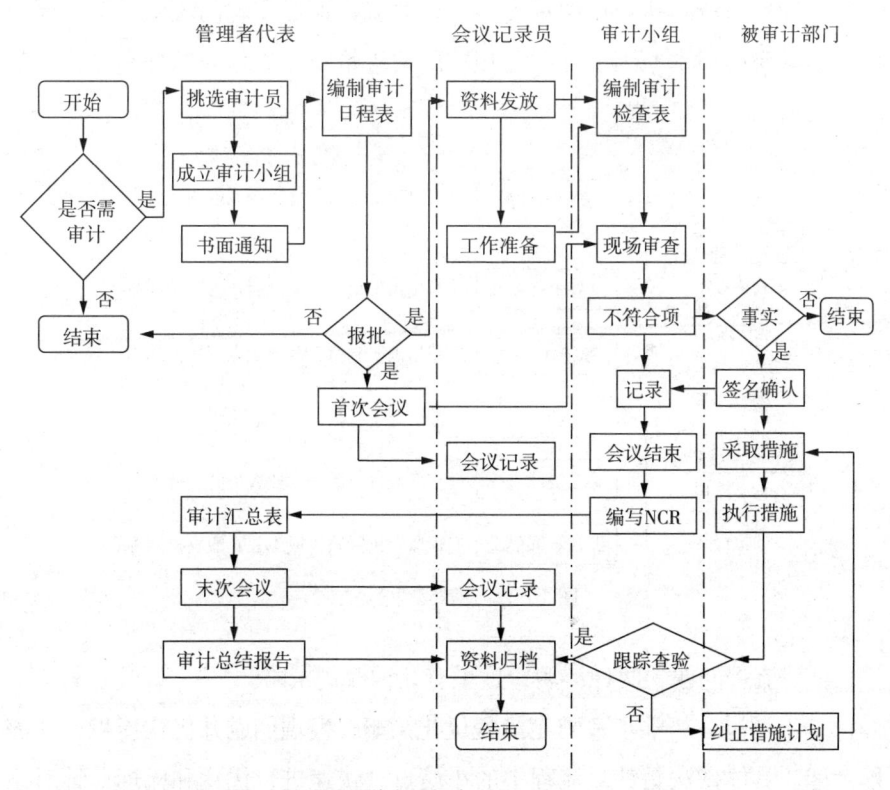

注：NCR，Non Conformance Report，不符合项报告

图 10-1　流程审计过程

通过专业、细致的流程审计，我们可以从根本上发现和解决流程中长期隐藏的问题，继而采取有效的改进措施，使整个流程更具合理性和有效

性。流程审计工作完成后，要通过文件的形式对整个流程现状做出分析，并对现有流程问题加以说明。需要编写流程检查分析报告，以此作为流程改进、完善、再造的依据。

流程问题评估的最终目的是配合业务、提升业务效率，而非阻碍业务的开展。流程评估团队在流程评估中，听取被评估对象的意见，提出合理化建议，让流程评估产生超出自身的价值。

流程问题评估后还应对评估所反映出的问题分类。流程问题通常包括流程合理性和流程执行性两种类型，针对流程评估发现的流程问题，要分析问题本质或根本原因，并匹配相应的改进策略。流程问题分类方式，如图10-2所示。

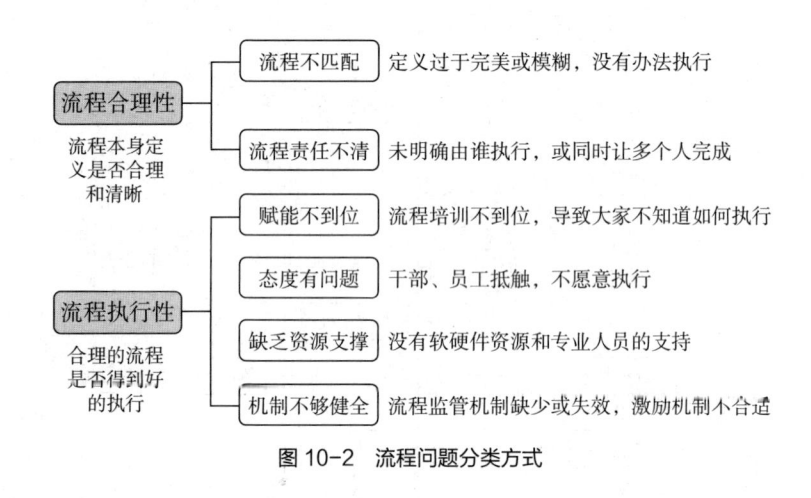

```
流程合理性          ┌ 流程不匹配    定义过于完美或模糊，没有办法执行
流程本身定义        │
是否合理            └ 流程责任不清  未明确由谁执行，或同时让多个人完成
和清晰

流程执行性          ┌ 赋能不到位    流程培训不到位，导致大家不知道如何执行
                    │
                    ├ 态度有问题    干部、员工抵触，不愿意执行
合理的流程          │
是否得到好          ├ 缺乏资源支撑  没有软硬件资源和专业人员的支持
的执行              │
                    └ 机制不够健全  流程监管机制缺少或失效，激励机制不合适
```

图10-2 流程问题分类方式

针对流程问题的两种类型，这里有几种改进策略。

（1）通过分析痛点及特定流程优化策略，发现问题并优化流程，让流程合理。具体做法是针对流程中的小堵点，快速进行优化和梳理；针对系统性的问题，启用流程优化专项策略，流程团队就业务领域某一主题流程进行全面优化。

（2）采用系统防呆机制、机制优化策略解决流程执行性方面的问题。具体做法是针对确有必要且有重复性动作的流程，通过系统防呆机制，例如IT化，将流程固化；针对执行或监督不力造成的问题，通过流程管理，例如流程文件、制度、考核激励等机制保障流程有效执行。

总之，流程检查不是目的，流程改善才是企业的最终目标。

10.1.2　流程运作质量评估：定期开展各业务流程运作状态评估

定期开展业务流程运作质量评估：检查流程执行是否到位，是否按计划进行，是否围绕业务目标展开。通常情况下，流程刚开始推行或运作不久企业可以每个月进行评估，评估的依据是流程指引规范，从流程的每个环节进行检查。流程规范指引及检查表，如表10-1所示。

表10-1　流程规范指引及检查表

序号	文件名称	发布、推行落地情况	8月流程运行情况（使用率）	同比变化趋势说明
1	《流程架构规划指引》			
2	《流程建设计划制订指引》			
3	《流程梳理发布指引》			
4	《流程需求管理指引》			
5	《管理流程E化指引》			
6	《流程推广实施指引》			
7	《流程文化建设指引》			
8	《流程绩效管理指引》			
	……			

企业流程运作已经较为成熟，时间较长，此时采用半年度控制评估展开流程运作质量评估。它是从整体角度综合评估流程的整体和建设情况。每半年度，由各级管理者和流程责任人对所负责区域内的内控体系设计与执行有效性进行全面风险评估，旨在全面分析、反思业务流程设计、执行优化的有效性。半年度控制评估有三个特点。

（1）全面性。企业内控的唯一整体报告。半年度控制评估覆盖所有中高风险流程，能够掌控所有地区、部门、项目的内控状况。

（2）**建设性**。是管理者发现问题和自我改进的机制。此评估可循环提升业务主管控制风险的能力。

（3）**时效性**。每年执行两次控制评估，能够及时反馈内控状况和实施管理改进。

半年度控制评估可以对流程运作质量进行全方位体检。具体体现在五个方面：一是自我管理机制。业务流程是否具有自我发现及解决问题的能力；二是流程合规运营是否出现重大风险；三是反腐败是否存在商业行为准则事件和职责分离冲突；四是财经流程，内控评估结果及趋势如何；五是业务流程内控。业务有没有覆盖流程，执行情况如何。

半年度控制评估具体执行程序包括三个阶段，准备阶段、评估阶段和报告阶段；五个步骤，即确认问题、整理文档、准备材料、集中评估、发布报告。企业依据情况制定自己的评估标准进行评价。评估结束后向董事会、各级管理者和外部机构汇报。

准备阶段：发布启动半年度控制评估通知函，包括评估要求、评估范围、评估计划、评估工具及模板；完成半年度控制评估启动工作，包括评估单元确定、角色设置、客户问卷设计；

评估阶段：开始具体执行，包括收集基础数据和日常发现的内控问题、填写问卷、集中评估、TOP问题识别；

报告阶段：完成半年度控制评估报告，包括评级分级、内控改进、TOP问题分析、内控管理评价；发布报告和执行半年度控制评估复核。

半年度控制评估执行的五个步骤，如图10-3所示。

半年度控制评估的优势在于它从整体而非局部对流程进行评估，而且只发布评估报告，不会给出流程改进的建议。可根据分析结果适当调整下一年度的流程规划。半年度控制评估标准一般分为满意与不满意两个层级，满意层级下设一级、二级；不满意层级下设三级、四级、五级。每个层级的评估标准依据企业流程评估目标确定。

第 10 章 流程评估：深化洞察，疏通堵点，让流程更加高效

```
确认问题 → 整理文档 → 准备材料 → 集中评估 → 发布报告
```

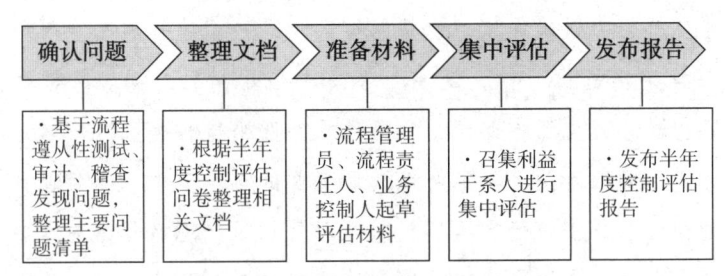

- 基于流程遵从性测试、审计、稽查发现问题，整理主要问题清单
- 根据半年度控制评估问卷整理相关文档
- 流程管理员、流程责任人、业务控制人起草评估材料
- 召集利益干系人进行集中评估
- 发布半年度控制评估报告

图 10-3　半年度控制评估执行的五个步骤

半年度控制评估报告好比企业流程的全面体检表，全方位评估了企业各区域、各流程内控体系设计与执行的有效性及流程的遵从性，是帮助流程责任人识别差距，发现与控制业务风险的重要手段。

10.1.3　流程成熟度评估：定期评估流程效果，助力业务能力提升

流程成熟度是企业在流程规划设计、流程运作等方面综合水平的反映，是用来评估企业流程管理实际状况的一种工具。流程成熟度评估像一把尺子，以量化的方式对企业的流程管理水平进行评分，识别流程管理水平的差距，进而为之后的流程优化、变革提供指引。这涉及流程标准、岗位能力、业务规范、流程绩效、流程参与者、授权管理、IT化等要素。

总的来说，流程成熟度诞生的初衷就是为了衡量流程体系建设的优劣。而优秀的流程能够助力企业提升业务能力，因而也造就了一批批优秀的企业。流程在，企业的核心竞争力就在。

【案例】PEMM模型助力IBM整合业务流程

IBM一直致力于打造世界级的流程化组织。2010年，IBM领导人提出构建和集成新流程的设想，即企业中任何员工都能通过相应组织、应用程序与技术革新，快速实现业务评估与调整，以支持业务目标的达成。IBM

流程管理委员会为了确保这一设想能够实现，利用流程成熟度模型PEMM就当下流程架构进行评估。发现业务集成相互割裂，例如，履约解决方案、产品和服务、生产内部产品、交付服务四个流程类。PEMM评估显示流程设计处于第四阶段，非常好地满足企业的自身需求，但距离第五阶段全面满足相应客户需求仍有距离。基于评估结果，IBM开始瞄准更高成熟度的目标，全面集成面向客户的端到端流程，进行跨流程域、跨事业群、跨区域业务单元的横向整合。设计了新版流程架构，集成了新的一级流程"订单到现金"，与履约解决方案、产品和服务、生产内部产品、交付服务四个流程类进行融合。

不难看出，流程成熟度评估的作用与价值。它帮助IBM准确地定位了流程架构在业界所处的地位，并指明了IBM在企业流程架构设计上的新方向。流程如果不被衡量，就无法评价它；如果无法评价它，我们就无法改进它。而流程成熟度评估模型恰好可以做到这些。

企业在使用流程成熟度评估模型时，应优先使用业界已有的模型来设计流程成熟度评估问卷。评估问卷覆盖范围要广，确保企业领导人、高层管理者、中层管理者都能参与。流程成熟度评估由流程管理委员会负责主导与执行。

10.2

流程管理利器：不同流程成熟度模型的解密

通过流程成熟度评估，企业可以更好地管理业务流程，降低流程运作风险，提高业务运营效率。业界有多种流程评估模型：APQC、PEMM、TPM

和GPMM，企业可以结合自身发展实践，打造属于自己的流程成熟度评估模型。

10.2.1 业内成熟标准框架：流程和企业成熟度模型PEMM详解

PEMM是一种用于评估和改进企业流程管理水平的框架，由著名的流程管理专家迈克尔·哈默提出。他在分析许多企业流程再造不断失败的根因时发现，是企业能力与流程不匹配导致的。经过归纳总结，他提出了PEMM模型。这里，我们将重点介绍PEMM模型中的流程成熟度模型。

为达到流程再造的输出目的和目标，PEMM模型设置了五个流程动能因素，分别是流程设计、流程执行者、流程所有者、基础设施、指标，如图10-4所示。

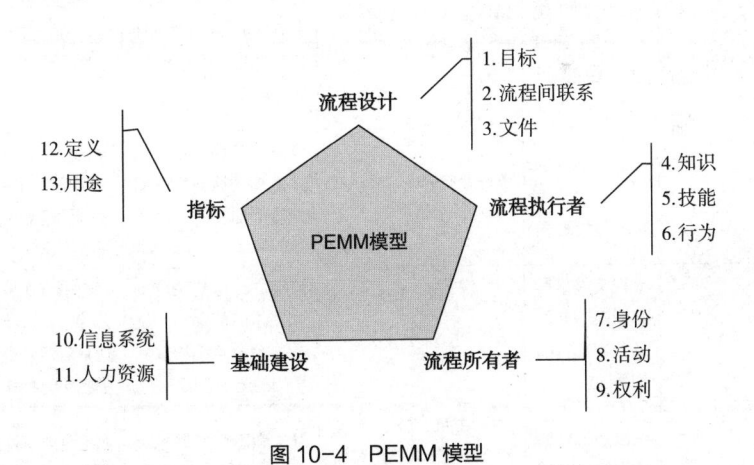

图 10-4　PEMM 模型

基于这五个流程动能因素，又划分出13个评估要素，每个评估要素对应4个成熟度级别，分别是P1、P2、P3、P4，如表10-2、表10-3所示。

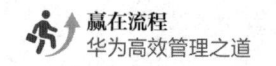

> **【管理知识】PEMM模型的五个流程动能因素解读**
>
> **流程设计**：详尽地规定流程执行过程；
>
> **流程执行者**：执行流程的人，尤其是指他们的技能和知识；
>
> **流程所有者**：对流程及其结果负责的管理者；
>
> **基础设施**：支持流程的信息和管理系统；
>
> **指标**：企业用来跟踪流程绩效的指标。

表10-2　PEMM模型度量的细项与标准

使能器与变量	等级	P1	P2	P3	P4
流程设计	目标	是基于端对端的流程设计。职能经理主要利用传统的设计作为职能改善的前提	端对端的流程设计，以优化流程绩效	以适合企业本身的系统和其他企业的流程，并达到优化绩效的目标	以适合客户和供应商的流程，并达到优化企业间绩效的目标
	流程间联系	已识别流程的输入、输出、供应商和客户	流程客户的需求被认知并得到一致认可	本流程的拥有者和其他流程的拥有者就流程界面建立了共有的绩效期望	拥有者和客户及供应商流程的拥有者就流程界面建立了共有的绩效期望
	文件	流程文件是具有职能的，涉及流程执行的相互连接	端对端的流程设计文件	流程文件描述了与其他流程的界面、期望并与企业系统和数据架构的流程连接	以电子方式表达流程元件，支持绩效和管理并对环境变化和流程重新配置进行分析
流程执行者	知识	讲出所执行的流程名称并识别流程绩效的关键指标	全面地描述流程，知道自己如何影响客户和流程中的其他人员，知道流程所要求的绩效标准和实际的绩效水平	基本熟悉商业概念和企业绩效的驱动因素，并能描述它们如何影响其他流程和企业绩效	熟悉企业所处的行业及态势，并能描述自己的工作如何影响企业间的绩效
	技能	具备问题解决技巧和流程改善技能	具备团队精神和自我管理能力	具备业务决策能力	具备变革管理和变革实施的技能

第10章　流程评估：深化洞察，疏通堵点，让流程更加高效

续表

使能器与变量	等级	P1	P2	P3	P4
流程执行者	行为	对流程有一定的忠诚，但更多的是对职能的忠诚	尝试按流程设计正确的执行过程，并使其他流程执行人员能有效执行流程	努力确保实现企业目标所需要的流程结果	操作者寻找流程变革的迹象并提出流程改造建议
流程所有者	身份	非正式的主管流程改善的个人或群体	企业领导创造正式的流程拥有者角色并任命资深的高级经理为流程拥有者	流程在流程拥有者的时间分配、意识共享和个人目标中置于第一的位置	拥有者是企业决策的最核心人员之一
	活动	识别并以文件规范流程，与所有操作者沟通，发起小规模的变更项目	拥有者能清晰地表达流程绩效目标和未来愿景，发起再设计和改革活动，计划并确保按设计的流程实施	流程拥有者和其他流程拥有者集成流程，以达成目标	拥有者制定流程的滚动战略，参与企业级的战略规划，与同事一起为客户和供应商服务，发起企业间的流程再设计
	权利	游说流程，但只能鼓励职能经理进行变革	拥有者召集流程再设计团队，实施新设计并控制流程的技术预算	拥有者控制支持流程的IT系统和任何改变流程的项目，对人员任命、评估、流程预算等有影响力	控制流程预算并对人员任命、评估具有强影响力
基础设施	信息系统	传统的支持流程的IT系统	IT系统由职能模块构成，以支持流程	用流程理念设计的、遵循企业标准、支持流程的集成IT系统	遵循行业标准的、拥有标准组件架构的、应用于企业间沟通的支持流程的IT系统
	人力资源	职能经理因部门的优秀和解决流程连接中的问题而获得报酬	流程设计驱动角色定义、工作描述、胜任能力。以流程文件为基础进行工作培训	员工聘用、发展、报酬、奖赏体系注重流程的需要，并与企业的需求平衡	员工聘用、发展、报酬、奖赏体系注重企业内和企业间的合作、学习和组织变革
指标	定义	流程有一些基本的成本、品质测评	有源于客户需求的端对端的流程测评	有源于企业目标的流程和跨流程测评	有源于跨企业目标的流程测评
	用途	经理通过流程测评跟踪绩效，识别绩效不好的根因并驱动部门改善	经理通过与标杆、最佳表现、客户需求的比较来设定绩效目标	经理将流程测评作为对流程操作者的认知和激励手段，一起编制基于测评的报表并用于日常流程管理	经理定期回顾和更新测评和目标，并将其用于战略规划

229

表 10-3　PEMM 模型流程成熟度的等级划分

等级	描述
P1	流程可靠，也可预测，处于稳定的状态
P2	流程实现了卓越绩效，设计和实施端到端地贯穿了整个企业
P3	流程取得了最理想的业绩，管理者在必要时，将内部流程进行整合，使它们最大程度地对业绩做出贡献
P4	流程处于同类最佳水平，超越了企业范围，扩大到供应商、客户和合作伙伴

PEMM 的五个动能因素如木桶原理，相互均衡是保证企业流程管理水平提升的重要基础，只要其中一个动能因素的水平低于其他的，就会导致企业流程改造效果不佳。

企业可以参照 PEMM 模型中的因素，对照实际情况，来评价本企业的流程成熟度，确认本企业流程中的短板，找出流程管理提升空间。

总体而言，PEMM 模型不限于某一行业，具有一定的普适性。当然，企业也可以结合这个模型，进行更具有针对性的评价体系设计，实施多种形式的评价。

10.2.2　华为 GPMM 流程成熟度评估模型的基本框架和详解

华为在 1999 年启动的集成供应链变革中，与 IBM 合作建立起了计划、订单、采购和制造等基础的流程管理体系，以及以 ERP 和 APS 为核心的 IT 平台，为华为后续发展打下了坚实的基础。在此过程中，华为采用 TPM（Transformation Progress Metrics，变革成熟度指标），如表 10-4 所示，以衡量组织、流程、IT 等方面的建设程度和效果。比如，华为经过二十年的努力，IPD 流程的 TPM 得分从最初的 1.06 分提高到 3.6 分，已经达到了当初制定的 3.5 分的目标。

第 10 章　流程评估：深化洞察，疏通堵点，让流程更加高效

表 10-4　TPM 评估标准

推行程度	级别	推行效果	级别
0.1-1.0	试点级：试点运作，市场与研发存在断点	0.1-1.0	试点级：有成效，流程存在较大缺陷
1.1-2.0	推行级：在局部、个别产品线中开始推行	1.1-2.0	推行级：关键衡量指标部分改进，流程缺陷较小
2.1-3.0	功能级：在大部分产品线得到应用	2.1-3.0	功能级：大部分衡量指标得到改进，实施有成效
3.1-4.0	集成级：推行完成度超过80%	3.1-4.0	集成级：大多数衡量指标有很大改进，实施非常有成效
4.1-5.0	世界级：完成推行，及时与新的IPD理念保持一致	4.1-5.0	世界级：实施质量不断提升，竞争力增强

随着2005年，华为海外销售收入超过国内，华为开始向全球化企业迈进。此时，企业面临着海外供应中心和覆盖170多个国家和地区的供应链管理能力及全球供应网络建设的挑战。为应对这些挑战，华为采用GPMM（Global Process Maturity Model，全球业务流程成熟度模型），如图10-5所示，对包含集成供应链流程在内的所有业务流程进行评估，找到与标杆企业存在的能力差距，确定建设方向。

Level 1 初始级
- 事件驱动
- 员工工作方式不统一
- 业务结果不确定

Level 2 职能级
- 流程驱动
- 业务活动由流程驱动
- 业务结果可控

Level 3 标准级
- 流程管理技术成熟
- 业务遵循流程，全面平稳地运行
- 业务结果可预见

Level 4 度量级
- 数字化驱动
- 面向过程的智能化度量体系已经建立，可快速调整复制
- 业务结果行业领先

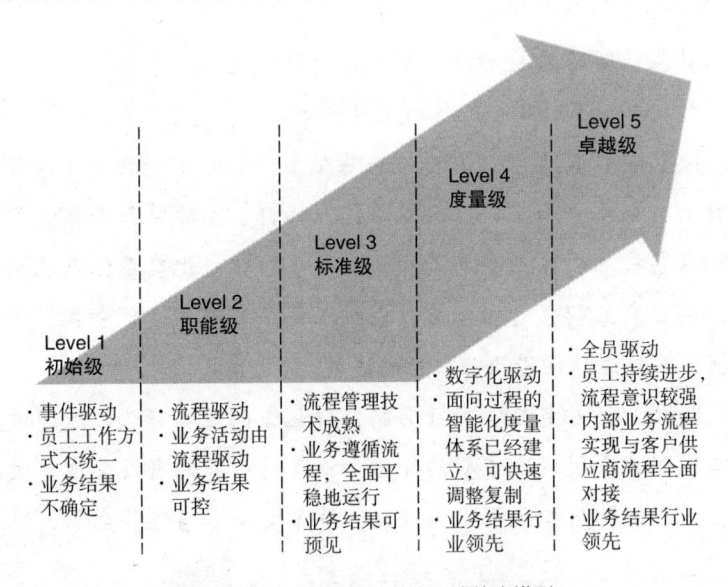

Level 5 卓越级
- 全员驱动
- 员工持续进步，流程意识较强
- 内部业务流程实现与客户供应商流程全面对接
- 业务结果行业领先

图 10-5　华为全球业务流程成熟度模型

【管理实践】华为GPMM流程成熟度等级解读

Level 1　初始级：企业还未开始流程管理，业务活动被动地由外部驱动。比如被政策、市场、上级指令驱动，因而也被称作事件驱动阶段。此时，企业员工工作方式不一致，业务活动完全依赖个人能力，业务结果忽高忽低、不稳定。

Level 2　职能级：以过程控制为主要管理手段，企业具备一定的流程管理能力，业务活动有序开展，并能够对业务结果进行预测。主要特征是：流程管理活动已成形。以客户为中心，流程驱动业务活动；管理者能沿着流程对业务过程管控，业务结果基本达到预期目标；流程的执行得到IT系统的支持，效率显著提升。

Level 3　标准级：华为从业务角度定义这个级别。该级别实现了业务变革，能够把握未来3到5年的战略机会，实现业务有效管理。主要特征是：流程运作稳定，流程管理技术成熟，管理者精力集中到业务战略与流程变革上；信息技术已覆盖了各项业务，并且能够跨系统对接；业务完全遵从流程，平稳地运行，流程内控发挥应有作用；业务结果可预测。

Level 4　度量级：在标准级基础上，全面实现数字化运营，就目前行业水平而言，已经成为行业标杆。主要特征是：流程管理和信息技术引领业务发展，面向过程的智能化度量体系已经建立，实现商业模式智能化与数据挖掘；业务流程运作全程、实时可视；业务运作促进商业目标的达成。

Level 5　卓越级：处于可持续优化级的业务领域，能通过信息与数字化手段实现流程的优化，以及对业务的有效管理。主要特征是：组织持续优化、例行化，员工主动参与流程变革，流程管理与信息技术管理成为企业核心竞争力；客户满意度处于业界领先水平，业务流程与客户交易流程实现全面对接；商业目标全面支撑企业业务战略与中长期发展规划。

华为的流程与IT部门、业务部门等其他部门共同探讨GPMM的评估标准。表10-5是市场部门流程成熟度模型（部分）。

表10-5 市场部门流程成熟度模型（部分）

变量	等级	初始级	职能级	标准级	度量级	卓越级
市场部	市场洞察	市场报告由临时性事件驱动，洞察人员都是兼职	市场洞察已开始作为细分市场管理的输入，但信息孤立，未进行整合	具有统一的洞察信息管理系统，可被所有部门例行访问及使用	有效使用各种洞察方法，提供具有前瞻性的市场洞察	能够提供更详细的、具有前瞻性的市场洞察，提前预测市场走向
	市场管理、市场需求获得、赋能销售、营销质量管理	……	……	……	……	……

GPMM是华为引入IPD时建立的一套流程成熟度评估模型，用来评估企业流程管理水平，为流程优化提供方向。企业结合自身业务实际，借鉴与参考该模型，评估自身的流程管理水平，有针对性地进行改进，提升流程管理能力与水平。

第11章
流程优化：对准客户需求，导向多产粮食，增加土地肥力

流程是动态的，就好比食物，过了保质期就不能吃了。不能对多产粮食和增加土地肥力做出贡献的流程是多余的流程，不能多产粮食和增加土地肥力的部门是多余的部门，不能为多产粮食和增加土地肥力做出贡献的人是多余的人。

流程优化应成为企业例行管理活动。对准客户痛点，开展流程优化，导向一线作战，最终实现让业务在以客户为中心的高效流程上跑的目的。

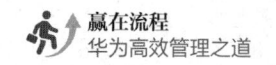

11.1

不可持续的就不能永恒，烦琐的管理哲学要简化

企业经营的目的是为客户创造价值，不能创造价值的流程，要毫不迟疑地去掉。当然，不是简单地直接去掉一个流程，这可能会让流程产生断裂带，引发内部矛盾。

11.1.1 流程优化要对准客户痛点，改革一切不合理的地方

流程作为业务流的直接表现，越满足业务需求的流程运行越流畅。企业通过总结和固化平时优秀的业务实践，从而不断地改进和完善流程，同时也能实现成功经验的复制。

这表明，当流程不能如实反映业务时，则需要进行优化。再加上流程的终点是客户，也就意味着要对准客户痛点，在提高效率与为客户创造价值的基础上优化流程。同时，流程优化是企业所有员工的事，需要企业高层缜密筹划后，有计划、有步骤地开展。

【案例】华为中东团队对准客户痛点、对准经营指标，优化业务流程

章李满加入华为多年，2012年被派往中东地区负责流程运作。2013年7月，华为轮值CEO在中东地区指导工作时，强调要从客户界面入手优化流程，并提出流程优化要对准客户痛点、对准代表处和系统部的经营指标。梳理客户界面从预算、采购、交付、验收到回款的全业务流程，找出客户痛点并解决问题。

跟客户做生意，首先要解决"买卖"的问题。先聚焦传统业务，"买"

第 11 章　流程优化：对准客户需求，导向多产粮食，增加土地肥力
CHAPTER 11

的最大痛点是"采购"，"卖"的最大痛点是"投标到合同"。比如，在"投标到合同"上的主要表现为在客户界面上动作越来越慢，经常申请延标等。

在找到客户痛点后，章李满团队便对相关流程进行了优化，以逐步提高流程的质量。2013年中东地区运营效率同比增长21.7%。同时，在与客户就组织流程优化问题进行探讨的过程中，客户也感受到了华为团队在流程优化上做出的努力，能够真正为其解决问题。这也反映了基于客户痛点优化流程，可以有效实现内部运作效率的提升。

可以看出，在业务流程的优化上，要以客户需求为导向，同时也要为组织创造价值。在流程优化时要先确定流程优化的目标和方向；再通过识别客户痛点，并经过分析确认后，确保能有效地帮助客户解决痛点，从而提升企业流程的效率。

【管理观点】流程优化要推拉结合：两手都要抓，两手都要硬
（1）流程推进，推拉结合。推即从政策上推动，拉即从市场方面引导；
（2）把流程主人拉动起来。流程责任人是业务的主管，让他们充满积极性，自觉去优化流程；通过访谈、问卷、头脑风暴等方式开展流程培训、经验分享；
（3）持续推动的三个条件。要有流程的管理部门；要有管理工具及表单；要有完善的流程制度。

此外，企业还应针对客户痛点设置优化目标，将不同的客户痛点归纳、量化，保证流程优化团队及后续流程执行人员围绕具体的目标实施优化、评估优化效果。流程优化目标，如图11-1所示。

总体目标	详细目标
➤ 提高企业整体服务和管理水平 ➤ 建立以客户为中心,对市场快速反应的动作模式 ➤ 提高整体动作效率	·勾画企业未来整体管控模式和组织结构 ·确定与流程运行相适应的岗位设置 ·确定绩效考核KPI体系 ·明确新的流程体系所需的IT支持 ·确保流程操作人员掌握所需的知识与技能 ·稳定的投资回报率与合理财务结构 ·高素质的管理队伍 ·高效率的内部管理 ……

图 11-1 流程优化目标

可见,流程优化的目标应该是明确的、可衡量的;同时,与客户直接关联的流程、内外部客户反馈问题最多的流程及节点、消耗资源最多的流程、产出价值最多的流程、与核心业务强相关的流程,是优化时应关注的重点。总之,流程作为业务最佳经验的总结,需随客户、业务的变化迭代,使它的价值创造能力更进一步。

11.1.2　让价值创造过程呈现出更为有序的生命力

流程就像河道,业务流、物流、资金流、数据流就是河道里流淌的水。河道越符合地势起伏,水流则越通畅。同样,优化后的流程越匹配业务,业务就越顺畅,运营就越高效。

迈克·哈默的研究机构对70家实施过流程优化的企业做了一项调查。调查结果表明,这些企业的整体绩效水平与效率有了显著提升。比如订单履行周期缩短了60%～90%、采购费用下降了80%、采购周期缩短了90%、产品开发成功率上升了40%、产品上市时间缩短了60%等。

可以说,流程优化使得企业价值创造过程更加有序、有效。企业可以基于端到端的理念,从流程时间、流程成本、流程质量及流程风险维度,

第 11 章 流程优化：对准客户需求，导向多产粮食，增加土地肥力

打造符合业务本质、简洁、高效、可控的价值创造流程，向客户端输出更高的价值，如图 11-2 所示。

更快：
缩短订单完成时间
缩短内部运作时间

更省：
降低运作成本
降低沟通成本

流程时间 ↓　流程成本 ↓
流程质量 ↑　流程风险 ↓

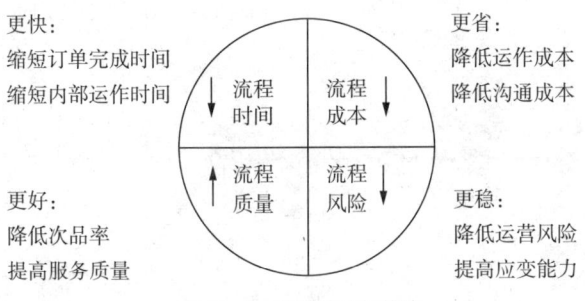

更好：
降低次品率
提高服务质量

更稳：
降低运营风险
提高应变能力

图 11-2　流程优化的维度

【案例】T 企业通过优化客诉流程，提升业务效率与质量

笔者曾为一家电动车企业 T 进行流程优化。经过调研走访，我们发现 T 企业的客户投诉率很高，3 月最高时达到 1250 例；T 企业处理客户投诉要花费 2 到 3 天的时间。

于是，笔者重新梳理了客诉处理流程，如图 11-3 所示。理顺客户回复与内部分析定责的流程顺序，将原来串行的客诉处理流程改为并行，缩短了客户等待的时间，明确了流程角色及各自责任。

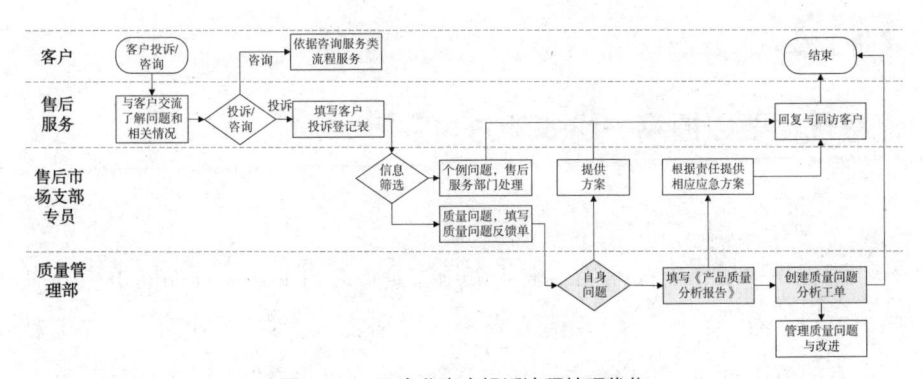

图 11-3　T 企业客户投诉流程处理优化

经过优化，客诉处理时间缩短至 24 小时以内。客户投诉到第三季度下降至月均 228 例，如图 11-4 所示。

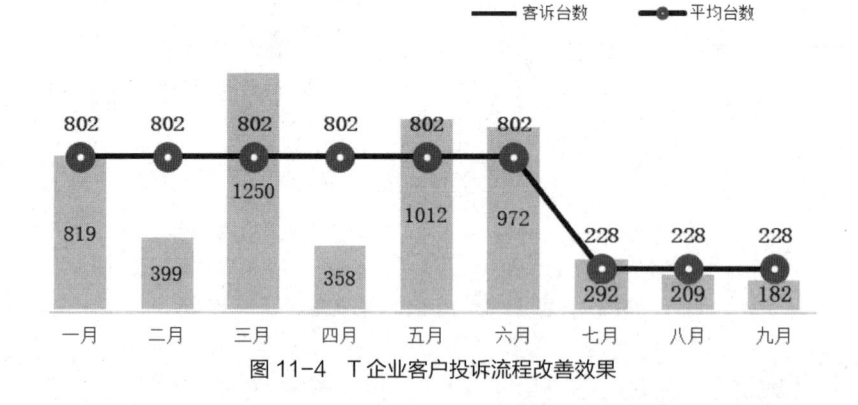

图 11-4 T 企业客户投诉流程改善效果

通过优化客诉流程，端到端拉通，有效提升了业务效率，也让质量管理部门参与到客诉管理中来，产品质量得到了提升。

由此可见，烦琐的管理哲学要简化！流程端到端拉通，对准客户痛点，改革一切不合理的地方，保障价值目标输出，提高工作效率及工作质量；还可以缩短流程处理时间，更好地减轻作业人员的负担。

11.2

流程优化要以提高一线战斗力为宗旨

流程是手段，支撑一线、服务市场才是最终目的。流程如同组织的血脉，流程不通，血脉不畅，组织就没有速度和效率。对于企业而言，一定要把所有的改进对准为客户服务，如果某部门说自己做得好，就要问问其有没有产出价值；如果没有，就是流程做得不好，没有为作战提供好的服务。

第 11 章　流程优化：对准客户需求，导向多产粮食，增加土地肥力
CHAPTER 11

11.2.1　流程优化大作战：效率优先，兼顾管控

流程优化可以延伸出三种不同导向，分别是效率导向、成本导向和控制导向。其中，效率导向即效率提升，是企业运营的本质要求。它的立足点和目标是提高效率，提升对客户需求及反馈的响应能力；主要特征是增加并行工作的数量并扩大授权的范围，以及增加各流程节点的权限；核心在于将企业里大量的串行工作进行合理调整，改为并行工作。通过减少串行工作和流程节点数量，实现工作办理时间的缩短，实现提高效率的目的。

【案例】华为流程优化方法："1130日落法"

经2016年11月30日EMT会议讨论，华为通过了"1130日落法"。

第一，在集成产品开发、供应链、财经、线索到回款、开发战略到执行、服务交付等成熟流程领域，每增加一个流程节点，要减少两个流程节点；每增加一个评审点，要减少两个评审点。随着其他流程领域走向成熟，逐步覆盖所有流程领域，并由全球流程责任人负责落实。

第二，行政文件、流程文件的发布要有明确的有效期，且有效期不超过五年。相应责任组织要对有效期进行管理，若有效期结束后要继续执行，则需优化后重新发布。在此规定发布前就已发布的没有有效期的行政文件和流程文件，从发文日开始有效期统一为五年。超过五年有效期的流程文件和行政文件，在2017年12月31日前要完成优化或重新发布，否则废止。

第三，IT应用要根据使用情况，对需求提出部门建立问责制度。对于生产IT应用，业务部门要承担决策责任；对于办公IT应用，质量与流程IT部要承担决策责任。流程IT要对IT应用基于使用量进行管理。

第四，质量与流程IT管理部作为支撑机构，要对"1130日落法"在各流程领域、责任组织、业务部门的执行落地提供工具和方法上的支撑。

自2016年起，华为每年发文落实"1130日落法"。2017年，华为轮值董事长徐直军发文：要求瞄准作战，聚焦价值创造，提高IT应用的有效性。一方面优化IT资源，集中打通"断头路"；另一方面要杜绝刷流量，搞形式主义和作假。2018年，任正非发文称：要求优化复杂的管理问题，高层少开会；高层领导组下面的细分小组每6到9个月优化一次，吸收新人意见，促进变革。

流程的简化、优化其实并不是企业进行流程改革的最终目的，提升效率、保证最终效益才是核心。由此，企业在进行流程优化时，要向华为学习：抓住"以客户为中心提升效率"的重点，锁定流程变革的原动力。

【管理实践】要学唐纳德·特朗普的日落法

日落法，即Sunset Law，又称夕阳法，在美国历史上早已有之。所谓日落法就是：每增加一个法律，必须注销两个法律。

这给了任正非启发，他意识到，华为要每新增加一个流程节点，必须减少两个流程节点。流程必须持续简化，IT应用及文档要落实日落法。

第一，不产粮食的流程是多余流程，多余流程要逐步简化；

第二，集中精力消除流程断点，打通信息流；

第三，IT应用开发投入使用后，若没有使用量，就要建立问责机制并问责。

不论日落法，还是华为的"1130日落法"，都把流程优化矛头指向了提升效率，防止流程失控。

第11章　流程优化：对准客户需求，导向多产粮食，增加土地肥力
CHAPTER 11

【案例】特朗普开展工作追求的是高效务实

特朗普当选美国总统后，处处精打细算：他成为近百年以来，首位上任第一年内不举办国宴的总统。同时，特朗普还一直秉持削减政府预算的原则，因造价高而取消了政府与波音"空军一号"的订单；在联合国大会致辞中呼吁改革，减少官僚主义、削减成本。

2019年1月14日，特朗普邀请大学橄榄球联赛冠军队克莱姆森老虎队到白宫做客。因政府停摆，白宫没有厨师，他就请队员们吃了汉堡。

在特朗普任期内，白宫年薪总额为3580万美元，相比上届政府的6090万美元，节省了2510万美元。

通过流程优化大作战，不仅能减少复杂和冗余的作业环节，提高业务运作整体效率；同时能控制成本，减少不必要的支出；还能通过内控和问责机制，增强组织和项目的透明度。

11.2.2　不产粮食、不增加战略肥力的流程都要砍掉

不产粮食的流程是多余的，多余流程要逐步简化。从企业内部活动来说，要特别注意流程中非增值性活动的影响。据不完全统计，增值性活动大约只占企业各项经营活动的5%，必要但非增值性活动约占60%，其余35%则是一些不必要和非增值性活动，或者说是多余活动。

【案例】华为：不能为客户创造价值的流程为多余流程

2008年华为市场部年中大会上，任正非指出："不能为客户创造价值的部门为多余部门，不能为客户创造价值的流程为多余流程，不能为客户创造价值的人为多余的人。不管他多么辛苦，也许他在内部公关上花的力

243

气很大，但他还是要被精简的。这样我们的组织效率一定会提高，并直接为相关员工带来利益。"他指出，企业要以为客户提供有效服务，作为工作方向和价值评价的标尺。因此，企业在开展组织变革与流程优化时，一定要区分哪些是烦琐哲学，哪些是形式主义，哪些是教条，哪些是合理必需。

站在客户的角度，那些改变产品的大小、形状、匹配度、形式或功能而使之符合客户需求的活动，都属于增值性活动；其他占用时间、资源等，不符合客户需求的活动，都属于非增值性活动；从价值创造与输出的角度来说，影响价值正常输出的活动都属于非增值性活动。比如，在企业流程中，任何人员、物料、文件的移动都要花费很多时间，但不产生价值；活动之间的频繁等待，导致全流程周期时长增加，客户等待时间变长，这些都会导致流程成本的增加，最终影响价值输出。

【案例】B企业通过价值流优化，实现业务增值

B企业是一家石化集团物流企业。在流程优化前，企业运营成本高，物流市场份额被蚕食。具体表现为物流资源分散，利用率不高；物流管理职能分散，服务效率低；重商流、轻物流，整体销售能力弱；产供销业务流程边界不清，物流成本难控制；信息传输不畅，数据失真等。于是，B企业决定开展物流流程优化，剔除不增值的活动。物流流程优化前后对比如图11-5所示。

B企业流程优化的关键举措：将众多职能部门撤销，将原来的业务部门整合为运营中心，将分散的职能全部集中到一起，打破业务边界，简化业务流程；同时将支撑部门统一为保障中心，大大减少了后勤保障成本。

通过这两项关键举措，B企业实现了业务端快速、准确地响应市场与客户需求，支撑端及时保障业务端能力。

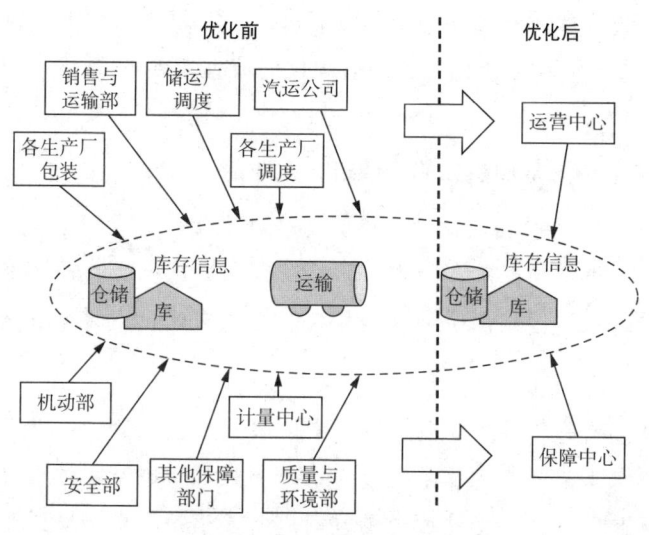

第 11 章 流程优化：对准客户需求，导向多产粮食，增加土地肥力
CHAPTER 11

图 11-5　物流流程优化前后对比

企业要学会系统地规划全流程活动，不再满足于独立创造价值的传统状态，而是以客户端为始触动企业细胞单位、企业方乃至供应方（伙伴方）的需求供给，通过持续的流程输出，使企业提供的价值顺畅地传递给客户并最终作用于市场。同时，要学会放眼于价值链，基于全产业价值链创造更大的优势，持续探索更为合适的流程运作模式，从而提升核心竞争力与价值收益。

11.2.3　小改进，大奖励；大改进，不奖励

在流程优化时，要坚持改进、改良和改善，但要反对大刀阔斧、急躁冒进，因为牵一发而动全身，随意改进会提高成本。企业在建立流程伊始，就应明确各岗位的流程执行者，尤其要培养基层岗位员工的流程优化意识。流程优化要在具体的流程管理工作中，持续进行小改进。通过某个环节或某个节点的小改进，逐步形成与企业总体经营目标相符合的流程体系。

245

企业不能忽视流程运作中小改进的价值。通过对流程上小节点、小范围的改进，逐步简化、优化，到最后固化为流程体系。

【案例】华为基层员工的小改进、大收益

华为员工申琼瑾在加入华为后，就一直在固定网络软件测试的岗位上工作，承接过诸多固网测试的复杂项目。申琼瑾通过不断寻求小改进，成长为今天的样子。

申琼瑾刚进入华为工作时发现，由于版本更新节奏快，每天负责测试的同事上班第一件事是先花半小时为设备安装最新版本，再进行客户需求的验证。长此以往，势必造成大量时间成本。于是，申琼瑾开始思考是不是能够对这种重复性工作进行改进：通过自动化程序解决这一问题。

有了这一思考后，申琼瑾立刻投入了行动。他分析了不同设备的加载差异和更新流程，准备开发一款工具，实现从服务器上自动进行最新版本的编译，并自动识别设备类型，完成安装工作。由于测试版本的工作时间紧张，申琼瑾只能在晚上10点后加班开发这一工具，团队成员也经常为他提供帮助和支持，这加快了工具开发的进程。

仅仅一周时间，工具就开发成功并通过了测试。测试当晚，申琼瑾谨慎地将工具安装到每台设备上，第二天，所有的设备在安装工具后自动加载了最新版本。这小小的改进令申琼瑾无比激动，他得到研发测试部长的肯定。部长认为这种积极思考、主动寻求工作上小改进和进步的意识值得其他测试人员学习。随后申琼瑾的工具在各个部门得到了推广使用，他也因此获得优秀研发部长奖。

这位基层员工在流程优化工作中主动寻求改善，为企业带来了不小的收益，可见小改进对长期的流程优化工作十分重要。一旦要进行流程工作的大改进，就意味着流程运作过程中产生了严重的问题，因此为防止大问

第11章 流程优化：对准客户需求，导向多产粮食，增加土地肥力

题的出现，要在日常工作中做好流程的小改进。

对此，企业有必要建立流程改进建议的申报和激励机制，鼓励流程相关人员主动识别问题，积极提供改进建议，形成内部人员积极参与流程小改进的氛围。

【案例】一个新观点的迸发，实现了产品制造的零缺陷目标

华为在美国的研究所研制成功的光电集成器件成功上市，在研发期间由于PID芯片的工艺十分复杂，在组装上遭遇了重重困难。整个研发团队既要保证芯片质量的零缺陷，也要努力寻找便捷组装的方案。

PID芯片对稳定性要求极高，直接安装在单板上不能达到标准，只能通过人工焊接引脚的方式进行组装。密集的引脚依靠人工焊接的难度极大，犹如在米粒上刻字，如果焊接技术出现一点瑕疵，那么整个焊接工作将无法顺利完成。生产线的焊接组组长李辉（化名）在第一次焊接测试后发现，芯片功能无法正常启动，一次焊接的成功率只有70%。而此时前方市场部已经打开了英国市场，新产品必须如期交付。

引入小改进之后，整个团队开始练习焊接，很快成功率提高到了85%，但对于追求卓越品质的研发团队而言，这与零缺陷的标准依然存在较大的差距。随后经过团队内部的多重讨论，一个新观点的迸发打开了一条新思路。

李辉和研发团队成员受到高倍放大镜的启发，决定自行研制一台高倍放大镜，在焊接时就能够清楚对接每个引脚，同时能够精确观测焊接的质量，经过反复试验，模拟滑动仪器，固定芯片，最终成功地将引脚对位。

借助高倍放大镜和滑动操作的方式，产品一次通过率达到100%。由此可见，李辉和研发团队成员提出一个个小的改进方案和建议，经过多次完善实现了流程的优化。

华为流程管理能取得较大的成效，主要得益于大部分员工拥有持续改进的意识。员工坚持小改进并使之成为一种习惯，就会对自己的工作不断进行优化，促使工作流程更加规范合理。

从更长远的视角来看，企业坚持"小改进，大奖励"，有利于提升核心竞争力。同时，能避免因出现严重的、大范围的流程问题，导致的大规模流程优化带来的时间成本。

11.3

持续优化，让企业赢得持久的竞争优势

流程需要持续维护，不断优化，就像人的血液需要不断更新一样。如果这个过程停了下来，流程迟早会过时。正如任正非所说："业务流程随着时间和业务的变化，是需要不断优化的，只有业务流程不断优化改进，华为的流程才不会死板和僵化。"华为特意把它写入了《华为基本法》："提高流程管理的程序化、自动化和信息集成化水平，不断适应市场变化和事业拓展的要求，对原有业务流程体系进行简化和完善，是我们的长期任务。"

11.3.1　用ECRS分析法简化流程，提升流程效率

根据前文介绍，流程优化是对现有流程中非增值环节的剔除和活动关系的调整，让流程尽量接近组织最佳的业务流，提高运行效率。企业常用的流程优化方法主要有ECRS分析法、ESEIA法等。

所谓ECRS分析法是指取消（Eliminate）、合并（Combine）、重新排序

第 11 章　流程优化：对准客户需求，导向多产粮食，增加土地肥力

（Rearrange）、简化（Simplify）。它与管理学家唐纳德·伯纳姆提出的提高效率的三个原则：当处理流程工作时必须自问能不能取消冗余环节？能否将同类工作进行合并？能否使用更便利的方式完成工作？是高度一致的。

企业基于 ECRS 分析法，聚焦客户需求，通过取消、合并、重新排序及简化 4 个步骤开展流程优化工作，如图 11-6 所示。

将现有流程中不增值的活动予以清除，如反复检验、缺陷与失误、反复加工等

将所有任务环节按照合理的逻辑重新排序，或改变其他要素顺序后，使各环节重新组合

取消 ⇒ 合并 ⇒ 重新排序 ⇒ 简化

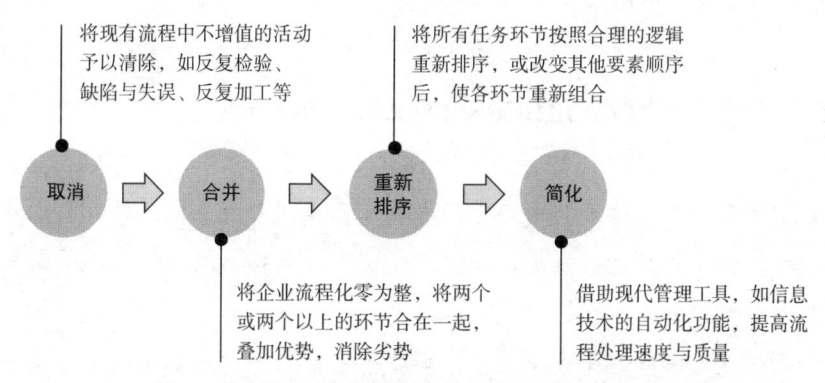

将企业流程化零为整，将两个或两个以上的环节合在一起，叠加优势，消除劣势

借助现代管理工具，如信息技术的自动化功能，提高流程处理速度与质量

图 11-6　基于 ECRS 分析法 4 个步骤开展流程优化工作

崔西定律指出：任何工作的困难程度与执行步骤数目的平方成正比，也就是完成工作的步骤越多，整个工作的完成难度就越大。假如完成一项工作有 4 个执行步骤，则此工作的完成困难度是 16；完成一项有 5 个执行步骤的工作，此工作的完成困难度是 25，可见简化工作流程的必要性。以 A 超市结账流程优化前后的对比为例，来简要说明 ECRS 分析法的应用，如图 11-7 所示。

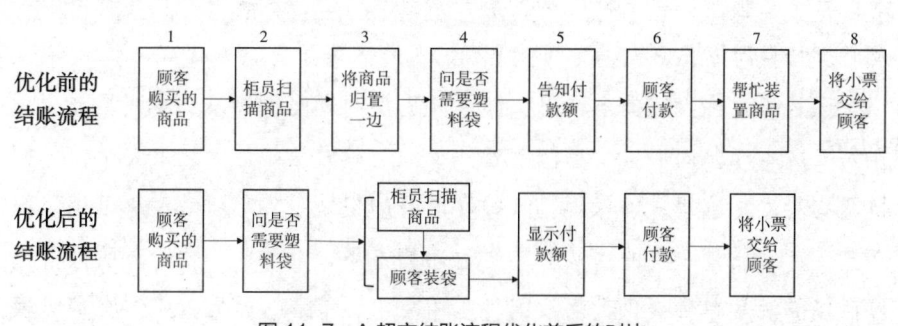

	1	2	3	4	5	6	7	8
优化前的结账流程	顾客购买的商品	柜员扫描商品	将商品归置一边	问是否需要塑料袋	告知付款额	顾客付款	帮忙装置商品	将小票交给顾客

优化后的结账流程：顾客购买的商品 → 问是否需要塑料袋 → 柜员扫描商品 / 顾客装袋 → 显示付款额 → 顾客付款 → 将小票交给顾客

图 11-7　A 超市结账流程优化前后的对比

通过合并结账流程的第2、3、7步，并且提醒顾客付款，减少等待时间；同时重排第2、4步：先准备购物袋，就可以边扫描、边装袋；简化第5步，使用电子显示牌，这样就能再次减少等待时间。

由此表明，要提高工作效率，越是复杂的事情，就越需要用尽可能简单的方法来实现。将ECRS分析法用于流程管理，相当于为流程优化提供了清晰系统的改进思路。

【案例】华为员工用ECRS分析法简化流程节点

2015年，华为终端制造部生产准备部五车间的唐玉桃，以80%的超高得票率当选成长之星。她是包装预配岗位上一名普通的女员工，也是全厂少有的女性"全技员"之一。

唐玉桃之所以当选成长之星，得益于平时工作中的不断改进和思考。她在提升个人业务水平和技术能力的同时，常常提出很多质量和工艺改进上的建议，引发头脑风暴。2014年，唐玉桃在工段规范化、质量改进等方面提供了20多条合理化建议，采纳率高达80%；2015年提供了30多条建议，采纳率高达90%。

2015年12月，华为某产品原本生产顺利，但受到产品来料掉色的影响，造成大量附件脏污。所有产线全面停止，管理部门提出的解决方案是拆出全部预配成品物料，重新补料后再重新预配，这就意味着彩盒与瑕疵附件盒全部报废。唐玉桃按照方案开始组织返工，过程中发现物料供应不及时，补料周期长，大量时间被浪费，工作效率不高。

于是唐玉桃大胆提出设想，如果只更换问题附件，浪费会明显减少，在人工成本和时间成本上也能节省不少。这种做法的最大难点在于，如何协调物料发货流程，确保物料只补发瑕疵的空缺附件。随后，唐玉桃组织工艺生产、质量改善的团队共同研讨新的方案，经过团队协商，明确了供应商能够满足单独提供数据线配件盒的要求，节省了原有方案中全部更换

第 11 章 流程优化：对准客户需求，导向多产粮食，增加土地肥力

的成本。

唐玉桃的新方案被采纳后，工艺流程负责人立刻拟定了返工指导书，质量工程师跟踪物料是否到位。采用新方案后的流程由原来的17个节点变为5个节点，原来的计划是返工一周，而物料到位后返工只进行了2天就顺利完成了。

华为已经潜移默化地将ECRS分析法应用于流程优化工作中，实现了节省成本、提高工作效率的目的。企业在实操中应用如表11-1所示的内容，识别并改进流程的缺陷与不足，拉通端到端流程，逐步建立流程化组织。

表 11-1 基于 ECRS 分析法的流程优化

流程名称		流程 Owner	
活动名称	职能归属	流程优化点（取消、合并、重新排序、简化）	备注

11.3.2 用解"数学题"的逻辑，实现"深淘滩"式优化流程

流程管理部门用解"数学题"的逻辑，识别并定位流程差距和痛点，找到根因，从而实现"深淘滩"式优化流程。所谓"深淘滩"，就是不断地挖掘内部潜力，降低运作成本，为客户提供更有价值的服务。

为此，在流程优化工作中应深入一线，确保合适的业务人员在各阶段的投入，同时确保优化后的流程满足业务需要。企业可按照界定优化目标及范围、流程分析、流程设计和流程推行的框架进行流程优化，如图11-8所示。

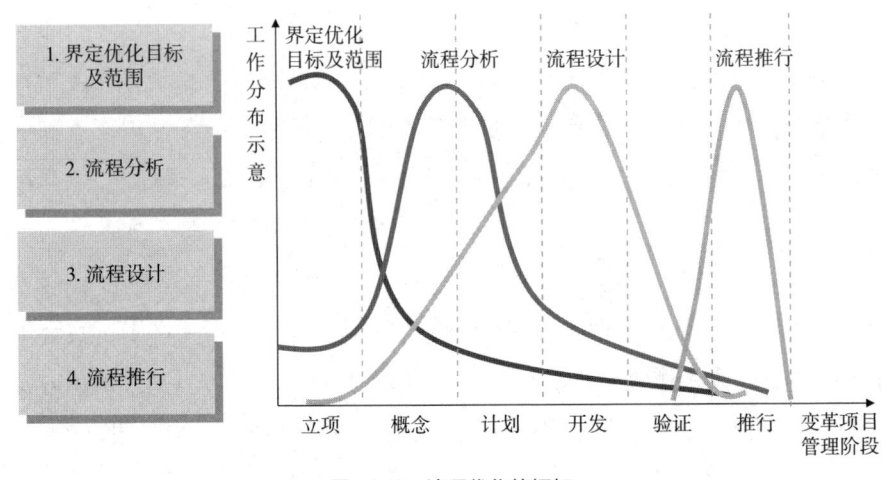

图 11-8　流程优化的框架

（1）界定优化目标及范围

流程优化的展开应以目标为导向，先确定目标，然后考虑通过什么途径达到目标。任正非指出："以需求确定目的，以目的驱使保证，就会共同进行有效流程点的设置。所有一切要符合未来的作战需要，组织是为了作战而存在的，而非作战服从组织。"

流程优化的目标设置要遵守SMART原则，满足业务需求，比如，通过优化售后服务流程，回复客户时间缩短了50%、客户满意度达到了80%等。

同时，流程目标设置还应与客户、组织、部门达成共识，确保与其诉求和期望相符合。

【管理知识】从质量、成本、时间及风险维度设置流程优化目标

质量：用适当的业务控制满足客户现在和将来的服务期望。比如，增加一次性成功率，与客户合作或让客户参与产品设计；

成本：降低资源消耗，争取竞争机遇。良好的流程设计可以使流程成本大幅度下降，且效果远超出传统削减成本的做法；

第11章 流程优化：对准客户需求，导向多产粮食，增加土地肥力
CHAPTER 11

> 时间：缩短业务处理时间，增加业务机会，满足客户需求，降低成本，提高服务质量；
>
> 风险：通过适当的关键控制点的设立来降低运营风险。

流程优化的范围是识别和确认为了达成目标需要涉及的业务，以及相应业务中的信息流和物流涉及的组织、业务单元等。同时要注意界定流程范围的接口和依赖关系。

（2）流程分析

流程分析是在完整还原现有流程的基础上，对比流程的"当前态"与"未来态"，找出它们之间的具体差距，进而找到流程改进方向。就好比医生对比头脑中人的"健康态"与从X光片中观察的"当前态"，找出健康问题，再针对性地给出治疗方案。其中，流程的"未来态"是指企业战略目标对流程体系的指标要求。

首先，评估流程活动，确定流程中的增值性活动、非增值性活动及废工。流程优化中务必要消除或减少非增值性活动，杜绝废工。其中，废工是指毫无价值的工作，没有它们也不会引起任何问题。

其次，利用要因分析识别主要问题和差距。借助鱼骨图、5W1H分析法识别主要问题，并将发现的问题按照问题的类别或流程活动的开展顺序进行汇总，输出流程问题清单，为流程的改进与完善提供依据。表11-2是利用5W1H分析法对生产流程进行分析的结果。

表11-2 分析的结果

事项	现状如何	为什么	能否改善	如何改善
对象	生产什么？	为什么生产这种产品？	是否可以生产其他产品？	到底该生产什么产品？
目的	什么目的？	为什么是这种目的？	有无别的目的？	应该是什么目的？
地点	在哪里生产？	为什么在那里生产？	是否可以在别的地方生产？	应该在哪儿生产？

续表

事项	现状如何	为什么	能否改善	如何改善
时间	什么时候生产？	为什么在那时生产？各环节的时间设计是否恰当？	能否安排在其他时间生产？	应该什么时候生产？
人员	由谁负责？是否专事专人？	为什么由那个人负责？岗位权责分工是否恰当？	能否由其他人负责？	应该由谁负责？
方法	为什么那样做？	为什么使用那种方法？	有无其他可替代的方法？	应该使用什么方法？

最后，针对主要问题，收集业界最佳实践，进行对标分析，找出差距，输出流程优化建议，指明流程优化的方向。

企业可以参考表11-3对现有流程进行分析。

表11-3 流程现状分析（示例）

序	活动	增值性活动	非增值性活动	时间	活动说明－现状	活动说明－未来	输入	输出	角色	IT	优化建议
01	发起设备维修			1h	门店根据设备出现的问题，电话咨询并向客服发起维修需求	门店根据设备出现的问题，向客服发起维修需求。发起方式如下：（1）门店系统设备模块自行反馈设备问题，发起需求（2）通过电话，向客服反馈设备问题及维修需求	设备问题	维修需求	经营负责人/店长/店员	门店系统	XXX
		●		1h							
XX	步骤合计										
XX	时间合计										

（3）流程设计

针对流程分析结果，确定解决方法，有针对性地展开流程优化的设计与实施工作。在流程设计时要从满足业务一线需求及整体最优的角度进行现有流程的优化，达到提高运营效率、降低成本的目的。流程设计的具体工作包括业务场景设计、流程图绘制、流程角色及职责明确、操作指导设

第 11 章　流程优化：对准客户需求，导向多产粮食，增加土地肥力

计、优化业务规则与流程绩效 KPI 等。

此外，优化后的流程要实现"两个满足"：一是满足内控要求，最大限度降低业务运作风险；二是满足数据管理要求，保证业务运作过程中交付高质量数据，有效支撑下游环节的业务运作。

（4）流程推行

流程正式推行前需要试点，并开展推行准备度评估，如表 11-4 所示，从各方面评估全面推行的条件是否具备。涉及一线推行的流程，需一线人员参与评估，判断可行性，同时识别优化后的流程对企业及其他流程可能产生的影响。

表 11-4　流程推行准备度评估（华为）

序号	评估要素
1	是否得到了赞助人/领导层的支持？
2	是否得到了领导的资源上的承诺？
3	是否将所有的利益关系人都进行了识别和分析？
4	是否针对不同的关键利益关系人制订了沟通管理计划？
5	是否对有关联的项目或业务进行了识别？
6	是否就关联关系进行过计划（区域、项目、进度）和资源等方面的匹配度分析？
7	是否建立关联关系的管理机制，在后续工作中持续跟踪管理？
8	是否就支持工作的目标和任务，与交付副总裁、交付副代表或 TSD 主管等达成共识？
9	他们是否清楚需要提供哪些支持和帮助，并且能够提供？
10	片区的交付管理组织是否已经建立？资源是否已经到位？
11	是否确定了需要派人参与的重大项目？
12	是否与这些重大项目负责人沟通过，并对工作目标等达成共识？
13	是否了解这些项目在交付方面存在的难点？
14	支持人员资质是否符合顾问项目的要求？
15	是否与顾问项目的负责人进行过沟通，并就工作目的、目标、角色和职责等达成共识？
16	是否清楚顾问项目的进展，并对支持人员的工作计划进行匹配？
17	是否与顾问项目建立例行的沟通机制，以便后续工作的跟踪与监控？
18	是否每位人员都清楚自己的工作目标、角色和职责及需要输出的交付件？

续表

序号	评估要素
19	是否每位人员都具备端到端的知识？如端到端流程、项目运作体制等。
20	是否每位人员都学习了相关知识？如某项目管理的基础知识、相关制度和模板、施工过程等。
21	是否每位人员都了解一些基本的业务知识？如预测与计划、供应链、采购等。
22	是否每位人员都掌握了数据管理的基础知识和系统操作？
23	是否每位人员都具备了引导员的基本技能？
24	是否每位人员都具备了基本的项目管理知识？如制订计划、风险管理、问题管理、变更管理等。
25	是否建立了一线与总部的沟通机制（沟通方式、频率）？
26	是否给一线支持人员建立了问题反馈及求助渠道？
27	一线是否已经安排好了相关的行政支持工作？包括住宿、交通、当地邮箱的转移等。
28	出国的各种手续是否已经办好？
29	《总部对区域交付支持的建议》《区域交付工作的建议》是否已经完成？
30	《各部门人力资源调配机制》《关于代表处专员运作机制的建议》是否已经完成？
31	《片区计划集成运作工作指引》是否已经完成？
32	是否已经完成项目发起人、总部求助平台的工作？
33	项目发起人、项目经理的工作检查清单是否已经发布？
34	《交付改进支持工作指引》是否已经准备好？
35	端到端流程是否已经优化完毕？（如物联网、投标）
36	支持一线人员的培训和学习材料是否已经准备好？

流程推行一段时间后，就可以通过流程运作表现，即流程绩效来评估新流程的效果，确保新流程满足业务需求。

11.3.3 建立流程优化长效机制，阶梯式上升，持续改善

历史上的任何一场组织革新，都是一场持久战，要在原有的基础上不断优化，历经数年充分认证。同样，流程优化本质上也是一个持续的、系统的、全面的实施、改进、反馈、标准化的过程，从而逐步完善业务流程，这符合PDCA循环，如表11-5所示。

第 11 章　流程优化：对准客户需求，导向多产粮食，增加土地肥力

表 11-5　PDCA 循环四个步骤及具体内容

四个步骤	具体内容
P 阶段 （Plan）计划	主要是分析现状、查找原因，为以后的改进工作制订详细计划。这个阶段可以分四个步骤来完成，具体包括分析现状、查找原因、找到主要原因、制订执行计划，计划阶段的这四个步骤就是一个小型的 PDCA 循环
D 阶段 （Do）执行	主要是按照已经确定的改进方案，有条理地执行计划的过程。这是整个 PDCA 循环的关键，需要依靠完善的流程管理制度和比较熟练的技术手段来完成，如果这两方面做到位，达到预期目标就有了保证
C 阶段 （Check）检查	主要是对比执行结果与预期目标是否一致，通常情况下，该阶段是一个评估结果的过程
A 阶段 （Act）总结纠正	主要是针对检查的结果进行总结，将成功的经验制定成相应的标准文件，把没有解决的或新出现的问题转入下一个 PDCA 循环中，达到持续改进的目的，形成永无止境的循环改进过程

【案例】丰田借助 PDCA 循环形成流程持续改善的良性循环

质量大师戴明博士曾经提出：在企业质量管理中，团队成员共同参与持续的质量改善会让质量管理更有效。质量圈活动的本质与 PDCA 循环是一样的，都强调持续改进、循环进行，因此 PDCA 循环被广泛应用于众多知名企业的质量管理、流程管理过程中。

同时结合了 PDCA 循环的质量圈在日本得到了全面普及和发展，最典型的案例是丰田引入了戴明博士的这种全员参与改善的管理理念。在进行持续的改进后丰田发现，售后保障之所以会损失 50% 主要是由 120 个大问题和 4000 个小问题导致的，这些问题都可以归到流程管理范围内。于是丰田利用 PDCA 循环和质量圈实现持续的流程改进和质量优化。

目前，员工每年会提出大约 300 万条建议，平均每名员工贡献 60 条，其中约有 85% 的建议被采纳。这不仅让丰田在流程管理上做到了持续改进，同时也提高了运营效率，更重要的是整个组织已经形成了持续改善的良性循环，组织绩效得到了明显提高。

在戴明博士质量圈的基础上，我们提炼出流程优化的PDCA循环，如图11-9所示。

P梳理阶段：通过流程规划与梳理，明确流程需求，确定流程优化方案；

D落地阶段：根据流程优化方案，推动流程进行落地实施与运营；

C监控阶段：通过流程监控，发现问题，并提出针对性的解决方案；

A优化阶段：解决问题，优化流程，评估流程优化效果。

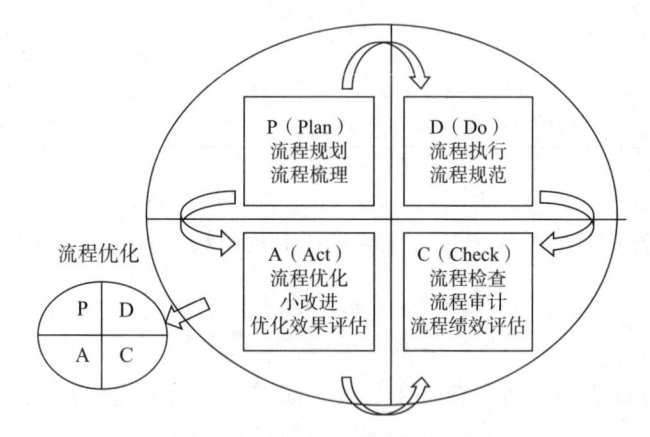

图 11-9　流程优化的PDCA循环

总之，流程问题层出不穷，这就需要我们基于PDCA循环，持续发现问题，不断地开展流程优化，有效解决问题，推动业务流程阶梯式上升，同时持续提升企业的流程管理水平。

需要注意的是，企业资源是相对有限的，故而在流程体系迭代过程中也应保持理性态度，界定流程优化的边界，否则欲速则不达。

THE FIFTH ARTICLE

第五篇

支撑平台篇

# 第12章

流程组织：明晰流程管理的运作机制，形成闭环管理

建立分层的流程管理组织，对流程进行全生命周期管理，确保流程体系的高效、安全、低成本运作，实现业务和流程一张皮，使业务整体绩效水平提升。

12.1

高效流程需要组织支撑，建立流程运作管理组织

打造高效的流程体系离不开组织的管理。流程变革下的流程管理组织采用虚拟团队实体化的运作模式，实行分层分级管理，确保能够有统一的组织对流程变革项目实施管理，相关流程责任人全面负责专业领域流程管理和能力建设及本领域流程运作和优化，最终确保变革项目目标达成。

12.1.1 流程管理组织定位：作为业务合作伙伴，提供流程&IT综合解决方案

为确保流程顺利落地，需建立健全流程组织，组织定位为"作为业务合作伙伴，提供流程&IT综合解决方案"，保障流程日常运作。但是在国内部分企业，流程管理部门从属于其他部门，并不独立，甚至没有真正懂流程的人。这就导致了开展流程管理工作时，无法得到领导及相关部门的支持与配合。

【案例】IBM依托管理组织支撑"全球集成支持职能"标准化服务

IBM将组织业务运营分为三个维度，组成三维矩阵组织。第一个维度，按照产品和服务线分为四大事业群，每个事业群下分别设立几个品牌事业部。各事业群实行跨区域的垂直管理。第二个维度，在全球范围内，按区域分为几个大区、十多个小区，形成区域组织。第三个维度，按照客户大小和客户所属行业等特性，分为若干客户问题解决方案组织。在管理

第12章 流程组织：明晰流程管理的运作机制，形成闭环管理
CHAPTER 12

支持体系上，建立"全球集成支持职能"（GISF）标准化服务平台，支持业务运营体系。标准化管理的全球集成支持流程有六个：服务类采购到支付、硬件类采购到支付、销售激励、商机到订单、产品类订单到交付、服务类订单到交付。

2000年后，IBM提出了建设全球集成企业的战略，希望实现全球横向一体化运作。为此，IBM建立了业务流程管理、业务转型项目和IT管理治理机制。

首先，成立了企业业务流程管理委员会。委员会综合了事业群、区域、客户等三个业务运营维度，以及全球集成支持职能的流程管理需求，建立流程框架（EPF），横向和纵向优化拉通，在各个流程责任人之间进行协同，同时评估BT/IT（Business Transformation/Information Technology，业务转型与信息技术）项目的投资优先级。委员会下设置了全球流程办公室，作为卓越能力中心（COE），从六个方面构建流程卓越能力，负责流程管理体系的运作。

其次，确立了流程责任人。在企业流程框架下，每个流程域分别有一位发起人和一位负责人，负责评估流程整合、流程优化、流程标准化和共享服务转型的优先级等流程运作工作。

最后，成立共享服务委员会。在财务、人力资源、采购、IT等领域，推动共享服务转型。成立CIO（首席信息官）运营团队，根据业务转型/IT优先级打造企业架构管理和信息化能力。

IBM通过建立流程管理组织，一方面定位于业务合作伙伴，通过标准化管理的全球集成支持职能，服务业务；另一方面为业务运营提供流程与IT解决方案，提升流程卓越能力，以更好地支持三个维度的业务运营，助力实现全球集成企业的战略。

流程管理组织定位如图12-1所示。其中，"领域流程COE"（Center of Expertise/Excellence，即"专家中心"或"卓越中心"），是一个流程管理

团队，由具备丰富专业知识和技能的流程专家组成，扮演卓越流程建设者、流程变革推动者、流程合规管控者、流程执行支持者、流程文化传播者等多重角色，存在于企业各个部门中，横跨研发、生产运营、营销、采购、财经等领域。

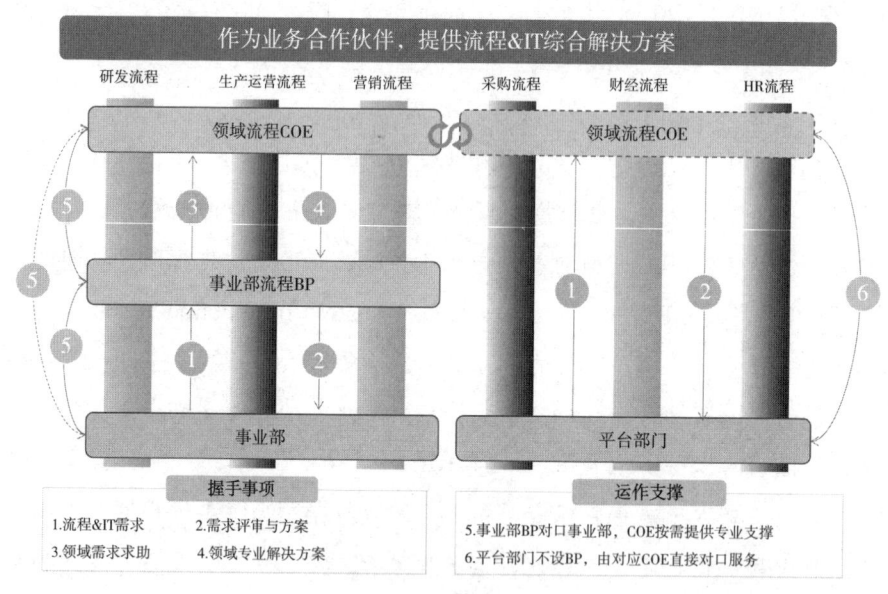

图 12-1 流程管理组织定位

【管理知识】COE的主要职责

（1）顶层流程框架的设计与管理；

（2）流程管理方法与标准的制定与赋能；

（3）跨领域流程问题的拉通；

（4）企业及领域级项目的解决方案设计；

（5）领域流程绩效的设计与度量。

第12章 流程组织：明晰流程管理的运作机制，形成闭环管理

流程BP（Business Partner，业务合作伙伴）也被嵌入各个部门，比如财务业务合作伙伴、人力资源业务合作伙伴等，从各自角度服务整个业务流程。

表12-1是笔者为一家企业做咨询服务时，流程体系建设关键任务梳理及职责分工。

表12-1 流程体系建设关键任务梳理及职责分工

关键任务	流程规划	流程建设	流程度量	流程方法/工具
L1-L4 架构设计	○			
L1-L4 架构发布	○			
L1-L3 架构卡片	○			
L1-L4 流程视图	○			
L5 流程建设		√		
流程KCP设计		√		
流程遵从性测试			√	
流程绩效指标设计		√		
流程绩效指标度量			√	
业务领域流程成熟度评估			√	
流程管理规范设计				○
流程方法赋能				○
组织与流程适配	○			

注："○"表示流程COE主导，"√"表示流程BP主导

其实，COE已经与业务合作伙伴和企业业务运营融为一体，成为各业务领域的合作伙伴。可见，流程管理组织并不是孤立存在的，而是与组织、业务密不可分的。

12.1.2 搭建流程管理组织，协同运作，做好流程的闭环管理

流程管理学家戴维·海姆指出，最佳的组织结构是灵活的，与不断变化的业务需求相适应。在流程规划、流程建设、流程运作和流程评估及流

程优化阶段，目标与内容是不同的，所需要的流程管理团队成员级别和能力也不同。这就需要在搭建流程管理组织时，找准关键角色分层再进行搭建。

同时，也要考虑基于企业核心业务建立虚拟流程管理组织，让各个角色各司其职，与各业务单元责任人充分对齐、协同运作。

通常情况下，流程管理组织的建立以业务战略为指引，以流程责任人为核心，依托流程架构自上而下部署。图12-2是华为基于流程责任人（PO）的流程管理组织。

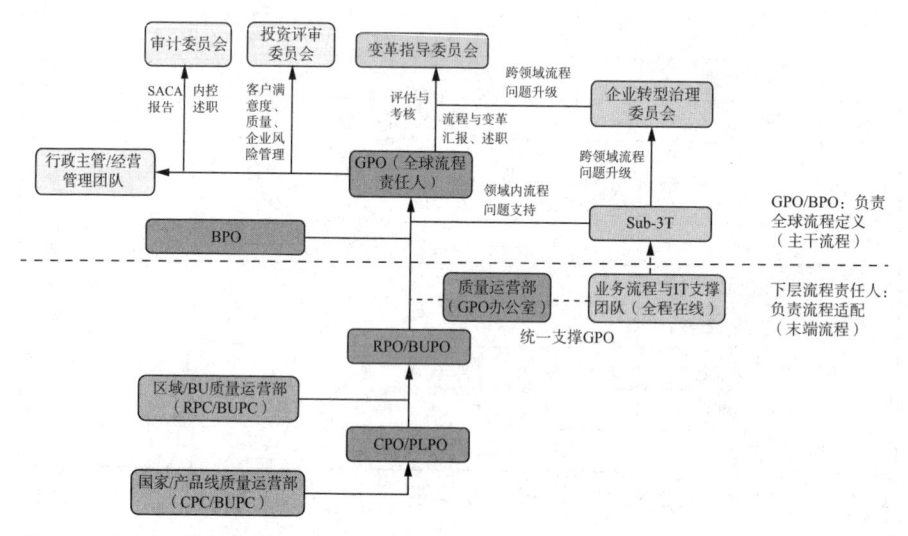

注：PC，流程管理员，负责流程控制，由流程责任人指定的业务骨干作为流程接口人，协助流程责任人进行本业务领域的流程建设和管理

图 12-2　华为基于流程责任人（PO）的流程管理组织

【案例】华为基于流程责任人（PO）的流程管理组织解读

主干流程由变革委员及GPO/BPO统一制定，末端流程由区域GPO制定，保证主干清晰，末端灵活。各委员会、经营管理团队提供可行性论证

及资源支持。

(1) 全球流程责任人：GPO

华为在实践中总结出了设立高层流程责任人的必要性，因而设立了GPO。GPO与一级流程架构对应，理论上一个业务领域有一个GPO，如LTC流程领域GPO、IPD流程域GPO等，不过，这是华为特有的形式。

(2) 业务职能维度的流程责任人：BPO

流程化组织，沿着一级流程架构业务功能模块设立BPO，如研发BPO、财务BPO等，是业务流程的第一责任人。每个BPO根据流程架构分级向下授权，如研发能力，向下分解不同的Sub-3T，分别负责产品预研、产品设计、产品开发等流程环节。

(3) 其他维度的流程责任人：RPO/BUPO

一些部门流程责任人依据区域、产品等维度划分，根据这些维度授权流程责任人。如按区域维度可以设立和授权RPO，按业务单元可以设立和授权BUPO。RPO/BUPO可以沿着本条线向下授权，BUPO可以接着授权产品线流程责任人。这些流程责任人可以跨职能领域进行管理，但不可违反BPO签发的流程。

华为的流程管理组织为其他企业建立流程管理组织提供了思路，不过华为的流程管理组织是其独有的，不可直接复制，需要企业结合自身实际，建设属于自己的流程管理组织。

【案例】M企业的分层流程管理组织

笔者带领团队在为M企业做流程变革时，前期就这家企业流程成熟度进行了评估，发现：企业存在流程团队跨领域能力不足，成员职责不清，且流程知识和技能掌握不够系统，业务流程缺少IT支撑等问题。于是，笔者及团队结合M企业的业务实际，对标标杆，给出建议：需要成立分层的流程管理组织,如图12-3所示,以更好地开展流程管理工作。

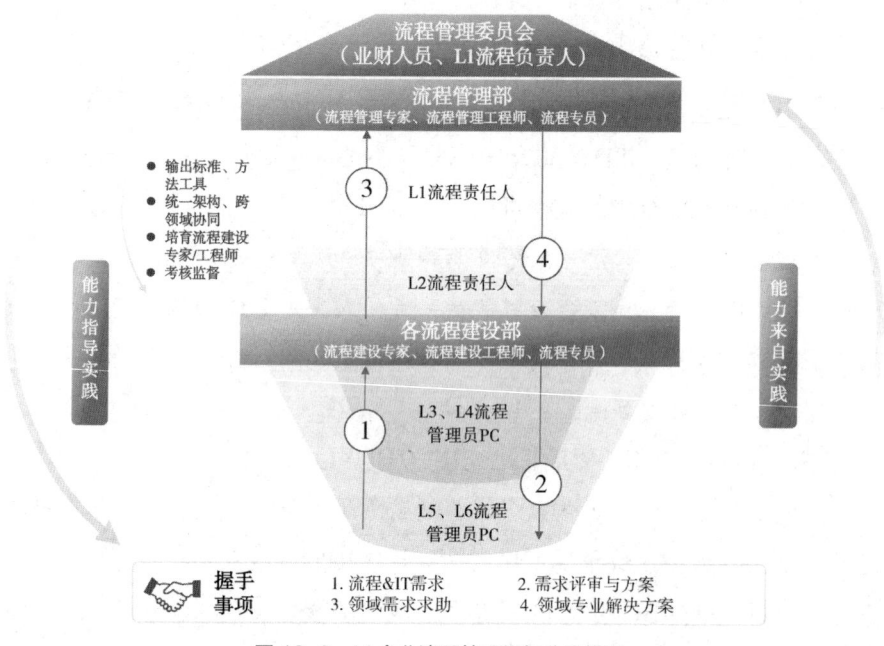

图12-3 M企业流程管理组织分层模型

顶层组织为流程管理委员会,为虚拟组织,由业财人员、L1流程责任人组成,是流程最高决策层,负责战略、决策、拉通、资源配置、任命和委派L1流程责任人。

第二层组织为流程管理部,定位为流程归口管理部门,负责输出标准、方法、工具,统一架构、跨领域协同,培训流程管理专家和工程师。

第三层组织为各流程建设部,定位为各业务领域流程落地推行部门,组织L3至L4流程管理员(PC)、战略大区流程管理员(PC),建设并优化流程,落地流程,提供领域内流程解决方案。

依据该分层的流程管理组织,梳理出流程管理组织结构,如图12-4所示。

第 12 章　流程组织：明晰流程管理的运作机制，形成闭环管理

图 12-4　M 企业流程管理组织结构

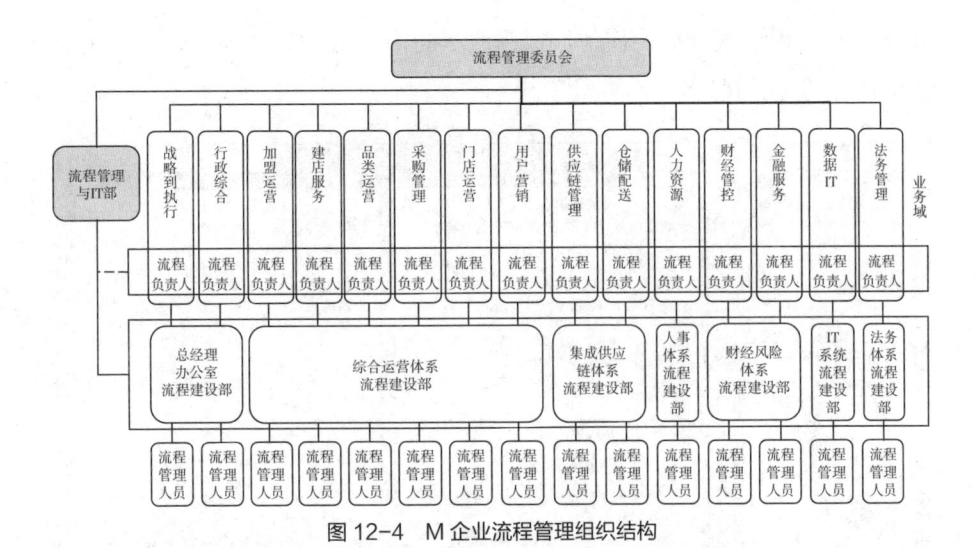

依据业界最佳实践，设置流程管理组织，企业可以更好地进行流程管理及运营。案例中，我们为 M 企业搭建了分层的流程管理组织，分别从流程管理的战略级、战术级和执行侧来支撑流程管理运作，形成对流程的闭环管理。

12.1.3　建立流程管理人员能力模型，让专业的人干专业的事

流程管理往往涉及多层级、跨部门和多岗位的协作。协作的顺畅程度很大程度上取决于流程管理人员是否具备足够的专业能力。流程管理人员不仅要掌握业务、财务、IT 等多方面的综合技能，还应具备丰富的流程管理知识，并拥有高效的行动力。

为选择合适的流程管理人员，笔者及团队结合多年的流程咨询服务实践，建立了标准的流程管理人员能力模型，如图 12-5 所示，从专业知识能力、业务沟通能力、流程规划能力、流程运营能力、流程建设与优化能力、流程能力评估六个方面对流程管理人员进行画像。

同时，企业也可以根据流程管理人员画像，进行内部人才的培养，提

升他们的流程管理能力，使他们成为既具备专业流程管理能力，又有责任心的流程管理人员。

流程管理人员能力模型

能力组合	专业知识能力（A）	专业沟通能力（B）
业务领域 流程责任人： B5+C4+E5 流程管理者： A2+B3+D3+E4	1. 能简单理解审批和业务流程的区别，并从流程视角表达业务活动。 2. 1+掌握流程相关的基本概念，包括流程定义、流程架构等。 3. 2+熟练使用流程管理工具，并能对业务赋能培训。 4. 3+基本掌握2个以上业务体系主流方法论，如项目管理、IPD等。 5. 4+能主导2个以上流程方法论的赋能培训及项目运作管理。	1. 能对接业务部门完成流程管理的知识和机制的准确释义。 2. 1+能组织业务部门的相关人员实施流程培训、分析与评审等。 3. 2+能经过培训知道一般业务逻辑，判断核心业务流程。 4. 3+能组织并协调企业内外跨业务领域的流程建设。 5. 4+能推动流程项目的变革，消除变革阻力，团结人心。
流程管理部 流程管理资深专家： A5+B4+C4+D4+E3+F5 流程管理专家： A3+B4+C3+D3+E2+F3 流程工程师： A3+B3+C3+D2+E2+F3	**流程规划能力（C）** 1. 能识别流程架构分类，包括APQC、POS法、OES法、L1到L6分级。 2. 1+能运用流程架构分类方法规划L1级业务领域及业务能力。 3. 2+能运用Y模型构建L1到L4的流程架构。 4. 3+能通过战略解码进行流程架构、流程绩效规划。 5. 4+能进行流程及方法论的赋能，并让人执行。	**流程运营能力（E）** 1. 能主导在业务领域已发布流程的培训、宣贯、推广和落地工作。 2. 1+能定期开展流程文化建设，包括培训、宣传、成果激励等。 3. 2+能带领业务团队就运营流程的实践进行总结与分享。 4. 3+能推动流程绩效体系的设计与优化工作。 5. 4+能推动流程的绩效考核、结果运用和跟踪改善。
流程建设部 流程建设资深专家： A4+B4+C3+D5+E4+F3 流程建设专家/工程师： A3+B3+C3+D4+E4+F2 流程建设专员： A2+B2+D2+F1	**流程建设与优化能力（D）** 1. 能梳理业务规范、审批事项及审批流程。 2. 1+能运用流程管理工具，基于业务现状绘制流程图。 3. 2+能基于业务痛点对比标杆，并运用流程优化方法优化流程，输出流程图、流程文件等。 4. 3+能基于未来业务诉求完成IT需求的整理与分析。 5. 4+能辅导他人完成流程和IT需求的梳理。	**流程能力评估（F）** 1. 能准确抓取业务流程规划、建设和流程运营数据。 2. 1+能运用CT、PR、SACA等工具评估流程执行状况，并识别风险。 3. 2+能运用流程绩效和结果，对流程进行评估，提出合理化建议。 4. 3+能运用流程成熟度模型PEMM或BPMM对流程成熟度进行评估，为流程组织和体系的建设提供数据支撑。 5. 4+能根据流程能力评估结果拟定未来流程优化方案。

图 12-5　流程管理人员能力模型

12.2

流程管理中的"名角"协同作战，管好流程

流程可视为多个相互独立的角色为完成共同目标进行的交互写作。其

第 12 章　流程组织：明晰流程管理的运作机制，形成闭环管理

中，流程管理中的几大核心角色分别是流程负责人、流程使用者、流程管理者、流程优化者、流程实现者，他们的职责共同构成了流程责任体系。每个人都为流程负责，都在流程中承担对应的角色，并把该角色的职能履行好，企业就能从人治变成法治。本节重点介绍流程负责人、流程使用者、流程管理者及流程优化者。

12.2.1　流程负责人：流程的核心角色，对流程端到端负责

正如组织内部有部门负责人一样，流程中也有流程负责人。流程负责人是个外来词语，英文为 Process Owner，翻译为流程所有者或者流程负责人。它是指流程设计者、流程思维倡导者、教练/支持者/协调人，对流程的设计、运行、绩效、改进和创新等承担端到端责任。图 12-6 是流程负责人的主要职责说明。

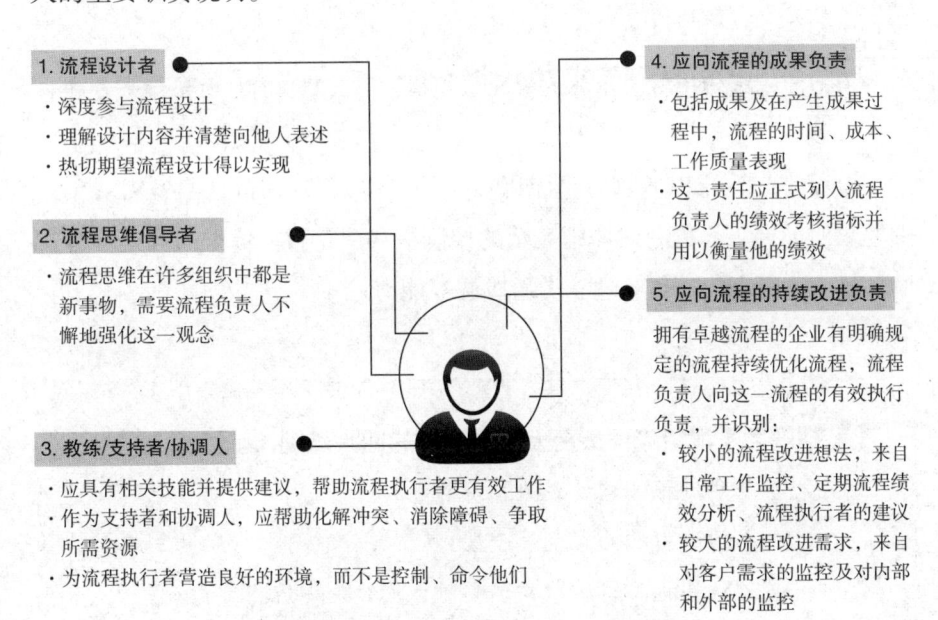

1. 流程设计者
- 深度参与流程设计
- 理解设计内容并清楚向他人表述
- 热切期望流程设计得以实现

2. 流程思维倡导者
- 流程思维在许多组织中都是新事物，需要流程负责人不懈地强化这一观念

3. 教练/支持者/协调人
- 应具有相关技能并提供建议，帮助流程执行者更有效工作
- 作为支持者和协调人，应帮助化解冲突、消除障碍、争取所需资源
- 为流程执行者营造良好的环境，而不是控制、命令他们

4. 应向流程的成果负责
- 包括成果及在产生成果过程中，流程的时间、成本、工作质量表现
- 这一责任应正式列入流程负责人的绩效考核指标并用以衡量他的绩效

5. 应向流程的持续改进负责
拥有卓越流程的企业有明确规定的流程持续优化流程，流程负责人向这一流程的有效执行负责，并识别：
- 较小的流程改进想法，来自日常工作监控、定期流程绩效分析、流程执行者的建议
- 较大的流程改进需求，来自对客户需求的监控及对内部和外部的监控

图 12-6　流程负责人的主要职责说明

271

流程负责人在开展流程管理工作时，需要遵循权利与责任对等的原则。

（1）流程负责人的权利

流程决定权。包括流程框架变更最终决策；对流程的角色、权限、操作步骤、业务规则等有最终决定权。

解决方案确认权。确认流程梳理结果、流程设计方案和IT解决方案；项目验收确认。

绩效指标设定权。设定流程绩效指标；上级流程负责人设置下级流程负责人绩效指标，战略决策委员会设置一级流程负责人绩效指标。

（2）流程负责人的责任

需求管控。对各类业务流程需求进行审批和归口管理，确保需求的合理性、完整性、一致性；负责对流程需求优先级进行排序和确认。

流程推动。推动流程梳理、流程固化工作的开展，要求所管辖的业务部门配合流程和IT系统实施工作；监控流程绩效指标，主动发起流程优化。

承担流程绩效指标。承担流程绩效指标，对流程执行的最终结果负责。

简而言之，流程负责人是流程真正的"主人"，在符合业务需求和管理要求的前提下，拥有对流程完全的控制权和决定权。优秀的流程负责人应具备流程管理、项目管理、沟通协调等能力。

【管理观点】设置流程负责人需要遵循的四大原则

（1）基于流程架构设置流程负责人；

（2）与组织中的业务主管一致；

（3）流程架构、组织结构调整时，同步变更流程负责人；

（4）唯一性：只能有一个流程负责人。

第 12 章 流程组织：明晰流程管理的运作机制，形成闭环管理
CHAPTER 12

需要注意的是，流程负责人由业务主管兼任。这样有利于流程负责人从业务成功的角度去关注流程质量和运作效率，真正实现流程与业务成为一体。

12.2.2 流程使用者：提出业务需求，参与改进方案设计与落地

流程责任体系中，流程使用者通常是业务部门，依据流程开展日常管理工作。当业务部门提出需求后，由流程和IT部门基于企业级流程框架，全面解决业务流程问题（强调跨部门和统筹），实现对业务的综合赋能。

> 【案例】华为泰国项目交付流程的优化

2013年随着泰国AIS项目和交付量的增加，项目负责人深切体会到，项目管理必须有先进的IT交付工具，以更好地优化当前交付流程和管理方式。而当时ISDP项目组也需要成熟的项目平台进行验证。基于这些需求，2014年底，AIS交付团队和ISDP二期团队成立联合开发项目组。

项目组一致认为，未来的IT交付平台不仅要作为承载业务的IT工具，还要和分包商沟通，从整体上改变项目交付的流程。ISDP团队中经验丰富的项目管理专家和IT专家，结合ISDP上线，联合项目组将分包商发货安装由自行提交要货申请，改为根据队伍资源自动上站安装；通过站点实施模块的交付数据，借鉴互联网大数据分析，设计出了分包商SLA管理方案。交付进展和主要问题可直观呈现在屏幕上。经过变革后的项目组，在2015年下半年泰国4G发牌项目中，半年内就完成了9000多个LTE站点的开通，创造了交付纪录。项目整体效率提升明显，存货周转期为60天左右。

华为泰国项目团队负责人基于提升交付效率的需求，积极联合IT团队优化业务流程，建立新的IT系统。这一操作在项目上实现了前所未有的突

破，得到了客户的高度认可。作为流程使用者，要积极提出业务需求，主动参与方案设计和推动。具体来说，流程使用者的职责有以下几项。

（1）提出业务需求。就流程执行过程中遇到的问题向流程负责人提出业务需求，针对流程顾问提出的业务流程问题进行需求解释和细节补充。

（2）参与方案设计。在新业务流程设计和评审过程中参与讨论，并深度参与新业务流程的设计，对流程优化方案提供反馈意见。

（3）参与方案落地。参与项目前期招标和供应商确认，按需参与项目执行过程中的讨论及用户测试。

流程使用者的数据反馈对于流程的设计与优化至关重要，而业务部门掌握与客户交易的第一手资料；为此，流程管理部门要建立与业务部门的反馈机制，确保其业务需求能被及时传达和接收，提升流程与IT应用效能。

12.2.3 流程管理者：企业流程的"立法"和"司法"机构

流程管理者的职责是维护流程机制的运作，使流程规范，监控流程绩效指标，好比企业流程的"立法"和"司法"机构。值得注意的是，流程管理者需要熟悉业务，避免出现外行指导内行的行为。

【案例】华为流程管理者履职的基础知识和必备技能

2013年1月张伟从东南亚地区部干部部长转身担任泰国子公司监督型董事会的试点董事。他经过努力学习，最终输出了董事会运作方案、尽职调查方案和合规管理方案及工具包等。通过董事会推行与运作，作为流程管理者的张伟看一线组织、业务、问题的视角发生了根本转变。一是从原来的代表处行政管理维度看问题，转变为从法人维度看问题；二是从职业经理人，转变为企业治理的专职董事；三是从追求代表处短期的经营目标，转变为追求长期的"多打粮食、但要合规"的经营目标；四是从代表

第12章 流程组织：明晰流程管理的运作机制，形成闭环管理

处各部门事无巨细的"小颗粒"管理，到横向拉通，关注子公司中长期发展的"大颗粒"监督；五是**视角从KPI、PBC等内部指标，转向外部，跳出业务看业务、流程之外看流程**，更加关注子公司长期经营中的重大风险管控监督。

通过这个案例可以发现，流程管理者监督流程要有全局观，以及丰富的业务知识，这些是流程管理者履职的基础知识和必备技能。其职责主要体现为以下几个方面。

（1）"立法"功能：建立标准

流程管理者要根据企业的实际需求制定流程标准。也就是建立和维护流程管理体系，制定和管理流程图标准、流程说明书标准及明确流程术语的含义；同时，对流程框架的变更与版本进行管理；流程管理者将是流程与制度发布的唯一出口。换句话说，在新流程正式发布前，由流程管理者负责对新的流程进行检查，并对流程和制度进行交叉检验，以避免相互冲突。

需要注意的是，流程、制度的发布和系统上线需要同步进行，以保证业务部门能够同时获取流程变更信息及与之相匹配的功能信息。

（2）监督功能：流程管控

流程管理者通过流程管理机制的建立和维护，对流程绩效指标进行监控，对流程遵从性进行测试，对流程成熟度进行评估。主要体现在：

流程评审。组织流程评审，确保流程的变更符合流程框架和流程标准的要求，且流程之间没有冲突。

流程发布。对更新后的流程框架版本进行发布，检验优化后的流程文件和配套制度是否对应和齐备，对新的业务流程和配套制度进行发布。

流程审计。建立和维护流程绩效监控体系，汇总和监控流程绩效数据，如发现流程异常，应组织流程负责人和流程顾问进行流程绩效异常分析。

流程仲裁。组织流程仲裁，解决流程之间的冲突，确保流程的一致

性、集成性、合理性。

（3）教育功能：流程培训

流程管理者要通过培训、宣导等形式，不断提升各业务部门对流程的认识，对各级流程工作者进行专业赋能，使员工认同流程文化，提升整体的流程意识与流程管理水平。

12.2.4　流程优化者：为业务部门提供需求服务和流程服务

流程优化者是流程专家，是整个流程体系中的流程服务方与流程方法论赋能者，向各级流程负责人提供流程服务，推动流程优化与固化。流程优化者来自各个部门，是本领域乃至业界的专家，精通流程管理。作为流程专业顾问，流程优化者为各业务域流程提供端到端的需求服务与流程服务，如图12-7所示。

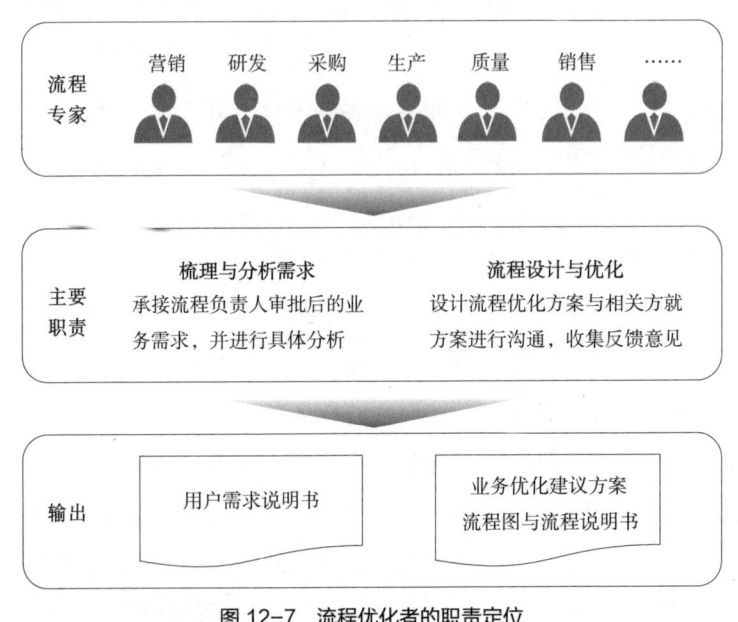

图12-7　流程优化者的职责定位

第12章 流程组织：明晰流程管理的运作机制，形成闭环管理
CHAPTER 12

对于流程优化者来说，其短期目标是协助各级流程负责人对试点业务流程进行优化；中远期目标是帮助企业完成跨业务集成和优化，推动流程说明书的创新；长期目标是成为集业务、流程、IT和通用能力于一身的高素质、复合型人才。其主要职责是承担业务流程优化需求分析和整理；负责业务流程优化方案具体设计；参与IT项目实施；协助流程负责人进行绩效监控和分析；推动流程优化和流程固化。

【案例】专家的价值最终要体现在问题的解决上

杨博（化名）曾在罗马尼亚账务共享中心、成都账务共享中心、收入业务中心等部门任职，并参加过多个财经变革项目组，在收入与应收、成本与存货等领域有丰富经验，是账务5级专家。2008年，他主导的SO订单金额与配置分离项目，目标方向和解决方案设计通过供应链、IT、收入业务中心等专家的预审，但由于关键利益干系人沟通不到位，未能通过立项，对项目推进影响较大。第二年，经过持续运作，终于成功立项并实施。

他指出账务做出的解决方案，要依赖前端业务部门和业务流程的配合，做出相应调整，进行相应控制，方能实现业务价值。他说："一个解决方案不能被利益相关方接受，就意味着解决方案存在较大问题，且没有找到落实解决方案的路径。"这意味着解决方案的价值未能体现，也意味着专家的价值没有体现出来。

由此可见，作为流程变革中的优化者，需要具备必要的影响力，能够看出问题、设计有效的解决方案，推动解决方案的落地。因此，专家的价值最终要体现在问题的解决上。

对于如何判断流程优化者的工作，要从三个方面来验证。一是流程服务请求响应及时率，二是流程评审一次性通过率，三是流程优化方案平均交付时间。

12.2.5　流程管理的各角色分工协作，共同建好和用好流程

普通员工在职能部门中是有岗位之分的。比如，销售岗位有销售总监、销售主管、销售员等。流程角色没有地位高低之分，都是平等的，只有工作分工，大家都是执行流程的人。要知道，创造价值的是流程，而不是哪个部门和个人；而角色不是指特定的某个人。当组织中的成员被任命为流程中的特定角色时，他就同时被赋予了相应执行流程的权利和义务。笔者为某零售企业做流程体系建设咨询服务时，设计的流程管理角色分工如图12-8所示。

角色/岗位	部门	规划		建设				运营			评估			优化
		运作规划	架构规划	建设计划	需求管理	梳理发布	流程E化	流程推广	文化建设	绩效管理	问题评估	运作评估	成熟度评估	流程优化
流程责任人	业务部门	●	●	●	●	●	●	◐	●	●	●	○	○	◐
PC	业务部门	○	○	○	●	◐	◐	◐	○	○	◐	○	○	○
流程管理专家/工程师/专员	流程管理部	●	◐	◐	◐	◐	◐	◐	○	◐	◐	●	●	○
流程建设专家/工程师/专员	流程建设部	◐	◐	◐	◐	◐	◐	◐	○	◐	◐	◐	◐	●

注：L1流程责任人可以根据业务复杂程度，授权L2流程责任人或PC。　　● 主导　　◐ 协助　　○ 参与

图12-8　流程管理角色分工

流程管理过程中，流程角色分工不同，工作职责上或主导或协同，携手高效完成企业的流程管理工作。业务部门的流程责任相对较大，负责流程规划、建设、运营；流程专家负责指导与协助。流程活动由流程角色执行，每一项流程活动都与前后的活动相关联，这些流程活动缺一不可。

正是因为流程角色的分工协作，才能共同建好、用好流程，同时使得各项业务活动按照流程快速通过，而不必事事向上请示。

12.3

建立对事负责的流程责任制，真正做到无为而治

为保障流程的高效运作，企业必须建立对事负责的流程责任制，把权利下放给最明白流程的人，让他们对流程进行例行管理，从而逐步淡化功能组织的影响。这样一来，最终才能做到真正的无为而治。

12.3.1　从流程遵从制走向流程责任制，核心是对结果负责

2013年，任正非在《企业内控与风险管理"三层防线"优化方案汇报》的讲话中说："华为要坚持逐步走向流程责任制，逐渐给流程责任人赋权。最终目的是让业务主管承担内控责任，过去的管理者不承担内控责任，现在要逐渐承担内控责任。内控管理是承担综合经营责任的基本要求。"笔者认为，企业管理变革必须以"流程简单清晰，组织精兵简政，奋斗者多打粮食"为目标，以流程责任制为手段，激发各类组织的积极性。

流程责任制缺失，就会出现流程多点接触、主体不清、业务部门责任意识淡薄等现象，结果就是流程和业务执行脱节。下面的案例是笔者在为某制造企业做流程咨询服务时遇到的。

2021年，该企业因A产品版本规模较大，维护工作比较缓慢，而且需要频繁升级，导致客诉不断。为提升客户满意度，笔者进行了调研，发现问题根源在于责任不明确。产品一旦出现问题，员工就相互推诿。做好了，不知道表扬谁；做砸了，不知道批评谁，使得客户反馈的问题得不到及时解决。测试经理抱怨，一个问题需要经过28道手续才能定位，效率极低。

随着流程管理体系的成熟，企业要从流程遵从走向流程责任制，让流

程每一环节的负责人对这一环节的目标与结果负责，出了问题要签字负责。其中的责任结果不仅包括当前考核牵引的关键绩效指标，还包括流程输出的质量、效率和风险控制等。

【案例】华为从流程遵从转向流程责任制，促进流程效能最大化

华为自2005年进行端到端的流程变革起，一直贯彻流程遵从的机制，但对于流程责任制并没有清晰的管理思路，也没有建立相应的机制。随着流程管理的深入，华为发现在流程执行中，出现了相互扯皮、责任归属不清的问题，严重阻碍了项目交付。

2013年，华为2012实验室整机工程部工程热物理专家李泉明在《华为人报》上发文指出："在别的企业，常常能听到这样的抱怨，'我拿的钱比别人少，却干与别人一样的活'。很多人，正是因为这种计较的心态，做事不用心，得过且过，以此获得心理暂时的平衡，其实这是吃大亏的做法。华为员工肯定不会这么想，每一个华为人都知道，承担的工作越少，自己学习和扩充知识的机会就越少，锻炼的机会也就越少。长此以往，你与别人的差距越来越大，这是要吃大亏的。唯有踏实工作，把你应该做好的工作按照流程要求做好，才算为企业创造了价值，企业才会给予你相应的回报。"

华为指出："华为要坚持逐步走向流程责任制，逐步给流程责任人赋权，加快基于流程的专家决策制度的建立。现在确立流程责任人后，层层进行流程岗位授权，建立起流程责任制。"

通过走向流程责任制，对尽职尽责的干部予以重用，对不尽责或履职不佳的干部降级或淘汰，为新生力量腾出空间，企业上下都充满斗志。

12.3.2 把权利下放给最明白流程、最有责任心的人

只有将积极做事视为自己的使命和责任的明白人,才会被提拔,企业才会赋予他更多的责任与权利,让他进行流程管理与决策,进而实现企业价值和个人价值。最明白流程的人有两类,一类是一线干部、业务主管,比如业务经理、客户经理等,他们处于流程的最前端,对自己所负责的业务领域和所承担的风险最清楚;一类是某一领域、某一岗位的专家,比如流程专家、IT专家、质量专家等。

坚持流程责任制就是要把权利授予这两类明白人,让他们最有权。当然,没有责任心也是不行的。明白人由于缺乏责任心而做错事的例子比比皆是。企业在将权利下放给最明白流程的人时,也要考察他的责任心。

【案例】华为大胆授权一线人员,加大流程执行力度

早年间的华为,一边授权,一边管理,及时把滥用职权的、不能担责的、滥竽充数的员工识别出来,但没有因噎废食,停止授权或收权。2008年后,华为意识到,派到一线的机关干部可以支援前线,没想到却增加了一线的负担,工作开始束手束脚。这是由于机关干部常以总部自居,反而干预了一线的正常业务工作。后来,任正非听取了北非地区部的汇报,受到了启发,在《谁来呼唤炮火,如何及时提供炮火支援》中提出,应该让听得见炮声的人来决策,并要求业务主管对流程负责,在保障业务数据准确、及时、规范的同时,学习财务知识,具备基础的财务管理能力并承担监管责任。

曾经受命担任西非地区部及尼日利亚账实相符变革推行的责任人李国锋,回忆刚接到任务时,尼日利亚中心仓账实准确率全球倒数第一,站点账实准确率只有59%,也是全球倒数第一。面对这种局面,他引导变革团

队逐步推进账实相符方案的落实。针对400多支参差不齐的施工队伍,整个团队为分包商和项目组提供了为期3周的培训。培训之后,树立了分包商的信心,提高了工具使用率,方案也终于如期上线。然而,方案上线后却并未彻底解决问题。

李国锋和团队成员通过可视图层工具发现,分包商尚未抵达站点,就在船上完成了签收站点物料的工作。针对虚假签收问题,他立即召开会议,提出让有虚假签收行为的分包商和项目经理为大家分享"如何快速提高工具使用率"。于是,项目经理开始临场发挥。当他分享结束时,团队成员拿出可视图层工具,当场用证据揭穿了这位虚假签收的项目经理。

此次事件之后,分包商开始执行到站签收。虚假签收情况有所减少,但依然存在分包商在一个站点同时签收多个站点物料的情况。针对这些问题,李国锋团队开发了围栏工具,设置了"签收地址和站点实际地址相差0.5公里时,就无法进行签收"的条件。分包商必须按照签收流程一步步进行,才能完成合规的签收程序,避免了形式主义。由此,分包商的虚假签收问题借助流程规范程序得以系统解决。2016年底,尼日利亚的中心仓账实一致率100%、站点账实一致率100%、工具运营绩效100%。

客观上,让最明白的人最有权,可让中基层干部做实业务,深入基层,在实践中熟悉业务,发现问题并解决,就如案例中李国峰那样,体现了华为不拘一格大胆授权与使用人才的流程责任制。

权利与责任是对等的。个人在被赋予权利的同时,也需要承担相应的责任。而流程责任制就是要担责任,出了问题要负责,不能推到别人身上。执行一个良好的流程和建立一个良好的流程同样重要,被授权对象要在执行流程中力求把事做好,对事负责。

第 12 章　流程组织：明晰流程管理的运作机制，形成闭环管理

> **【管理观点】对人负责制VS对事负责制**
>
> 　　到底是实行对人负责制，还是对事负责制，这是管理的两个原则。我们确立的是对事负责的流程责任制。我们把权利下放给最明白、最有责任心的人，让他们对流程进行例行管理。高层实行委员会制，把例外管理的权利下放给委员会，并不断地把例外管理转变为例行管理。流程中设立若干个监控点，由上级部门不断执行监察控制。这样才能做到无为而治。

12.3.3　业务主管就是业务流程的责任人

业务主管是流程的责任人，流程IT部提供流程专家，以顾问形式提供专业服务。流程责任人是任命制：流程建好后，最大受益者，即业务部门主管必须承担流程责任。若不这样，业务主管会随便找个理由，把这个流程挤掉，或睁一只眼闭一只眼，把流程带偏。所以，管好业务流程是业务主管最大的责任。企业要驱动业务主管承担责任。

【案例】毛里求斯账务共享中心负责人对本流程负责，确保账实相符

毛里求斯账务共享中心负责人王炜长期负责一线账实相符的落地。2013年5月，他在审视S国存货明细数据的时候发现，一种70米高的铁塔金额高达数百万美元，数量96套。根据自己对存货圈业务的了解，该国库房仅9000平方米，每一套铁塔占地约100平方米。他不禁思考96套铁塔，库房是否能放下。

次日，他与供应链主管到现场盘点，发现根本没有96套铁塔。很明显账实不符，那96套铁塔到底去哪了？通过导出该物料的全部交易明细，他

发现有一种"杂入"的处理方式，上面写着96套铁塔。"杂入"就是手动在系统中记录入库的一种方式。这是一个本地采购的订单，应该通过"接收入库"的方式正常输入ERP。

继续深入分析交易明细，他又发现该物料初始入库数量是7套，付款也是根据7套支付的。但是实物入库和出库的时间完全相同。这就是"空入空出"：物料先入库一段时间，提交物料需求单后再操作出库；在不需要代表处仓储和交付时，可直接将物料发送给客户或站点。这样的操作显然违反了仓储管理流程。那么，96套铁塔又是怎么冒出来的呢？他查明，当操作人员发现"空入空出"导致无法创建物料需求清单领料出库后，想到了利用"杂入"的方式。在手动录入时，不小心录入了96套。

找到原因后，王炜从流程责任体系找问题。记录显示操作日期是2012年，说明距离错误发生已经很久了，经历多次实地盘点却没发现问题。原来，在实地盘点过程中，盘点人员只是机械地用扫描枪扫码，根本没有去清点实物。问题在经过整改后彻底解决。

王炜作为毛里求斯账务共享中心负责人，在推进账实相符时，严格遵从流程，分析数据、实地考察、检验整个流程体系是否牢靠，承担了流程责任人的职责。可以看到，业务主管为业务流程负责的必要性。

业务主管是业务流程的责任人，不仅要从流程遵从角度考虑，更要从业务本身出发。

（1）业务的客观需求要求业务主管担任流程责任人

当企业业务需求大，而管理体系已无法满足需求时，则需要一个新的业务流程体系来承载。那么问题来了，流程系统牵涉甚广，不是一个人或一个部门就能完成的。此时需要考虑，这个系统对谁来说是最迫切的？显然是业务，系统建好了就可以承载海量业务，财务绩效也会更好。

（2）谁最懂业务，谁就是业务流程的责任人

许多企业，跨部门的事情要么你管，要么我管，要么大家都管，到最

后谁都管不好。流程走不通，就把流程与IT人员拉过来指责一番。实际情形是，流程承载业务，业务在流程上跑，对业务的管理是沿着流程进行的。在业务流程搭建上，业务人员最懂一线实际，应该让业务主管主动配合流程人员开展流程建设。

（3）谁在流程里的业务比重最大，谁就是主要责任人

如果流程横跨多个部门，该怎么管？由谁来管理？需要考虑清楚。譬如，在IPD流程中，大部分时候都是研发部门在用，那么其主要责任人就是研发部门负责人；在管理客户关系流程中，销服部门负责人就是主要责任人。

12.3.4 贯彻流程责任制，促进业务结果持续提升

企业要贯彻流程责任制，可以优先从三个方面考虑：一是简化管理和授权。有流程的确定性业务，流程体系先建立起来。通过流程责任制，坚决放权，提升效率，支持业务快速发展。二是在授权基础上促进担责。沿着流程清晰授权，责权对等，支撑业务主管高效履责。三是预防贪腐。贯彻流程责任制要问责，出了问题就要问责流程责任人，不担负责任就应被处理，形成威慑感，严防破窗效应。

> 【管理学效应】破窗效应
>
> 破窗效应由政治学家詹姆士·威尔逊和犯罪学家乔治·凯琳提出。该理论认为：如果有人打坏了一幢建筑物的窗户玻璃，而这扇窗户又得不到及时维修，别人就可能受到某些示范性纵容去打破更多的窗户。久而久之，这些破窗户就给人造成一种无序的感觉，在这种公众麻木不仁的氛围中，犯罪就会滋生。

如果有人打破了流程问责的第一扇窗而不去修补，那么接下来就会出现千疮百孔的局面。就如卡耐基所言："对于一个上班迟到的人来说，你如果不惩处他，那么工厂里其他人也就有了迟到的理由。"一旦有一次例外和不公平发生，便会有接二连三的例外和不公平发生，最后它们就会成为惯例。因此，**不主动担负流程控制点责任的人，或者只求形式遵从、明哲保身、不主动推动流程效率和效益持续提升的人，就一定要被问责**。譬如，华为通过流程责任制，识别并提拔负责任、有绩效、能解决问题的干部；同时坚决对不作为的干部进行问责，最大限度地要求干部对流程、结果负责。

贯彻流程责任制最重要的就是设置流程责任人。设置流程责任人需要遵循四大原则，分别是：第一，基于流程架构设置；第二，与组织中的业务主管一致；第三，随着流程架构、组织结构调整，同步更新流程责任人；第四，一个流程只能有一个流程责任人。

贯彻流程责任制可分为四个步骤，分别是明确责权、履责、结果担责、持续改进，如图12-9所示。

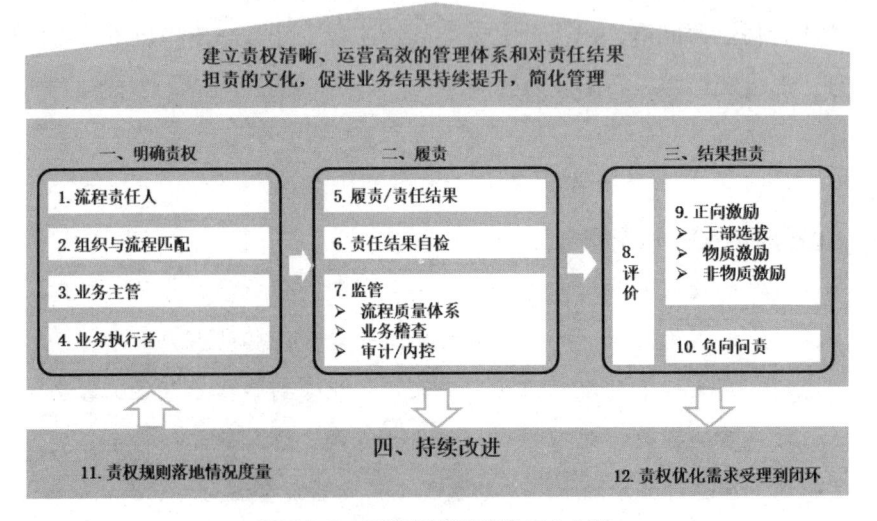

图12-9　贯彻流程责任制的四个步骤

第12章 流程组织：明晰流程管理的运作机制，形成闭环管理

第一，明确责权。基于流程清晰定义角色的职责，按流程分配岗位的责任和权利；清晰的流程是流程责任制的基础，组织和岗位职责要基于流程角色职责来说明。

第二，履责。每个岗位要匹配职责，各司其职，对流程的下一道工序和最终的结果负责；提供及时准确的服务，保证结果的达成和有效控制。

第三，结果担责。流程角色对应的各岗位主管对结果负责，对不担责的人进行问责；将结果应用于考核，包括正向激励与负向问责。

第四，持续改进。对责权落实情况进行评估，并依据评估结果进行相应改进。

贯彻流程责任制的保障：个人绩效承诺书

为了确保流程责任制落实到流程责任人身上，让他担起责任，企业可通过个人绩效承诺书来激励其积极履行职责。

通过贯彻流程责任制，让各个业务领域的一把手在实践中提升自己的流程管理能力，从而成为既懂业务，又懂管理的人。

第13章
流程平台：搭建完善的流程信息化平台，支撑业务高效运作

建设流程IT作战平台，用IT技术承载并固化流程，提高流程管理的程序化、自动化和信息集成化水平，从而实现业务的数字化运营和流程的高效运作，使企业更快速地达成战略目标。

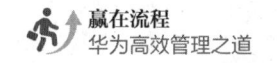

13.1
加强企业的信息化建设，打造流程高铁

当前的社会是信息化社会，要想在残酷多变的市场中抢得先机，那么企业就需要加强信息化建设，把所有成熟的流程植根于IT系统，减少人工的参与和干预，让业务在IT上高速通过，为企业赚到更多的钱。

13.1.1 IT系统是支撑流程的使能工具，保障流程正确、高效输出

笔者认为，要想富，先修路。这个路就是IT系统，企业所有业务流程都能在IT系统这个高速公路上跑。譬如，ZARA依靠强大的IT系统，创造了服装从设计、加工到送至门店，最快仅需15天的"神话"。在流程管理中，IT系统正在成为重塑企业业务流程的支点，与流程一起驱动企业的变革，如图13-1所示。

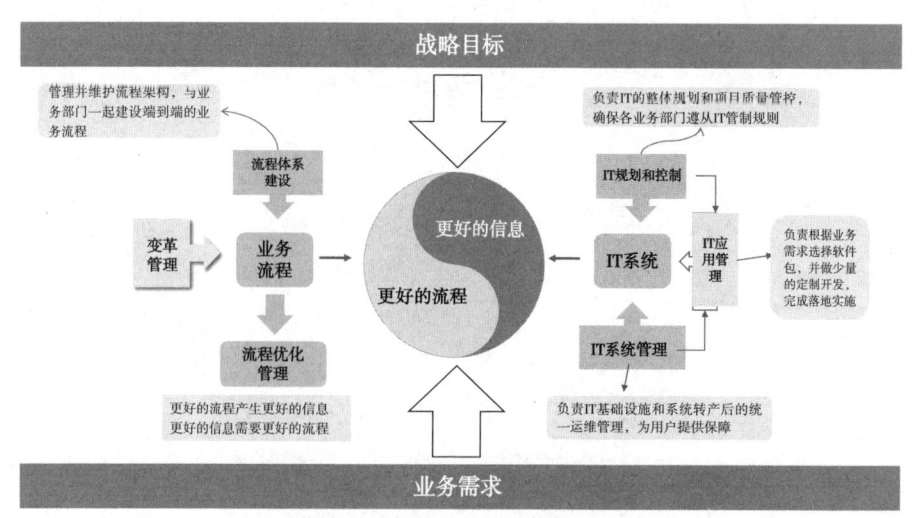

图 13-1 流程与 IT 系统之间的关系

第13章　流程平台：搭建完善的流程信息化平台，支撑业务高效运作
CHAPTER 13

流程与IT系统的紧密结合支持战略实施，并提升组织业务绩效。好的流程能产生更好的信息，好的信息也需要更好的流程。在流程与IT系统的双轮驱动下，流程越来越顺畅，信息也得以快速实现共享。我们能快速响应客户需求，并力求提供超越竞争对手的价值，从而助力客户和合作伙伴取得成功。

理论上讲，流程管理可以没有IT系统，但IT系统可以大大提升流程的运作效率和速度。比如，缩短产品上市周期、节约成本等。依靠手工作业的方式也是可以的，但是随着业务规模的扩大，业务的复杂度也在成倍增加，流程也会越来越复杂，企业的战略决策也就更加烦琐和滞后，这可能导致企业错失不少战略机会点。

【案例】华为通过IT系统实现7×24小时全球同步研发、办公和信息共享

华为的IT共享中心让所有员工都能享受IT系统的服务，在全球范围内，只要是有华为机构的地方，华为的IT系统就能提供支撑。

譬如，分布在全球各地的数万名研发人员，可7×24小时进行全球同步研发和技术共享；同时，在财务管理上实现了制度、流程、编码和表格的"四个统一"。在ERP中的财务系统建立了全球财务共享中心，在4天内完成财务信息收敛和结账；人力资源部可每天对3万人实现精确的考核管理，并准确地将数据纳入每月薪酬计算；借助EPR系统实现端到端集成的供应链，能让供应链管理人员一天执行两次供需与生产计划运算，以"天"为周期，能更快速且灵活地响应市场变化，客户也能随时在网上对订单执行的情况进行查询和状态跟踪；全球的电视电话会议系统，让华为每年节省差旅费3000万元；在客户现场的服务工程师，可以借助云端，随时调阅客户工程档案和相关的知识经验案例，还能及时从总部或各地区部获得技术与服务支持，从而大大提升客户服务的质量和客户满意度。

华为通过引入IT系统，将所有流程及制度植根于IT系统，以支撑一线为客户提供更好的价值服务。从本质上来看，IT部门最重要的职责就是把"高速公路"修好。

【案例】华为推进海外ERP系统落地，建设各代表处财务高速公路

2003年，华为ISC变革项目V1.0成功后，因正值IT行业的冬天，支撑ISC上线的ERP系统只在国内完成了升级，并不支持海外业务。但当时海外业务迅速发展，华为在几十个国家成立了代表处，以销售和服务业务为主。很多代表处的销售员工只能用Notes（内部通讯工具）与总部联系、开展业务，技术人员带着笔记本电脑和常用工具将就工作；财务人员因没有IT系统，连账目都难算准确。比如，当时俄罗斯代表处的财务人员使用的是一个当地软件。总部财务做一次月度结账，需要从几十个国家收集上千张Excel财务报表，年度结账的难度更是成倍增加。

2004年底，华为在进行次年业务规划时，财务部门启动了海外财务IT建设总体规划，其中"海外子公司ERP实施项目"是规划中最重要的一项。

2005年1月，项目启动，总体目标是通过机关专家组的支持，整合地区部、代表处的运作流程，贯彻落实集团会计政策，并在有条件的代表处实施ERP系统，支持地区部和子公司的供应链运作和财务管理。在收集了海外各个代表处的相关数据之后，决定先在所有地区部所在国家的代表处实施。同时又增加了几个销售量很高的国家，共计8个，分上下半年，两批实施完毕。

当时的ERP推行可以用"人拉肩扛"来形容。以尼日利亚子项目为例，当时面临订单处理告急、开票告急、供应商付款及财务报表告急，还有采购职权分离、资产负债账目清理等挑战。在尼日利亚子项目建设半年后，ERP系统终于成功上线。从此，只须鼠标一点，大西洋边维多利亚岛的一个订单就能进入深圳供应中心，实现快速处理。

第 13 章　流程平台：搭建完善的流程信息化平台，支撑业务高效运作
CHAPTER 13

海外财务系统的 ERP 系统让华为海外财务结算变得准确、及时、高效，让一线人员、财务团队从手工操作的繁重任务中解脱。可见用系统代替人的部分或全部操作，可提升流程的运营效率。

企业若将所有流程的状态、处理记录、时间等信息保存于 IT 系统中，更有利于提高评估流程的效率和质量；同时，当业务或人员变动时，也可以通过 IT 系统及时适配，保障流程的执行结果。

13.1.2　IT 系统是流程的"铠甲外衣"，有效防止变形

管理学上有个漏洞效应：随着信息传递环节的增加，最后输出的信息会失真，发生变形。同样，若没有将流程的主要活动与关键控制点固化到 IT 系统里，只是依靠人来传递、转化数据，那么在执行时流程会发生变形，让流程效率打折扣，主要是因为人会偷懒、疏忽与犯错。

【案例】一家电表企业用 IT 系统固化内控流程，斩断例外

我们的团队曾为一家颇具规模的电表生产企业进行供应链精益化变革。经过调研分析，这家企业的采购成本较高，浪费也较为严重，光供应商就有 40 多家。企业原本的采购流程一变再变，以不断适应新的业务。采购员指出因为研发需求变来变去，导致他们不断地找新的供应商采购零部件。

我们通过价值流分析，发现该企业电表的配件有 100 多种，不同型号的螺丝有 10 多种，这无疑给库存和生产线装配带来了很大影响。最后，我们在源头，也就是研发方面，设计了新的研发流程。实施零部件标准，即在设计阶段，零部件集成设计，统一规格型号。以螺丝为例，规格限定为 3 个型号以下。同时通过 IT 系统将研发流程、标准、规范固化下来。设计人员在设计产品时，必须查看 IT 系统要求再进行设计，不得重新设计或更

改零部件规格。

此外，多位高管还谈及了企业都非常重视的一个问题：采购腐败。在采购流程中，经常有供应商给高管打招呼，希望能够放行一些有瑕疵的物料，若是答应，则意味着企业的采购流程如同虚设。我们建议将采购流程标准化，这样当供应商物料入库检验后，检验结果自动上传系统，不经过人工环节，物料合格则自动付款；不合格则自动进入不合格品处理流程。这样，谁都无法更改结果，保障了流程执行的有效性。

我们可以看到，将采购流程标准化，并用IT系统固化，这样就有效避免了流程执行中发生的变形，有效解决了采购腐败问题。

流程的整个生命周期里都需要人的操作，尤其是在缺少IT系统的支持时，企业必须加强流程监管，以保障流程运作。否则随着时间的推移，流程运作会偏离方向，流程就会出现变形。

业界通用的做法是把流程固化到IT系统中，这样流程就不会因为业务管理者的习惯发生偏差。很大程度上IT系统保证了流程各环节被准确无误地执行；确保流程角色完全遵从流程，避免因有意或无意操作导致业务风险。

企业把流程中的主要业务流或关键控制点用IT系统固化下来，直接实现流程从人到IT系统的控制。

13.1.3　流程管理平台：实现全流程在线可查、可看、可用

流程管理平台分为硬件和软件两个部分。其中，硬件提供了运行流程管理软件所需的物理基础设施，如服务器、网络设备和终端设备等；软件包括流程管理软件本身，以及可能的操作系统、数据库管理系统和其他支持软件。企业搭建的流程管理平台是两者的结合，为流程执行者提供了可操作的程序。

第13章 流程平台：搭建完善的流程信息化平台，支撑业务高效运作

企业的流程管理平台根据成熟度可以分为三个等级，分别如下。

初级流程管理平台。 包括流程规划与设计，流程的审批和发布及流程分发和查阅。它是企业流程管理的起步阶段，功能是流程管理基础的信息化。

中级流程管理平台。 在初级的基础上，对流程信息集成管理，包括业务管理中的相关内控制度、技术文档、运营数据等；同时，具有流程全生命周期的管理能力，包括流程推行、评估与审计、优化等。

高级流程管理平台。 在中级的基础上，与企业业务架构集成，统一业务语言，全面打通业务流程数据，并驱动流程规范化运作，同时监控流程运行情况。

不同等级流程管理平台对于不同用户——流程执行者、流程管理者及企业管理者的价值也不同，如表13-1所示。

表13-1 流程管理平台等级说明

流程平台	流程执行者	流程管理者	企业管理者
初级	查阅流程：系统而全面查阅流程，包括流程架构，以及流程各个要素	流程设计：设计流程架构，针对特定流程进行设计，完善流程要素，并绘制流程图 流程发布：线上发起流程审批，经过审批后发布流程	全局管理：通过查阅企业业务流程视图，掌握整体业务状况，做到心中有数。对核心业务流程进行审视，发现问题
中级	查阅流程：查阅流程制度和文档，快速和准确地理解、使用流程 上岗学习：根据岗位要求在流程平台学习，完成培训，并参加线上考试 优化流程：执行流程过程中发现问题，提出流程优化需求	流程推行管理：实现所构建岗位操作书、任职资格书、培训与考核的推行落地；设计流程视图 流程优化管理：流程优化需求分析，管理流程优化项目及案例分析 流程集成管理：管理流程、制度、文档，优化企业架构、应用架构、数据架构	定制管理业务组件：通过流程视图查阅不同管理场景下的业务视图，以更好管理业务关系 多体系综合管理：基于流程架构，进行内控、信息化等体系流程审计、评估 业务优化：基于流程审计结果及期望目标，发起并实施流程优化项目，推动成果落地

续表

流程平台	流程执行者	流程管理者	企业管理者
高级	流程执行：通过平台发起流程，执行相关流程，减少业务应用系统，简化工作环节	流程设计：自定义流程应用系统符号，自动分析流程流畅性与合理性 系统集成：集成面向业务规则的系统，打通业务断点，梳理数据并驱动流程 监控流程：监控流程设计、监控流程关键控制点，为流程审计与流程优化提供数据输入	业务集成：打通业务边界，拉通数据集成，管理业务 业务监控：监控业务流程过程及结果指标，发现问题及时改进，并实施流程优化项目

同时，流程管理平台不仅是流程审批和发布平台，也是员工查阅、学习和熟悉流程文件的平台，如图13-2所示。

从流程架构到设计，再到业务流程发布审批、版本管理，所有成果全部在移动端体现，企业内的任何人在授权范围内均可查阅、学习和使用，实现业务成果与IT系统同步集成。

【管理知识】流程管理IT系统模块简介

（1）流程架构管理：基于流程管理系统进行流程架构规划和设计，可视化、结构化、分层分级呈现企业流程全景图；

（2）流程设计：统一流程语言，提供流程设计的规则配置，将流程设计的最佳实践固化到模板中，实现企业各层级流程的规范管理；

（3）多体系融合建设：将组织、制度、风险控制等各类管理要素融入流程，避免企业管理"多张皮"，实现多体系融合；

（4）流程审批发布：通过对接审批平台实现流程的电子流在线审批发布，提高流程审批效率，规范流程的统一发布管理；

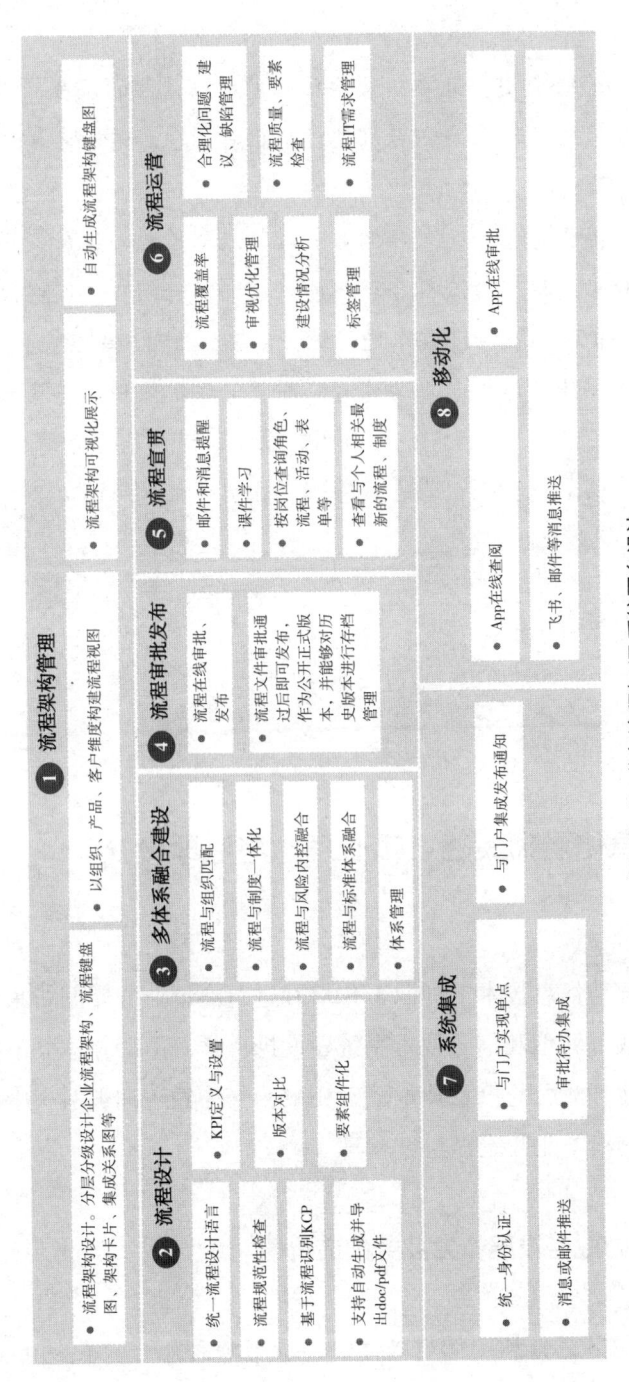

第13章 流程平台：搭建完善的流程信息化平台，支撑业务高效运作
CHAPTER 13

❶ 流程架构管理
- 流程架构设计。分层分级设计企业流程架构、流程键盘图、架构卡片、集成关系图等
- 以组织、产品、客户维度构建流程视图
- 流程架构可视化展示
- 自动生成流程架构键盘图

❷ 流程设计
- 统一流程设计语言
- 流程规范性检查
- 基于流程识别KCP
- 支持自动生成并导出doc/pdf文件

❸ 多体系融合建设
- 流程与组织匹配
- 流程与制度一体化
- 流程与风险内控融合
- 流程与标准体系融合
- 体系管理

❹ 流程审批发布
- 流程在线审批、发布
- 流程文件审批通过后公开正式版发布，作为公开正式版本，并能够对历史版本进行存档管理

❺ 流程宣贯
- 邮件和消息提醒
- 课件学习
- 按岗位查询角色、流程、活动、表单等
- 查看与个人相关最新的流程、制度

❻ 流程运营
- 流程覆盖率
- 审视优化管理
- 建设情况分析
- 标签管理
- 合理化问题、建议、缺陷管理
- 流程质量检查
- 流程IT需求管理

❼ 系统集成
- KPI定义与设置
- 版本对比
- 要素组件化
- 统一身份认证
- 消息或邮件推送
- 与门户实现单点
- 审批待办集成
- 与门户集成发布通知

❽ 移动化
- App在线查阅
- App在线审批
- 飞书、邮件等消息推送

图 13-2 业务流程与IT系统平台设计

（5）**流程宣贯**：让员工快速获取本岗位需要的流程、制度、表单、体系文件等内容，精准实现岗位赋能，加速人才培养，降低组织风险；

（6）**流程运营**：为流程绩效管理、流程监控与维护提供有效的数据分析支撑；为流程合理化建议提供统一归口，实现流程需求的闭环管理；流程IT需求进行统一管理，推动流程E化；

（7）**系统集成**：与人力资源、质量等系统实现统一登录、接口集成。实现与各管理系统主数据、组织、用户等的共享共用；

（8）**移动化**：手机端在线查阅、在线审批，移动办公、高效工作。

13.2

流程与信息化治理策略、核心理念与治理模式

业务流程与信息技术治理源于IBM在进行全球业务转型时采用的经营策略，即把业务转型和信息技术系统建设进行紧密衔接并建立组织保障和协同机制。业务流程与信息技术随着IBM为华为做咨询被引入中国，华为在此基础上提出了业务流程与IT治理。

13.2.1 助力业务发展，为业务创造价值

信息化是指充分利用信息技术，将业务流程用数字化的形式进行展

第13章 流程平台：搭建完善的流程信息化平台，支撑业务高效运作
CHAPTER 13

示、存储和处理，体现企业内部运营的信息转换程度、信息解决效率和战略所需的科技完备率。许多企业都在用办公自动化系统、资源规划系统、客户关系管理系统等信息化工具，给各层级员工提供观察各类动态业务的一切信息，从而作出有利于企业资源配置的决策，求得最大的经济效益。从根本上说，信息化为"作战"服务。

企业的信息化建设要围绕核心业务流程，最终把IT系统延伸到一线，为一线创造出好的"作战"条件，确保能及时呼唤炮火，打赢"班长的战争"。

【案例】华为不追求IT的卓越，而是通过IT系统助推业务发展

华为将业务流程与IT系统定位为核心竞争力，通过端到端为业务高效运作提供流程化的集成服务，构筑业务流程运作竞争力。

华为的流程信息化采用顶层设计，由集中管控向服务转型；在业务变革方面，实施端到端业务流程集成；在IT系统建设方面，通过安全IT系统保障数据安全、提高作业效率、流程效率、运营能力。

在信息化建设策略上，华为聚焦核心业务，提升流程和员工的效率。首先，抓主业务流建设，提升流程效率。包括集成产品开发、线索到回款、客户问题处理三大创造业务价值的流程，以实现端到端流程贯通，从客户中来到客户中去。其次，抓全球办公和研发效率的提升及信息安全。通过关注员工的效率，确保全球移动办公系统简便易用和缩短响应时间。等主业务流通后，疏通支业务流，满足个性化需求。在这个过程中，IT系统支撑流程走在业务的前面，瞄准主航道引导需求。

此外，华为还将流程信息化与业务流程变革紧密结合，依靠稳定的组织结构和稳定的流程，确保IT系统落地实施。

简而言之，信息化建设和流程管理是相辅相成的，改善企业的业务管

理，能够助力企业实现高质量增长。

13.2.2　治理模式要与企业业务战略适配

业务流程与IT系统的治理模式需要与企业的业务战略适配。流程与信息化治理应充分满足各方利益最大化要求，以实现业务战略，合理管控信息化过程风险，建立可持续发展机制，体现IT系统商业价值。企业信息化建设的最大阻碍，既不是技术，也不是资金，而是缺少科学合理的IT系统管理理念。一些企业以技术为中心，使得IT系统未能服务于业务，结果导致财务成本不降反增；一些企业布置多个IT系统，分散了有限的资源，导致交付周期长，见效慢，不能有效地支持业务。业务流程与IT系统如何治理才能发挥最大的效用，非常考验领导者的管理素养和决策能力。

流程变革委员会及流程与IT部门应通过分析组织发展愿景、内外部环境、业务策略和管理基础，建设信息系统架构等，以支撑战略规划目标的达成。围绕组织的业务目标，制定IT系统战略目标及IT系统治理方案，但多变的战略将导致战略不可持续。

（1）先破后立，两条腿走路

流程变革中，对于尚未进入深水区的或处于起步阶段的流程，要先破后立，两条腿走路。对于重大项目以项目运作方式开展流程与IT系统变革。对于已经成熟的流程或立即要用的流程，只需小改动，由业务流程责任人负责联络IT人员进行改进优化。

（2）集中管控，变革随行

在较为复杂的组织内开展IT系统建设，不可能每件事都由企业统一负责和指挥。即便强推到一线，下面的人很可能不买账，不愿意接受新的IT系统。最好的办法是由各领域业务主管主导IT系统的建立，流程与IT部门都要参与。企业层面确定具体方向和举措。具体的治理模式上，遵循"集中控制，分散管理"策略。

第13章 流程平台：搭建完善的流程信息化平台，支撑业务高效运作
CHAPTER 13

【案例】华为"集中控制，分散管理"的IT系统治理模式

华为在IT系统治理及数字化转型中采用"集中控制，分散管理"策略，如图13-3所示。

技术资源
·计算机
·网络设备
·通信
·数据库

规划
·策略
·IT基础设施
·资源、项目管理
·模型模板（流程、系统、数据）

人力资源
·项目经理
·分析员
·用户

控制与标准
·企业架构
·业务流程
·技术标准
·技术跟踪
·文档

分散控制 ↔ 集中控制 ↔ 分散控制

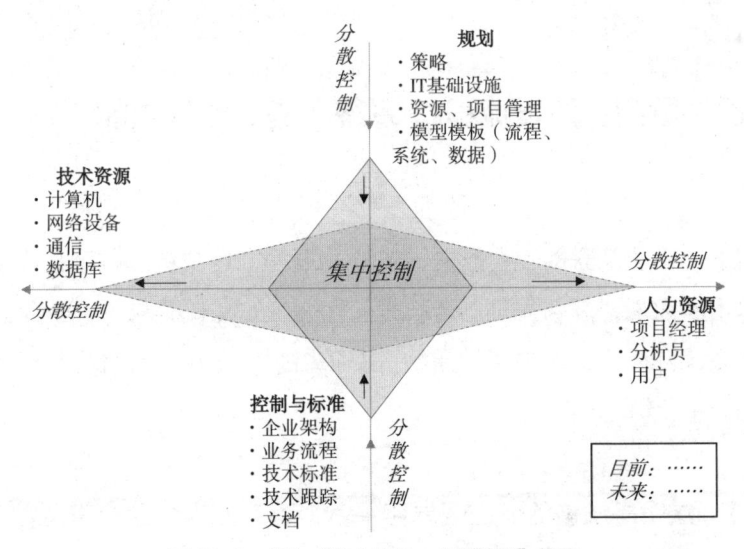

目前：……
未来：……

图13-3　华为"集中控制，分散管理"策略

首先，统一架构。华为依据企业架构或流程架构，制定架构原则、4A原则及标准。明确什么能做，什么不能做。保证流程与IT产品的交付符合架构要求，避免出现系统性风险。

其次，兼顾集中管理与快速响应。统一IT策略与规划、架构、标准，对IT系统的基础设施实行集中管理，避免重复建设和浪费。同时分散IT系统资源，使资源向业务部门靠拢，快速为业务提供支援，满足业务信息化需求。

最后，设置流程域3T团队。华为的IT建设为了匹配不同的业务场景，在每个流程域设置了3T团队，并设一名3T主任，成员为各领域业务主管、IT技术人员，对本领域负责。

流程与IT部门在遵循企业业务战略与流程架构的前提下，针对自身业务战略和痛点，形成差异化IT系统治理举措，以满足业务诉求。

13.3
以流程为导向，建设流程IT系统，提高流程效能

当下，移动互联网、大数据、5G、物联网、区块链、数字化等新的信息技术不断涌现，并与先进制造技术深度融合。在此背景下，企业建设IT智能化系统已成为流程系统构建的重要举措，信息化平台将提高流程系统的效能和企业综合运营能力。

13.3.1　建设高质量的流程信息化平台，有效支撑企业卓越运营

流程IT系统不仅能让企业的多层行政传递与管理体系更加扁平化，信息传递更加高速，还能降低企业的运营成本，增强企业竞争力。

为此，在流程信息化平台建设上，企业要以一线需求为导向，前瞻规划IT系统支撑能力，包括组织、架构、技术、应用、管理体系等。通过建立可靠的流程IT系统，支撑一线为客户提供高速、高效的服务，助力业务实现可持续发展。

【案例】华为通过建立IT系统助推业务发展

华为在发展壮大的过程中，业务规模不断扩大，也给华为的IT系统提出了越来越多的挑战。

第13章 流程平台：搭建完善的流程信息化平台，支撑业务高效运作
CHAPTER 13

华为成立初期，主要靠email和MRP II（物料生产计划管理）来支撑业务的发展。从1998年开始，华为学习了西方的管理经验，对产品研发和供应链进行了管理变革，IT系统由此进入了第二个阶段，IT系统集成化为业务提供了更好支撑。

但是随着华为业务规模的不断扩大，尤其是在2005年海外销售收入占比超过50%时，华为亟需升级IT系统，适应全球化业务运作的需要。当时华为的IT系统基本都是中文界面，没有英文界面，很多外国员工没法使用，因为他们看不懂中文。

于是，从2004年开始，华为IT系统逐步进入第三个阶段——国际化阶段。这一阶段主要以全球上线ERP系统为主，通过将近十年的努力，华为在全世界建立了一张IT大网。华为的IT系统不仅要支持企业内部运营，还要支撑企业外部的业务创新，逐渐跟不上时代的发展。为了完善IT系统，2012年，时任华为软件公司总裁的邓飚提出了华为IT 2.0，如图13-4所示，这也标志着华为IT系统进入了第四个发展阶段。

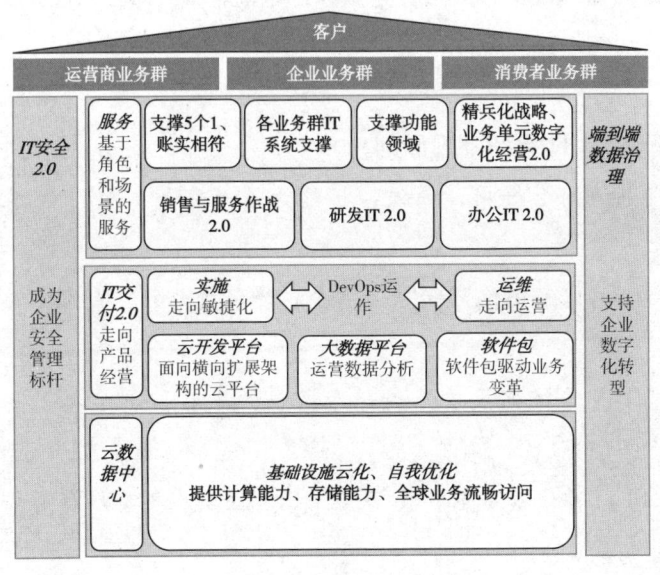

图13-4 华为IT 2.0

华为IT 2.0通过技术手段全面支撑三大业务群在全球的业务，是业务的合作伙伴，战略达成的推动器。IT 2.0具有五个明显的特征：一是以互联网技术为核心的新一代IT系统；二是以人与用户体验为中心；三是以数据架构治理驱动数字化经营；四是适应全球业务快速变化的敏捷性；五是面向服务、走向产品经营。

经过多年努力，时至今日，华为的IT网络遍布全世界，共有70多个数据中心、36个客户联合创新中心、800多个IT系统等。

可以说，强大的IT系统对企业战略形成有力支撑，使企业更快、更安全地实现战略目标。正如任正非所说："在'班长的战争'中，IT系统的支持必不可少。有了IT系统，整个组织的改革才能更加流畅，一线团队才能及时地呼唤炮火，后方团队才能及时地给予支援。为了保证IT系统能够真正支撑一线的作战，流程IT部门的人员在设计流程时，就得去掉创新观念，使流程更加简单化、标准化，从而实现多产粮食的目标。"这表明，强大的IT系统对流程变革形成强有力支撑，为企业做大做强做优夯实基础。

【管理观点】IT系统建设原则

（1）适用、好用、简便，不能为追求完美，把IT系统做得复杂；

（2）要以解决实际问题为需求，使用成熟的、大家都在用的系统；

（3）IT系统建设要形成一个统一的平台，平台之间要对接流畅；

（4）IT系统建成后，要落实流程责任制，要有人负责监管、统计、测试。

第 13 章　流程平台：搭建完善的流程信息化平台，支撑业务高效运作

在数字化时代，企业面临的机会很多。只要企业能够科学规划流程体系，使用 IT 系统、BPM 等信息化技术手段，对自身和市场数据进行深度挖掘，那么必然可以产生更大的价值，捕捉新的发展机会，实现业务的可持续增长。

13.3.2　做好流程数据的采集工作，保障高质量数据输入

流程通的根本是数据通，流程数据是流程应用与优化的基础和依据，因此流程数据采集被看作 IT 系统建设的重要内容之一。数据的准确性依赖于前端流程规范和数据清洁。流程与 IT 管理人员要通过参与业务进行流程运营，规范前端流程执行，并收集、筛选数据，最终确保数据的真实可靠。

> **【案例】亚马逊利用大数据搭建综合服务大平台**

说起亚马逊，人们往往将其定义为一家商务企业。但事实上，它并不是传统意义上的商务企业，而是一家大数据企业，因为它拥有较为成熟的云基础设施、海量数据流和产品内容。亚马逊网络服务推出的在线数据仓库服务连接了企业数据中心，帮助企业大大提升了供应链管理效率。同时，它还连接着亚马逊在线零售、云服务和平板电脑业务等，而这些服务所共有的要素就是大数据。对亚马逊而言，硬件系统并不是最重要的。因为它的目标并不在于通过出售象征时髦的电子产品和昂贵的设备来获得利润，而是通过大数据搭建一个综合零售服务、出版服务和企业服务的大平台。

图 13-5 是流程数据在管理模式、管理体系与实施方案等方面的管理规划逻辑和关键动作。

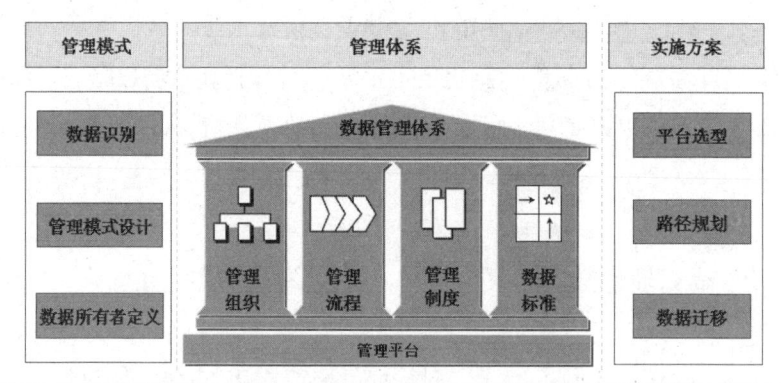

图 13-5　流程数据在管理模式、管理体系与实施方案等方面的管理规划逻辑和关键动作

数据管理主要围绕管理模式、管理体系、实施方案有序展开。在管理模式上，重在数据识别、管理模式设计、数据所有者定义，以此设定数据采集的关键动作；在管理体系上，以管理平台为地基，以管理组织、管理流程、管理制度、数据标准为支柱，以此选定数据采集方向；在实施方案上，重在平台选型、路径规划、数据迁移，以此明确数据应用路径和数据迁移模式。

流程数据管理人员务必预先规划数据采集范围和对象，在实施过程中确保采集动作及时和采集内容精准，并及时识别异常情况，这也是贯穿流程数据采集管理过程的基本原则和应用保障。

（1）遵循数据采集的基本原则

流程数据采集应做到及时、精准，这是数据采集工作的基本原则。

第一个要求，流程数据采集的及时性，这是很容易理解的。也就是说，要在有效时间内展开流程数据的采集工作。流程数据采集最终的目的是让流程运作过程中的重要数据活起来，被及时地用于指导业务流程运作。

因此，我们要保持流程IT系统的数据反馈路径畅通，最大限度地为信息的及时反馈提供便利。同时，要对反馈数据进行及时梳理，将不同的数据快速反馈给关联的流程控制点或部门，便于及时做出应对措施和策略性

第13章 流程平台：搭建完善的流程信息化平台，支撑业务高效运作
CHAPTER 13

调整，保障流程运作的持续稳定与顺畅。

第二个要求，流程数据采集的精准性，这是指导企业流程运作的依据。基于此，精准采集信息并逐步健全IT信息库，被视为打造流程IT系统的关键。

为了保障流程数据采集的精准性，我们需要对采集过程进行规范。比如，在采集过程中对关键信息要认真核实，确保信息的准确性；在信息录入工作中要确保录入的准确率；信息录入处理系统后，也要进行核对，确保信息准确无误再进行信息上报。只有实现每个环节的规范有序运作，才能保证信息的准确无误。

（2）识别流程信息的异常情况

在信息采集过程中要快速识别数据异常。一般而言，数据异常有两种情况：一种是正确的数据异常，即现实中有特殊事件发生，数据上自然也会呈现出异常状态。另一种是错误的数据异常，即现实是正常的，但统计行为是错误的，由此导致数据异常。想要发现错误的数据异常，可以考虑使用以下技巧。

一是从数量级角度评估是否存在误差。

数量级是指数量的尺度或大小的级别，各级别之间通常需要保持某个固定比例。我们可以通过观察最终数据，确认在数量级上是否存在较大的误差。比如，通过询问需求方得知每天付费数量在40单左右；若统计结果在100单或者10单，那么数据结果往往是存在问题的。

二是从统计结果的分布情况进行辨识。

统计结果的分布，往往呈现出一定的特性。一般而言，统计结果本身具有两种特性，即连续性和周期性。其中，连续性意味着不会出现忽高忽低的大幅变动，周期性是指每到周末或某个周期便会出现一定程度的提高或降低，每隔一段时间便会循环一次。以统计员工的工作量为例，通常对一周的工作总量按员工个体分别进行汇总，并采取由高到低的次序均匀递减。

此外，我们还可以从不同的维度去确认、验证数据是否真实、合理。

比如，我们可以通过交互式报表，观察各维度的汇总值是否一致。如果汇总值一致，那么基本可以判断数据是无异常的。

13.3.3　做好系统数据共享与开放权限设计，保持顺畅的信息流

建设流程IT系统的根本目的，是让流程环节之间更好地互通，实现流程系统的整体协调运作，提高流程运作效能。为了达成这个目的，流程数据的共享与适度开放就显得尤为重要。

【案例】海底捞无人餐厅与流程智能系统

海底捞餐厅斥资1.5亿元打造出的无人餐厅，于2019年12月在北京开始正式营业。

无人餐厅里，智能机器人把所有与食材加工相关的环节都前置到外包供应商和中央厨房环节进行处理。所有菜品从自动控温30万级超洁净的智能仓库中取出，然后通过0～4℃冷链保鲜物流货车进行全程运输，直达各门店。

顾客通过iPad点完单后，点餐的数据会自动传输到后端厨房的菜品仓库中。这时就轮到高度灵活的机器臂出场，它最高可触至两米高的货架顶层，能轻松地取下所需要的菜品；再将菜品放置于传送带上，送至传菜口。整个配菜工序，如果是人工配菜员至少需要花费10分钟，而使用机器臂，仅需两分钟就能完成。配好菜后，站在一旁待命的机器人会得到一条指令，然后准确无误地将菜品送到顾客的桌子前。这样一来，顾客的等餐时间就会大幅缩短。

在无人餐厅的酒水区，设有高达3米的自动取用酒水柜。它如同一个大脑，可容纳1100个抽屉，而且能根据点餐的具体信息，将酒水自动送至最合适的出口。此时，顾客可以自己去取用，也可呼叫工作人员送达。

第13章 流程平台：搭建完善的流程信息化平台，支撑业务高效运作
CHAPTER 13

过去，人性化等位区一直是海底捞的服务招牌，顾客在这里享受美甲、擦鞋等服务；而在如今的无人餐厅里，海底捞设置了一个超级等餐区，几排座椅所面对的是一个宽13米、高3米的影院级投影屏。它如同一个联机游戏的界面，顾客通过手机扫码就能和其他等位的人一起玩游戏。

店内监测大屏上，不仅能看到每部机器在各环节中的运作情况，还能实时且准确地监测菜品的剩余数量，以及是否存在已超过保质期的菜品。

无人餐厅从根本上来说借助了流程数据的实时共享和恰当的权限开放实现了整个服务流程的高效运作。那么，如何做好系统数据的共享与开放权限的设置，从而保障流程数据得到充分使用呢？

（1）规划数据共享与开放权限

如果企业数据共享与开放的权限过小，可能因分享不全面或不到位而影响流程反馈速度和效果；如果权限过大，又可能会影响企业数据安全。因此，在设置数据共享与开放权限时，应按照以下原则来规划。

一是明确规定流程角色应获得的流程数据类型。对于不同流程环节，明确规定每个流程角色（流程所有者、流程执行者）的流程责任，进而确定各流程角色应获取哪些类型的流程数据。

二是明确规定流程角色获得对应流程数据的时间。如流程角色应在什么时间或每隔多长时间获得规定的流程数据，以及获取流程历史数据的可追溯时限。

（2）设计流程数据交互模式

此外，如果希望流程系统运作更为高效，可以设计流程数据交互模式，让数据发挥更大的能量，更好地推进业务流程运作，提高流程效能。

【案例】海尔数据平台对业务流程的助力

海尔借助存储了海量用户数据的大数据平台——社交化用户关系管理

系统，建立了需求预测和用户活跃度等数据模型。以此为基础，其为营销人员设计并开发了"营销宝"。它是一款具有精准营销功能的应用软件，可辅助工作人员面向社区和用户展开精准营销活动。

此外，海尔还为研发人员开发了应用软件"交互宝"。这款软件具有用户交互功能，可以帮助研发人员更全面地了解用户痛点、受欢迎的产品特征、用户兴趣分布、可参与交互的活跃用户。

这些大数据产品在日常应用中取得了巨大的成效，在系统运营的近一年里，海尔开展了数百场基于数据挖掘和需求预测的精准营销活动，转化的销售额达60亿元。

不论"营销宝"还是"交互宝"，都是企业将IT系统与数据融入业务流程运作而实施的创新性开发，为推动流程系统建设提供了非常好的思路。

总体而言，对于流程IT系统的建设，重点应在于以流程系统为主线，规划流程与IT系统的结合点，让IT系统保持顺畅的信息流，以支持流程系统的高效运作。

第14章

流程数字化：让流程更敏捷，服务更高效，成本更低廉

华为监事会主席郭平曾指出，流程、组织、IT系统的紧密衔接，像蛇的骨骼支撑身体动作灵敏、高效，在发现猎物（业务）时，环环相扣的骨骼支撑身体快速跟上，发起进攻，最终达成目标（战略）。

其中，流程数字化是流程化组织建设的关键环节，是数字化转型的基础性工作。用数字化固化流程，沉淀数据，支撑企业的卓越运营。企业通过流程数字化，可实现业务流程的智能化、高效化和精准化，从而更高效地创造价值。

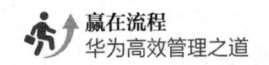

14.1

流程是数字化转型的根本：没有流程，数字化无从谈起

华为质量流程IT总裁陶景文表示，任何不涉及流程重构的数字化转型都是装样子，是在外围打转，没有触及灵魂。这样的数字化转型也不可能成功，真正的成功一定会给企业的效率带来10倍及以上的提升，打破原来流程的边界。这表明，流程是数字化转型的根本。

为成功实现数字化转型，企业需要实现流程的对象、过程、规则的"3个数字化"。

14.1.1 数字化转型的本质是业务转型，是企业价值链的重塑

不同的角色主体对数字化转型有着不同的理解和侧重。华为结合自身数字化转型成功实践，给出了自己的理解：通过新一代数字技术的深入运用，构建一个全感知、全联接、全场景、全智能的数字世界，进而优化再造物理世界的业务，对传统管理模式、业务模式、商业模式进行创新和重塑，实现业务的成功。

这表明，数字化转型不只是信息技术的改变，更是通过数字化技术推动业务的重塑和转型，包括对组织活动、流程、业务运作模式和员工能力的构建。

> 【案例】华为用数字化技术实现全球物流价值链的重塑

面向全球客户，华为构建了一个覆盖全球的端到端的物流网络，覆盖了全球200多个中心城市。75000多条物流路径，每年交付数百万订单，发

第 14 章　流程数字化：让流程更敏捷，服务更高效，成本更低廉
CHAPTER 14

货量占地几百万立方米。这么大业务量，一旦其中某个节点及节点之间的实物流、信息流和资金流的流转出现问题都会导致海量的重复作业。在传统作业模式下，作业环节的高耗能点较为普遍。也意味着任何一个节点的改进都会带来巨大收益。存货周转天数每减少一天，就能节省数千万元。这就是数字化转型的机会。

于是，华为开始了供应链数字化建设，从业务对象、业务过程及业务规则展开。

第一，业务对象数字化。从人-仓-货-车-船-单需求出发，通过先进设备、软件、第三方数据等多种途径，建立数据感知与采集技术，收集数字化建设所需的基础数据。

第二，业务过程数字化。利用传感器等物联网技术，对业务对象的行为过程进行观测，形成观测数据，实现业务作业全流程可视、可管理、可追溯。比如常见的网络访问日志，它通过观测员工访问当地办公室网络的日志数据，实时统计职能部门、行政机关人员出差情况，解决人工统计周期长和数据不准的核心痛点。

第三，业务规则数字化。在业务管辖范围内，针对业务处理逻辑进行统筹设计，为业务行为提供指引及可落地执行的条例。比如在出差费用标准上，根据出差员工的职级，将员工出差住宿酒店标准划分为A、B、C三个标准。

2021年3月，苏伊士运河堵塞，华为欧洲业务受到影响。华为通过基础数据分析，很快确定了当天有28艘船、400多个货柜、100多个客户受到影响。接着，华为通过大数据分析及预案模拟，从海陆空等数万条路径，百万种组合中，敲定了中欧班列方案，保障了4000多个客户订单紧急补货，并将80%的订单延误控制在2周内。

在数字化技术加持下，华为供应链物流业务已然发生翻天覆地的变化。可见，企业数字化转型的本质是业务运作模式的重构，是流程、设

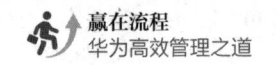

备、人的全面数字化。

14.1.2　数字化成为价值创造的驱动力，流程中的重要组成部分

数字化的出现促进了业务流程的效率突破，让流程更加合理。以往只能想象却无法实现的作业方式，现在都成为现实。例如可视化交易、现场交付智能化、全流程在线等。这让流程更加充满活力，更加凸显自身价值。数字时代对业务流程提出了新要求，如图14-1所示。

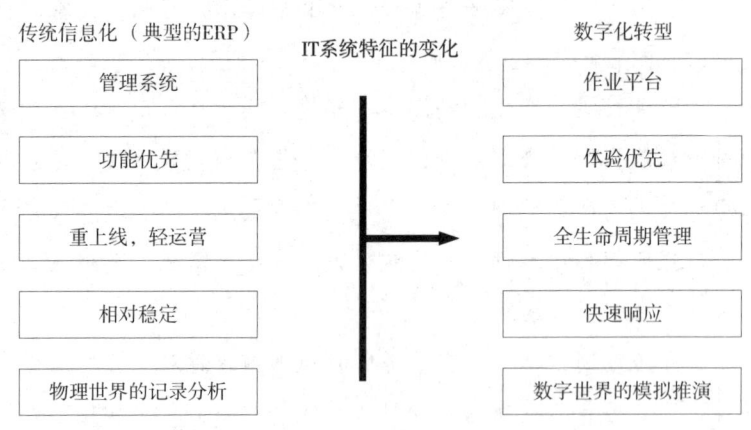

传统信息化（典型的ERP）	IT系统特征的变化	数字化转型
管理系统		作业平台
功能优先	→	体验优先
重上线，轻运营		全生命周期管理
相对稳定		快速响应
物理世界的记录分析		数字世界的模拟推演

图14-1　数字时代对业务流程提出的新要求

（1）作业平台。通过作业、记录及数据的方式给企业带来好处，解决企业流程与组织中的熵增问题；提升管理者的业务态势感知能力，让流程长度变短，决策速度更快。同时打破时间和空间的限制，让不同层级、不同部门可实时看到相同的信息，与传统流程相比，信息流更快，降低了沟通成本，加快了组织响应速度等，让流程运作更加高效。

（2）体验优先。把面向消费者的体验，带入面向商业客户的场景。例如上千万元的交易，交易双方可以做到全流程可视。企业内部运营、与合作伙伴的交易实现实时、按需、全在线、自主的社交体验。例如，客户的采购系统产生订单后，自动流入企业订单履行系统；每个订单的交付履行

第 14 章　流程数字化：让流程更敏捷，服务更高效，成本更低廉
CHAPTER 14

情况，能实时在线可视；客户需求及使用体验可以及时被感知等。

（3）全生命周期管理。数字化转型伴随企业业务流程全生命周期，打破了组织与行业边界、IT 与运营技术边界，让整个产业链条全部打通成为现实。就广度而言，拓展到全产业链条；就深度而言，覆盖企业从交易、设计、制造到服务等每一个环节，让企业更快、更精准地响应客户需求。

（4）快速响应。企业业务流程能否发挥作用，在很大程度上取决于流程的响应速度。以现场项目交付为例，传统流程可能需要 ERP 系统来实现，虽说使用了信息技术，但依旧需要邮件、电话来确认。而数字化技术的使用让交付现场可视化，相关人员可以通过线上视频确认、调试、安装产品。无论现场作业、交易开票，都能快速完成。

（5）数字世界的模拟推演。数字化技术基于企业业务的清洁数据，以 ICT（Information and Communications Technology，信息与通信技术）平台为生产工具，以软件为载体，以服务为目的，展开精准的模拟推演或建模。进而让企业找到机会，做出正确决策和行动。

数字化正成为企业业务价值创造的驱动力，成为数字化时代业务流程不可剥离的一部分。

【案例】华为交易流的数字化改造带来巨大收益

华为与某一运营商客户的交易流中，双方有近 10 个交易触点。而且客户内部和华为内部在这些触点之间又各有自己的内部交易处理节点。如果将这些节点打开，又会发现每个作业环节牵扯多个执行角色和流程，要处理多个文档等。在传统的业务流程下，这种作业方式没有问题。但在数字化时代，这暗藏着巨大的改进空间。

2019 年，华为在西欧某国与三个主要客户分别进行交易流的数字化改造。将过去线下表格加邮件传递的交易模式，改为全在线的结构化 B2B（Business-to-Business，电子商务模式）对接方式。这些环节包括预订单比

对、订单生产和注册、订单发布、交付信息集成、验收与开票准备等。改造后的交易体验对客户具有吸引力，如图14-2所示。

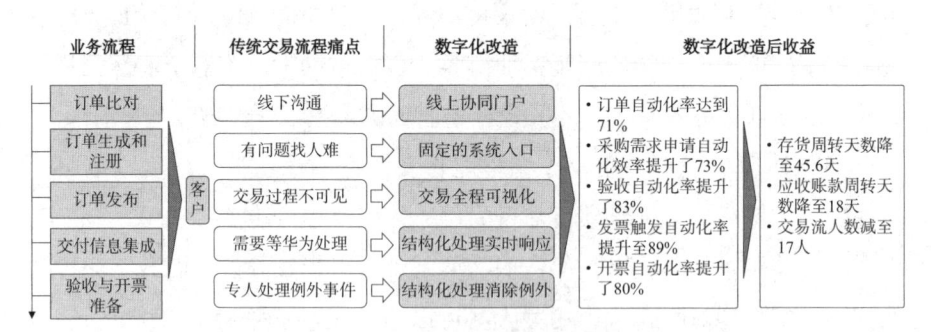

业务流程	传统交易流程痛点	数字化改造	数字化改造后收益
订单比对	线下沟通	线上协同门户	• 订单自动化率达到71%
订单生成和注册	有问题找人难	固定的系统入口	• 采购需求申请自动化效率提升73%
订单发布	交易过程不可见	交易全程可视化	• 验收自动化率提升了83%
交付信息集成	需要等华为处理	结构化处理实时响应	• 发票触发自动化率提升至89%
验收与开票准备	专人处理例外事件	结构化处理消除例外	• 开票自动化率提升了80%

附加收益：
• 存货周转天数降至45.6天
• 应收账款周转天数降至18天
• 交易流人数减至17人

图14-2 交易流数字化改造与收益

华为通过瞄准提升客户体验的数字化再造，带来了内部管理水平和经营情况的大幅改善，实现了客户在线实时响应，也实现了内部作业自动化，以及存货周转天数、应收账款周转天数的降低和人力成本的节约。这让某国子公司销售规模超过30亿元人民币，交易流程数字化改造产生的收益对利润贡献率达10%以上。

华为通过瞄准客户体验，积极推进交易流数字化，提升客户体验的同时，也提升了自身的管理水平和流程能力，更重要的是"多打了粮食"。

未来的企业将由数字化驱动创新。企业应积极顺应时代要求，主导数字化转型。

14.1.3 流程承载业务，组织执行流程，并以数字化固化流程

流程是数字化转型的根本，不做流程重构的数字化转型，都将会流于形式，无法创造价值。流程承载业务，数字化固化流程，让流程更加敏捷高效，业务又牵引数字化转型，最终由流程化组织执行流程，形成一个闭环管理体系，如图14-3所示。

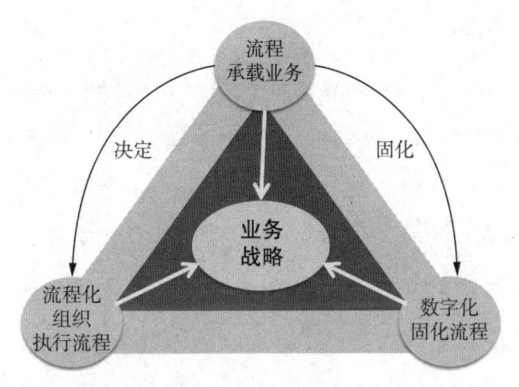

第 14 章 流程数字化：让流程更敏捷，服务更高效，成本更低廉

图 14-3 流程、组织与数字化之间的关系

流程数字化，让企业的业务及数据都被数字化技术承载，而且从前到后都是集成和自动化的，极大地提高了业务流程效率。在IT系统中，数字化固化的流程本质上跑的是业务。

【案例】华为开票流程数字化改造之旅

华为在交易流数字化变革之前，处于传统交易模式下，即华为是卖产品的，客户是买产品的。因而两者在业务环节上并非全是一一对应的关系。客户要的产品与华为交付的产品之间需要转换、拆分、组合，再加上分批运输、分批交付、分批验收、分批开票及立项、变更和退货，导致部分交易环节复杂。

华为在某国的一个项目开票环节上，采用传统线下文档传递的一般作业流程。华为收集各种验收文档，按照站点打包，然后提交发票给客户审批，再由客户找到对应的订单，并逐单核对。而开票文档是一个基站一张票，每张发票的支撑文档最少有八十页。

华为在客户4G网络建设期，开票打印所需的纸张到最后铺满了办公室，整个过程中，双方在每个环节上都要在不同的交易颗粒度之间相互转换和对比修正，不仅耗时，而且准确度难以保证，还造成部分货款无法及时回收。

基于此，华为与客户共同进行了交易流的数字化改造。一方面，双方简化交易对象，并进行在线管理；另一方面，双方系统实现在线智能对接，各种交易文档在线结构化传递，并使用人工智能提高效率。例如，发票评审由原来的手工生成传递审批，变为自动化生成在线发送，由人工智能识别，同时关注审批异常项。交易流的数字化改造使每个交易环节效率都得到了提升，客户开票人数从100多人降到10多人。

可见，数字技术改变千行百业的时代已经到来。企业流程、组织及数字化转型要紧密衔接，一旦发现猎物，企业就要迅速移动，发起攻击，进而达成战略目标。

14.2

用数字化来重构业务流程，提升客户体验，赢得客户

为赢得更多客户，赢得市场竞争，实现商业成功，企业需要聚焦客户体验，通过业务对象、业务过程、业务规则"3个数字化"来重构业务流程，使流程更可控、更高效。

14.2.1 始于流程，终于流程！用数字化更优质高效地创造价值

流程是改善客户体验、"多打粮食"的一套规范业务运作的机制，是企业长治久安的保障，也是数字化转型的基础。重构业务流程，要利用数字化技术达成从功能到场景的转变，实现客户体验的重构。以往考虑企业

第 14 章 流程数字化：让流程更敏捷，服务更高效，成本更低廉
CHAPTER 14

可以为客户提供什么，数字化转型背景下更多考虑业务场景服务化，让客户、供应商感受到极致的体验，让业务更加简单，这也是流程体系建设的目标和要求。

【案例】京东构建数智化供应链流程体系，使库存周转天数降至33.3天

对于零售业来说，库存周转天数是衡量一个企业运作效率的重要指标。库存周转天数，是指企业从产品入库环节开始，一直到消耗掉或销售完库存为止所需要的总天数。一般来说，企业的库存周转天数越少，意味着其变现速度越快，资金占用周期越短。

2021年3月公布的京东第四季度财报显示，京东的库存周转天数降至33.3天，比全球零售巨头亚马逊的库存周转天数要短一个星期。京东之所以能实现对库存周转天数的极致追求，恰恰在于其非常重视流程运作能力的提升，常年深耕自建物流体系，成功推行了数智化供应链体系。

2020年10月，京东首次对外阐释了其数智化社会供应链的推行，用数智化技术，连接和优化社会生产、流通、服务的各个环节，将相关流程数据提供给上一层级系统或业务方，进而辅助销售、服务等方面的业务决策优化与程序性推进。这极大地提高了零售平台的流程运作效率和经营效能。据统计，2020年在"双十一"期间，京东智能供应链与超过55%的品牌方实现了深度协同，帮助500万种商品进行销售预测，每天给出超30万条智能供应链决策，获得了来自品牌方的深度认可与广泛好评。

京东通过数字化技术重新构建业务流程，连接和优化社会生产、流通、服务的各个环节，推动了零售平台整体效率的提升。

14.2.2 业务能力的数字化建设与部署：实现更敏捷、高效运作

业务能力的数字化建设是围绕业务能力的组件展开的，包括流程、数据、IT 系统，以及所需的资源、知识与技能。华为指出，企业数字化转型的核心就是利用数字化技术全面提升业务能力，实现更敏捷、高效运作。业务能力数字化建设需要遵循五个原则：

（1）业务能力是否实现对象数字化、过程数字化、规则数字化；

（2）业务能力是否通过数字化技术、工具实现流程再造；

（3）IT 装备是否通过数字化技术，例如云计算、大数据、人工智能、物联网实现自动化、智能化；

（4）业务能力所需知识，是否利用数字化技术实现积累与共享；

（5）业务能力平台化、服务化。实现对业务形态和场景的共享支持。

这是我们根据华为业务能力数字化建设最佳实践，总结并提炼的五个原则。

数字化为业务能力的布局提供了更多的选择。一般标准化程度高、客户交集多、资源获取成本低的业务能力布局较为快速和容易。业务能力布局的重点和难点是流程的解耦设计，也就是流程的分层分级。

【案例】华为研发作业流程中单个业务能力的数字化部署

华为在业务流程中，将流程要素对象化，并将带有线序的过程和编排的活动对耦解开。先将活动从流程中解耦，然后将活动要素结构化。华为在对 IPD 流程进行数字化时，对当下流程进行清理，确定了 1000 多个活动、300 多个角色、1000 多个输入和输出，并将这些活动作为研发作业数字化的目标。流程分层解耦与结构化过程，如图 14-4 所示。

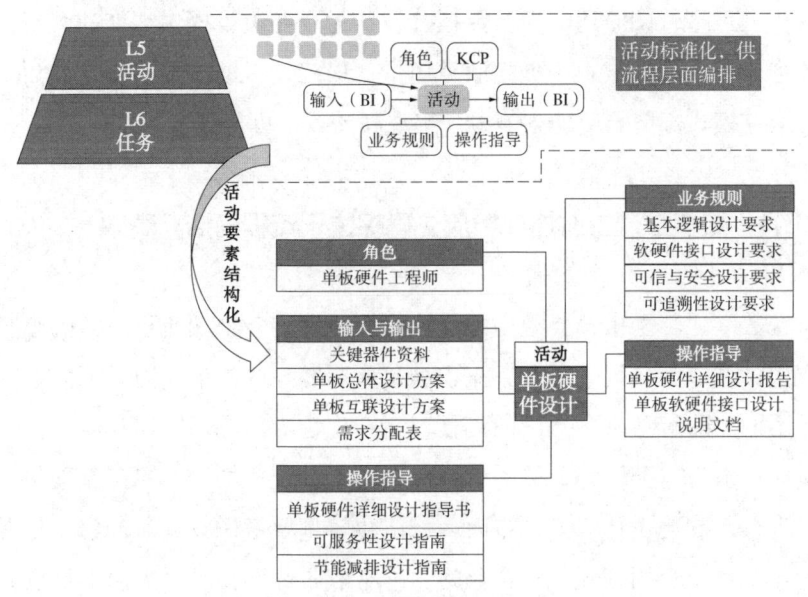

图 14-4 流程分层解耦与结构化过程

活动解耦是过程数字化的基础，活动的上线、自动化、智能化是过程数字化；输入与输出标准化是业务对象数字化的基础；业务规则显性化是规则数字化的基础。

业务能力具有高度的稳定性，经过数字化固化、升级，更加可靠。流程数字化是对原有业务流程的一次高规格升级，它能让业务环节以光速连接起来，连接所产生的一系列化学反应，能让作业效率直线提升。

14.3

流程数字化：持续提高组织效率，增强企业核心竞争力

流程数字化能整合分散的数据资源，实现信息的实时共享，提升跨部

门协作的效率；同时还能通过数据分析，为企业决策提供精准的洞察，优化业务流程，降低成本，提高服务质量；最终，有助于企业构建灵活、高效的运营模式，增强市场竞争力，实现高质量、可持续发展。

14.3.1　聚焦拉通主航道业务流，确保主干流程简洁、高效

在数字化转型中，要遵循主干流程简洁稳定、末端流程灵活的原则。一方面，企业无法以一个业务流程满足所有客户的需求。因为不同的客户诉求不同，而且涉及多部门的流程，会产生边界问题。因而只能从企业层面拉通主航道业务流程，然后分析前端不同的业务场景，厘清流程归口责任，进行定制化设计。另一方面，数字化转型要考虑收益与产出，若在所有的流程环节全面铺开，对企业的实力有非常高的要求，因而聚焦核心业务或关键流程展开数字化转型也是不错的选择。

（1）对准业务价值，找到核心业务

企业业务有很多，数字化转型不是所有业务都要做，或都由自己来做。要聚焦主航道，拉通核心业务流。主航道，简单地说就是贴近客户的业务、以价值为中心、降本增效的作业。数字化转型开始前要找准主要业务场景。找准业务场景的三要素，如图14-5所示。

高频发生的业务场景，每次发生的步骤、逻辑和结果是相同或类似的

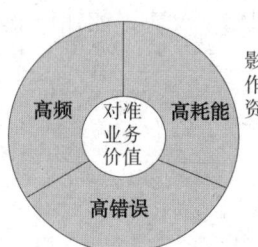

影响成本的关键场景，即那些海量重复的作业中投入资源多，但效率较低的环节，资源随着业务量线性增长

人工作业产生错误的概率很高，或者后果严重的场景

图 14-5　找准业务场景的三要素

第 14 章　流程数字化：让流程更敏捷，服务更高效，成本更低廉

依据这些要素找到业务场景后，企业可以重新设计业务流程，并推动自动化、智能化应用。

（2）基于服务化流程定制

基于服务化的流程架构设计，就是前文介绍的IT服务化、业务IT化。它可以让IT系统快速响应业务，灵活适配业务能力，提高业务架构的可裁剪性，从而保障主干流程稳定，末端流程灵活服务客户。如此，使得交易对象、交易流程的定制成为可能。

【案例】华为基于主干流程定制适合特别业务场景的作业流程

随着华为在东南亚M国的业务量增大，产品配置报价工作变得异常繁忙。负责该国这部分业务的工作人员为了提高效率，将配置报价加上部分销管业务串行处理。在主干的交易平台上，工作人员需要频繁切换工具，来完成一系列的报价工作。大家经常抱怨，干一件事情需要同时打开四个工具，工作只能人拉肩扛，以完成增加的业务量。服务化交易流上线后，工作人员利用服务化特性可轻松编排个性化作业工具。作业流程定制前后对比如图14-6所示。

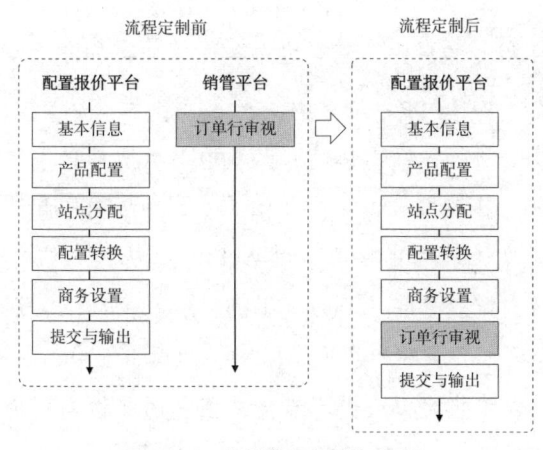

图 14-6　作业流程定制前后对比

可以看到，流程定制前，工作人员需要横跨两个平台工作；流程定制后，工作人员只需在一个平台上完成工作，大大提高了工作效率。

流程定制需要遵从主干流程的数据定义，但在作业次序上与主干流程有所不同；业务颗粒度比主干流程颗粒度更细，可在主干流程颗粒度上进行额外的操作，扩充服务。

14.3.2 实现组织沟通领域的人、知识、业务、设备全连接

当下，企业的办公模式发生了翻天覆地的变化。员工办公时，大多会使用电脑、手机等终端。多数办公场景都需要社交工具，例如微信、钉钉、飞书等。办公人员分散于各地，而智能移动终端保证了随时随地接入。这使得沟通占据了人们半数以上的时间。试想一下，如果其中有大量浪费环节，会带来什么样的后果？因此，数字化时代，不仅需要数字化平台的沟通能力，还要将员工日常业务、所需知识和设备深度连接起来，实现一键查询、沟通。

【案例】华为 WeLink 数字化办公平台助力运作效率提升

华为从2011年开始，为了满足办公需求，不断推出各类 App，最后经统计，发现有200多个 App，给员工日常工作带来了极大不便。员工有时会为了一个或几个同类需求，在不同的 App 上来回切换，费时费力。伴随着2016年数字化工作的开展，华为开始了办公领域数字化实践。经过数字化需求分析，建立了数字化办公平台 WeLink。从过去的办公系统转变为面向员工的一站式作业平台，即为员工提供统一的会议、消息、邮件、打印、翻译、共享等办公服务，实现了团队、知识、业务、设备的全连接。

连接团队。以团队为中心进行连接，汇聚团队协同所需的各种服务，实现不同功能、不同空间、不同语言的连接。

第 14 章　流程数字化：让流程更敏捷，服务更高效，成本更低廉
CHAPTER 14

连接知识。WeLink融合了文字、视频等多种服务形态，方便员工在线使用；提供丰富的学习内容，供大家学习。

连接业务。WeLink基于开放的API接口，通过"We码"小程序，可快速接入内部服务和外部公有云SaaS服务，实现IT敏捷设计，快速响应一线。

连接设备。WeLink连接了员工办公所用电脑、手机、平板、会议屏、打印机、门禁、会议设备等硬件设备，实现与物联网的连接。

华为WeLink数字化平台极大地提高了办公效率，使整体协作效率提升了30%。

数字化时代，企业开发的App越来越多。而且这些App如果只基于某个需求开发，很可能会导致各自为战，这也是一个急需解决的问题。如何解决？一是重新集成数字化办公平台，就像WeLink那样；二是以小程序的方式满足办公需求。

企业数字化转型围绕企业战略和业务目标展开，在业务目标实现的过程中，引入更多的数字化技术，让整个流程平台更加高效、敏捷和自动化，以更好地支撑战略。

THE SIXTH ARTICLE

第六篇

变革管理篇

第15章

流程变革：以战略为指引，以客户为中心，反映业务本质

为构建聚焦客户价值创造、流畅高效的流程体系，笔者及德石羿团队在流程变革实践中，结合华为实践，提炼出了企业流程变革之道：以战略为指引，以客户为中心，反映业务本质，从而提升客户满意度，增强企业核心竞争力，让企业在激烈的市场竞争中保持领先地位。

15.1

SDBE战略指引：构建从战略到执行的流程化组织能力

流程体系与战略对接，具体体现为将企业中长期战略发展所需的核心能力落实到流程里。合理的流程体系会在一系列价值创造活动中自然而然地实现企业的战略任务与目标。德石羿团队结合IBM、华为及美世等世界级企业的先进理念、多年的实践总结，独创了SDBE领先模型，即战略规划（Strategic Planning）、战略解码（Decoding）、经营计划（Business Planning）、执行计划（Execution）。该模型适用于各类企业进行战略制定与执行，并指导企业将战略发展需求转化为流程中的核心能力。

【案例】华为流程变革：以战略为指引，将战略需求转化为流程的核心能力

华为在开展流程变革时，会综合考虑中长期战略发展需求，并将这些需求转化成流程里的核心能力。

在华为看来，企业发展要有一个清晰的战略，并充分贯彻执行该战略。因而在流程设计阶段，华为将战略要求作为重要的参考要素，以确保各主干流程都能支持战略目标的达成。为了实现这一点，华为通过SDBE领先模型深入分析战略，明确长期发展方向和关键成功举措。然后，将这些举措转化为具体的流程指标及标准，让各流程始终为战略目标的达成做贡献。

华为在明确了"成为全球领先的通信解决方案供应商"的战略目标后，将其反映在研发流程中，即注重研发的投入及创新能力培养，以获取在通信领域的核心竞争力。同时，定期评估和调整流程，确保流程与战略

第 15 章 流程变革：以战略为指引，以客户为中心，反映业务本质

保持高度一致。

可见，流程要随着战略变动，保障企业锻造出符合战略诉求的核心竞争力，持续保持竞争优势，击败竞争对手，实现商业成功。企业可以通过 SBDE 领先模型来构建战略到执行的流程组织力。

【管理实践】SDBE 领先模型与 SDBE 六力模型

SDBE 领先模型是战略制定到执行的闭环管理体系，如图 15-1 所示，除了战略规划、战略解码、经营计划和执行管理四大环节，还特别注重领导力和组织协同的作用及战略执行的底座——企业文化及价值观。

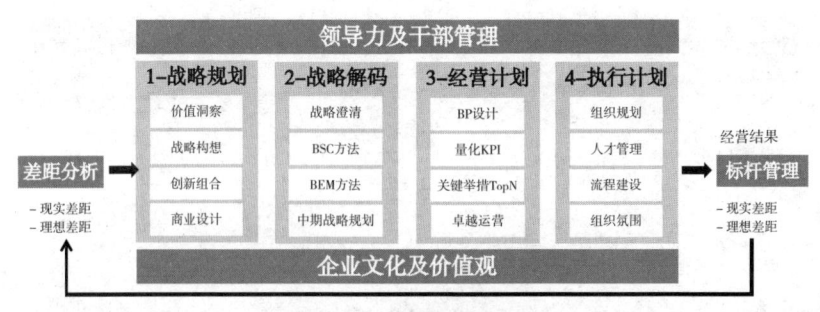

图 15-1 SDBE 领先模型

（1）战略规划。识别关键问题并进行差距分析。

（2）战略解码。将企业战略转化为各部门、全体员工可理解、可执行的具体目标和行动措施。通过对战略逐层解码，导出可管理、可执行的关键绩效指标和重点工作内容，保证战略被有效分解到组织与个人。

（3）经营计划。包含过去一年本组织的总体运行情况总结，

以及未来一年各部门的具体目标，如产品、区域销售、客户拓展、服务、品牌、交付策略，以及财务预算、人力资源预算、团队文化建设等内容。

（4）执行计划。部署落实战略规划和年度经营计划下的日常经营措施。包括组织设计、调整，重要岗位识别和人员任用、工作组流程的优化和调整、每项KPI和关键举措责任人、组织绩效和个人绩效过程管理、重大措施里程碑、风险管理等。

SDBE的六力包括领导力、战略力、洞察力、运营力、执行力和协同力，涵盖SDBE领先模型及企业管理全过程。在企业战略管理和执行落地过程中，SDBE六力模型能够给各级管理层提供系统思考和务实分析的框架。SDBE六力模型，如图15-2所示。

澄清期望	领导力	战略力	洞察力	运营力	执行力	协同力	总结提升
角色认知	－文化与价值观 －干部与领导力 －领导技能 －变革管理 －数字化转型	－战略框架 －价值洞察 －战略构想 －商业设计 －创新组合	－标杆管理 －技术洞察 －市场洞察 －竞争洞察 －知识管理	－战略解码 －质量管理 －流程管理 －项目管理 －卓越运营	－研发创新 －品牌营销 －采购供应 －服务与制造 －财经与风控 －行政与客服	－HR管理 －组织发展 －绩效管理 －目标管理 －薪酬激励	总结提升

图 15-2　SDBE 六力模型

SDBE六力模型是SDBE领先模型的核心能力要素。六力高效集成、无缝衔接与深度贯通，共同构筑起战略实现的坚固基石，是企业建立流程化组织、实现端到端流程体系落地的有力帮手。

战略是企业经营活动的风向标。战略发生变动，相应的流程必须做出调整。而SDBE领先模型为企业提供了有效进行战略规划的解决方案，用

第 15 章　流程变革：以战略为指引，以客户为中心，反映业务本质

系统化的方法来指导企业从战略规划制定到落地执行闭环管理。IBM前CEO路易斯·郭士纳认为："一家企业有效的战略执行是建立在三个基础之上的，即世界一流的业务流程、战略的透明性及高绩效的企业文化。"

15.2
流程变革时机与导向：聚焦战略目标，指向作战和胜利

企业犹如一个生命有机体，在发展过程中不断地产生熵，并逐渐趋近于熵的最终状态，即"死亡"。要摆脱"死亡"，有质量地"活着"，唯一的办法是从环境里不断地汲取负熵。企业通过管理变革，持续打造并升级管理体系，向外界不断吸取能量，就能实现高质量、可持续发展。

在瞬息万变的市场环境中，企业如何精准捕捉流程变革的良机，实现持续领先呢？要紧抓战略目标调整窗口。当企业的战略目标发生变动后，要及时优化流程，使其指向作战和胜利，提升营收和利润，实现"活得久""活得好"。

15.2.1　晴天修屋顶！在企业最好时进行变革，跳出舒适区

在晴天时修屋顶，在顺境中准备应对未来可能面临的挑战与变化。企业要在最好的时候，抓住变革机遇，构建简洁、高效的流程体系。此时，企业在变革中主动从容，内部阻力相对小；同时，有充足的人、财及物来支撑流程体系建设，毕竟流程建设对企业来说是一种投资。

【案例】彭明盛：变革要趁好时光

2002年10月，彭明盛接替郭士纳成为IBM新首席执行官，开启了IBM的新征程。此时的IBM，已经完全摆脱了20世纪90年代初期每况愈下的境地，回到了巅峰期的状态。

但是彭明盛看到，企业的价值观还是老沃特森提出的3条准则：第一，个人必须受到尊重，IBM每个员工都确信，只要努力就有机会晋升较高职位；第二，顾客必须得到最佳服务；第三，追求卓越。产品和服务无差错、无次品，是企业永恒的目标。这已经与当时的外部环境和IBM的转型环境不相符了。

于是，彭明盛在2003年发起了IBM文化变革，组织了一场全员参与的价值观即兴创新大讨论。30万名员工都可以在线上发出自己的声音：什么才是新时代的IBM应具备的价值观？全员经过讨论后决定："成就客户，创新为要，诚信负责"3项准则是IBM的新价值观。

IBM推动业务结构的调整，提出"随需应变"战略：将个人计算机业务剥离，全面进入知识服务、软件和顾问等市场，向客户提供解决方案。同时，IBM收购了普华永道与多家软件企业，力求为客户提供从战略咨询到解决方案的一体化服务。

2011年，IBM营收达到1069亿美元，净利润为159亿美元，创历史新高。到2012年彭明盛卸任的时候，IBM已经从一家以硬件为主的企业转变为以软件服务为主的企业，硬件收入只占全部收入的17%，员工达到34.5万人。

这给了众多企业一个启示：变革要趁好时光，在晴天修屋顶，锻造企业的核心竞争力，以确保始终拥有市场竞争优势。

我们可以通过马利克曲线（变革与业务增长模型），如图15-3所示，来阐述企业为什么要在最好的时候进行变革。

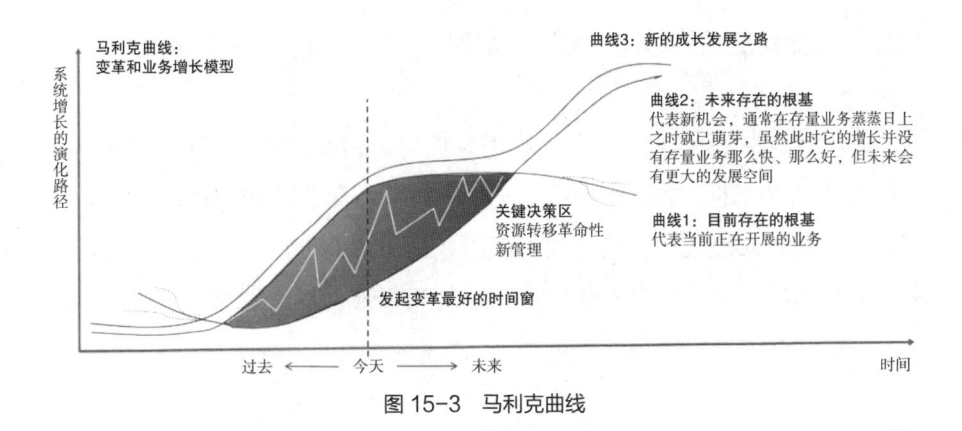

第15章 流程变革：以战略为指引，以客户为中心，反映业务本质

图 15-3 马利克曲线

观察图15-3，可以看出：

（1）曲线1代表目前存在的根基。企业的业务随着时间的推移，会出现增长放缓的情形，并逐渐出现下降的趋势。

（2）曲线2代表未来存在的根基，通常在存量业务发展蒸蒸日上时开始孵化，是对未来的投资，类似我们说的"吃着碗里的、看着锅里的、想着田里的"。曲线3代表企业新的成长发展之路。

（3）曲线1和曲线2交叠的区域代表当下业务与未来机会并存。

曲线1和曲线2的交叠部分决定了企业的未来。它代表着企业业务发展的最好阶段，也是企业发展的关键决策区。此时，企业业务在高速增长的同时，也埋下了未来发展的种子。华为抓住了这一时间窗，持续引入IPD、LTC流程，朝着曲线3前进，实现基业长青。而发起流程变革最佳的时间窗就是马利克曲线中的"今天"或之前的某个位置。

简言之，抓住流程变革的时机就是要"在合适的时机做合适的事情"。当企业开始出现战略重大调整、业务陷入发展瓶颈、内部运营效率低、进入新的发展阶段、新业务无法破局、重复地做一件不成功的事情等信号时，就是流程变革的最佳时机。企业应在此时主动走出舒适区，勇于变革，坚持奋斗，实现自我超越。

15.2.2 流程变革的导向是简洁、实用、灵活，目的是业务发展

美国管理思想学家、流程再造理论提出者迈克尔·哈默说："为客户创造价值的是流程，而不是哪个部门。"为了确保业务的持续运作，企业必须设计有效的流程；而要实现多部门或岗位之间的协同运作，企业需要实施细致的流程管理。由此表明，企业的流程建设要以客户为中心，聚焦客户价值创造，为业务发展服务。

【案例】华为聚焦为客户创造价值，匹配一线作战的敏捷流程

任正非在2015年市场工作会议上的讲话中指出："变革的目的就是要多产粮食（销售收入、利润、优质交付、提升效率、账实相符等等），以及增加土地肥力（战略贡献、客户满意、有效管理风险），不能对这两个目的直接或间接做出贡献的流程制度都要逐步简化。这样才可能在以客户为中心的奋斗目标下，持续保持竞争优势。"

他还强调，华为要接受瓦萨号战舰（17世纪由瑞典建造的当时世界上最大炮舰，在处女航中沉没）的教训。战舰是用来作战的，任何装饰都是多余的。

"未来五至十年，我们将从中央集权式管理，逐步变为让听得见炮声的人来呼唤炮火。当前正在进行的管理从以功能部门为中心，转向以项目为中心的过渡试验，就是对这种模式的探索。若五至十年后，我们能实现管理权利下沉，后方支持的优质服务质量上升，那么及时满足客户需求的能力就会增强，我们就能在汹涌澎湃的大流量中存活下来。"

"在一些稳定的流程中，要逐步标准化、简单化，提高及时服务的能力，降低期间成本和管理成本。"

不难看出，华为的流程变革就是要作战、打胜仗，所有的流程都要围

第 15 章　流程变革：以战略为指引，以客户为中心，反映业务本质

绕这个目标来设计。流程不论大小，要尽可能简洁、实用，让人一看就懂，一做就能上手。更重要的是明确责权利，保证流程执行的灵活性，以客户为中心。"让听得见炮声的人来呼唤炮火"就是将权利下放至一线，后方提供人、财、物支持的典型案例。

15.2.3　流程一定要落地，不落地就是一堆废纸

流程不落地就是一堆废纸。一些企业在完成流程优化后，流程发挥的作用却并不明显。很大程度上是因为流程没有落地，出现这种状况的原因不外乎几种：一是流程执行者本身流程管理素养不够，导致流程执行出现偏差；二是流程被各部门束之高阁，导致流程被架空，没有传导至执行层面；三是企业无法长期坚持，流程常常被例外行为打破，导致流程形同虚设。流程落地并非易事，企业需要有极大的定力，否则好流程只会出现在纸面上。

【案例】解决 D 企业流程变革无法落地的问题

一家中型企业 D 正处在发展中，邀请我们做供应链流程诊断。笔者的团队了解到，这家企业看到同行的供应链流程效果很好，解决了采购、生产、仓储运输管理中诸多问题，于是投入资源进行了供应链流程优化，并将其与 ERP 系统进行集成。结果供应链集成流程发布后，很长一段时间内，一些部门反应效果不佳。比如原来只需要签纸单货物就可以入库，但是现在每到入库环节就被卡住，需要等好久。经过分析，原来是上一道工序未能按时报工，货到了仓库，自然办不了入库手续，效率反而还不如从前。经过半年折腾，大家又回到了原来的做事方式。

针对这些问题我们做了详细诊断，经过走访，发现一些部门缺少流程管理的专业人才支持，许多流程执行者觉得太麻烦，干脆按原来的方式操

作。同时，ERP与流程集成后，企业没有进行长期全员培训，导致大家普遍不适应。针对这些问题，我们给出了解决方案，并做了长期辅导和追踪，直至流程落地，并得到良好执行。

流程落地是实现流程变革的一个重要环节。这需要企业全盘考虑，综合分析，这里动一下，那里做一做是不行的。通常情况下，流程落地遵循"模板化、集成化、信息化"的模式。模板化是指将繁杂的业务流程活动进行标准化处理，形成一套规范的操作模板，让所有员工迅速找到对应操作步骤，以统一的方式输出；集成化是指在流程执行中，将分散的资源进行顶层设计、有效整合，避免资源浪费，提升整体运作效率；信息化是指借助现代信息技术手段，将流程固化到信息化系统中，也就是常说的"上线"，对流程执行实时监控和数据分析，发现问题并进行调整，确保流程被高效执行。

企业可以用这三种模式共同推动流程的顺利落地。流程落地执行力提升模型如图15-4所示。

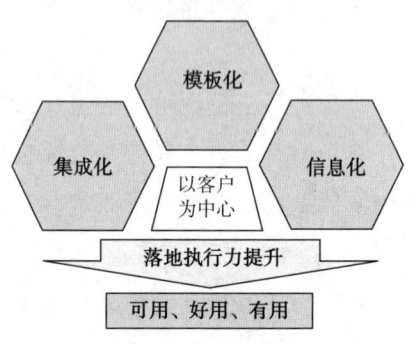

图15-4 流程落地执行力提升模型

这里，我们提供了一个流程落地的思路。企业不论采用何种方式、手段都要确保流程落地。任何变革，流程优化也好，流程再造也好，最重要的是一定要落地，否则再好的流程也形同虚设。流程变革不仅要关注开端、展开，更要注重流程的变革项目是否落地。

第 15 章　流程变革：以战略为指引，以客户为中心，反映业务本质

15.3

流程变革思想：打造混凝土团队，保障价值产出

为了最大限度提升流程变革的成功率，德石羿借鉴华为流程变革成功实践及自身多年咨询实践，在流程变革时融合多元化人才，组建一支角色齐全的混凝土团队，压实责任，协同作战，保障变革项目的质量，确保对企业产生价值。

15.3.1　构建混凝土团队，协同作战，共同为业务成功负责

无论组织重构、流程建设，还是市场营销、战略实施，都必须依靠人才的支撑。而且流程变革涉及领域广，需要精通不同领域业务、富有创造活力的人才加入流程体系建设，实现协同。此时，构建混凝土团队是最佳选择。华为终端业务崛起的关键原因是以消费者为中心，构建包括华为兄弟部门人才、快速成长的年轻干部、业界明白人及高校毕业生的混凝土团队，与全球业界最优对标，做好用户体验，提高作战能力。

【案例】业务要懂财务，财务要懂业务，形成坚固的混凝土体系

"业务人员要懂财务，财务人员要懂业务，这有助于形成坚固的混凝土体系。一线工程师懂配置、懂工程，也曾与我们一同爬冰卧雪，为什么不让其中一部分人转岗去做项目核算经理呢？一部分人从优秀的核算经理到预算经理，再到计划管理，不就是项目CEO吗？即使仅做核算经理，也可以再干20年。当然，财务人员也可以担任此责。这批有实践经验的人员，要在财务经验上丰富自己的业务经验，螺旋式上来。"

业务螺旋到财务，财务螺旋到业务，机关螺旋下去，基层螺旋上来，这样的螺旋运动，使得我们能够形成一个非常坚固的混凝土体系。

打造混凝土团队的主要作用有：给企业培养综合型人才，储备干部；更好地适应业务场景，保障产出。

在流程变革中，同样也需要组建角色齐全的混编团队，为流程变革项目成功落地提供强有力的保障。其中，业务主管担任教练，激发团队潜力、推动团队进步，与专家组成员携手把项目做成功。

【案例】零售企业M组建混凝土团队，对项目成功负责

为压实责任，确保M企业流程变革过程可控，价值产出有保障，我们组建了一支由M企业多元化人才与德石珝顾问专家构成的角色齐全的流程变革项目团队，如图15-5所示，共同对项目成功负责。其中，M企业人员要想加入该团队，必须满足三个条件：第一，深度参与，全身心投入变革之旅；第二，做出表率，带领下属积极拥抱变革所带来的变化；第三，有成功实践经验，愿意迎接挑战。

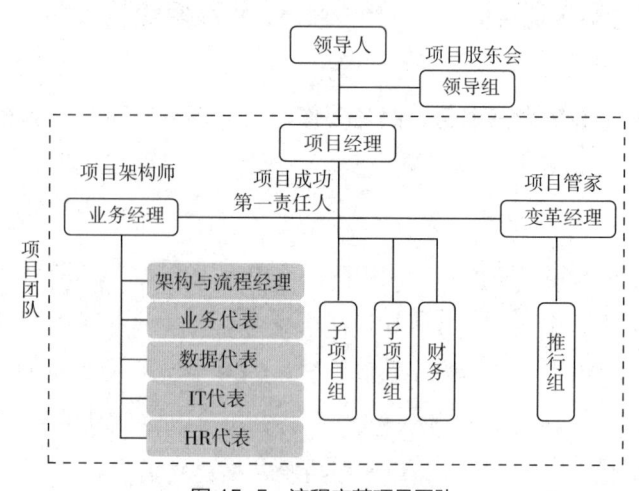

图15-5 流程变革项目团队

第 15 章　流程变革：以战略为指引，以客户为中心，反映业务本质

变革是一把手工程，必须在流程变革项目团队的领导组加入利益干系人。M 企业流程变革项目形成了项目经理、变革经理、业务经理的铁三角团队。其中，项目经理具备出色的领导力、丰富的业务经验，负责变革管理；变革经理管理变革和人相关的部分，并负责变革落地；业务经理负责整体解决方案和跨部门专业人员的协同。

企业在流程变革中应秉持大胆、开放原则，积极地融入多元化人才，建设匹配业务、专业精深且富有创造力的混凝土团队，共同推动流程的成功落地。

15.3.2　通过流程众创，实现"转人磨芯"，将能力建在组织上

一家企业能否长久发展，短期看财务状况，中期看商业模式，长期看组织建设。组织建设看似是不紧急的事情，却决定了企业的长久发展。当企业走上流程变革之路时必然会面对来自参与人员的阻力。这个时候企业的决策者必须及时干预，提升变革参与人员的能力，确保其能力满足流程变革所需，进而成为流程变革的推动者和执行者。

（1）利益变革的利益干系人

企业在流程变革过程中，并不是所有人都愿意遵从指挥，我们必须想办法区分利益干系人，并进一步找出对策。

【案例】华为在数字化转型中划分利益干系人

华为在数字化转型过程中，按照变革意愿和影响变革的能力，用四象限法对变革的利益干系人进行初步分类。利益干系人四象限分类如图 15-6 所示。

华为通过差异化的策略不断扩大变革的同盟军，最终形成"以多打少"的局面，为变革争取广泛支持与良好的发展环境。

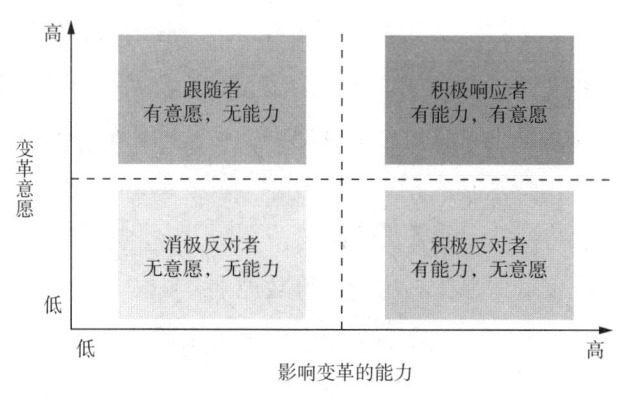

```
           高 ┤
              │  ┌─────────────┐   ┌─────────────┐
              │  │   跟随者    │   │  积极响应者 │
              │  │ 有意愿，无能力│   │ 有能力，有意愿│
   变         │  └─────────────┘   └─────────────┘
   革         │
   意         ├ ─ ─ ─ ─ ─ ─ ─ ─ ─ ─ ─ ─ ─ ─ ─ ─
   愿         │
              │  ┌─────────────┐   ┌─────────────┐
              │  │  消极反对者 │   │  积极反对者 │
              │  │ 无意愿，无能力│   │ 有能力，无意愿│
           低 │  └─────────────┘   └─────────────┘
              └──────────────────────────────────
                低        影响变革的能力        高
```

图 15-6　利益干系人四象限分类

消除阻力的过程就是扩大同盟军的过程，即争取跟随者、积极响应者、积极反对者的支持。利益干系人对变革的不理解、变革本身的不确定性、观念和习惯的改变、利益的调整等，都会给变革带来重重阻力。在变革中，利益干系人的真实意思往往不是通过简单沟通、表象分析就可以识别的，需要深入挖掘产生阻力的根因，消除阻力。

（2）"转人磨芯"

流程变革最大的挑战是改变人的观念、意识和行为。华为参考业界的调查发现企业开展的变革失败居多，导致失败排名前3的原因有员工抵制、领导层支持不足、期望过高，第4个原因则是项目团队技能不足，这些都是与人有关的问题。

【德石羿观点】"转人磨芯"

结合多年的咨询辅导实践，德石羿对"转人磨芯"形成了自己的理解。

转人：通过"训战结合"，帮助企业人才实现技能转换和能力重构，进一步增强企业活力。

第15章　流程变革：以战略为指引，以客户为中心，反映业务本质
CHAPTER 15

> 磨芯：帮助企业改变员工的观念、意识和行为，提升员工参与变革的意愿和能力，从而跟上企业不断发展的步伐。

如何实现"转人磨芯"？答案是通过流程众创的方式，将人的业务能力建立在组织之上。我们在追求短期效益的同时，也应锻造"营盘"的能力，即如何把能力建在组织上。让组织从依靠"少数优秀员工个人能力"成功，向依靠"系统的强大组织能力"成功转型。

【案例】华为在南美洲某国通过流程众创，打通适合本地的流程

2011年之前，华为在南美洲某国一年开十几万张发票，高峰时有200多个人负责开票，但错误率很高，导致客户退票、多交税等情形时有发生。早在2011年4月该国代表处上线ERP，但在做用户测试的时候没有跑通，三个月开不出一张票。为了解决这个问题，地区部总裁亲自主导变革，成立了联合变革项目组，委任林峰（化名）为变革项目组组长。变革项目组与业务团队每周五上午开会研究变革方案，从各方面提升从PO到开票整个流程的能力。期间讨论并确定了变革的节奏，必须坚定不移地推行总部变革方案，辅导业务疏通开票流程，保证大家都按照流程执行；同时制定标准方案，充分调研本地市场及相关法律法规，满足一线需求，在企业级财务流程下增设该国开票子流程，并打通整个开票流程；牵引客户走向标准业务场景，帮客户做预PO，客户确认后直接扫描关键信息进入ERP系统，后面自动匹配税率，这样开票的税率都是一致的，最终就能开出正确的发票了。

在变革项目组与业务团队和客户的共同推动下，成功打通了整个PO，不仅能开出正确的发票，交付能力也迅速提升。

可以发现，流程变革项目类型多样，输出的方案复杂程度各有不同，推行活动也有很大差异。因而变革人员与业务人员可以通过流程众创的方式确定解决方案，即共同参与讨论，确定流程变革方案，研讨确定流程变革路径、节奏与强度等，并指导客户开展流程落地实施，从而逐步使客户拥有流程管理能力，将能力建在客户身上。这样不仅能让所有的利益干系人捆绑在一起、协同作战，而且还能保障流程方案的可行性和可落地性。

15.3.3 培养熟悉业务流程的金种子，播撒到各地，生根、开花、结果

企业开展流程变革，需要一批信仰流程的人。只有对流程有信仰，才能更好地去建设流程、推行流程。因此，德石羿会为客户培养一批对流程有信仰的金种子，让他们去一线"播种"，传播先进的流程理念与建设方法，增强一线的流程意识，进而生根、开花、结果，更好地支撑流程变革落地，夯实长期发展的基础。

培养金种子的方式主要有：第一，训战赋能。通过开展流程相关知识的赋能与训战，提升金种子的专业能力与流程意识。第二，导师带教。通过传帮带，带领金种子做事，不断总结提高；教金种子方法技能，夯实金种子的专业能力。第三，轮岗/在岗实践。让金种子在工作实践中，更快熟悉先进的流程理念与方法工具，独立开展工作。

【案例】华为在实战中培养金种子，促进落地

华为在LTC和IFS的推行中，强调一线要加强变革学习，按全球部署的变革落地节奏，有计划、有步骤地进行，并通过训战赋能培养大批人才。华为在选取试点和推行代表处后，华为大学与LTC和IFS两个变革项目部联合起来共同负责人才选拔与考核，华为把这些变革人才比作金种子。学员自学参加考试，通过后进入面试，符合条件的进入种子营。这些

参与的人才全部来自一线。华为强调让**有实践经验的干部、一批优秀的项目经理走上管理岗位。此举是为了强调变革中的人才成长与质量提升。**

华为将金种子以 3 到 5 人为一组投入一个代表处。在华为看来种子没有发芽不算数，要到战场去实践，经历风吹雨打，在项目里生根、开花、结果。同时，华为大学在后方做好 LTC 和 IFS 的专项赋能，涵盖八大员及铁三角。少数特别优秀员工，到最艰苦的国家去快速成长，一是提升技能，二是磨炼意志。

训战赋能、在岗实践是华为培养金种子的模式。让金种子在实践中夯实能力，提升技能，并播撒到各地。

许多企业在流程变革中只是把人聚集到一起培训几次，就认为可以让流程轻松落地。殊不知光有理论知识，缺乏在一线业务部门的实操经验，在落地流程变革时仍然会遇到很大的阻力。通过培养掌握业务流程和建设方法论的金种子，让他们到一线指导新流程体系的落地，不仅能有效降低变革的阻力，还能让金种子在实践中磨炼意志，积累更多的经验，从而逐步成长为将军。同时，还能将流程建设能力固化在组织上，成为组织的作战能力。

15.4

掌握变革的强度和节奏，支撑业务稳健发展

企业在流程变革中要掌握变革的强度与节奏，遵循先胜后战与 7 个反对原则，按照先僵化、后优化、再固化的指导方针，分重点、有节奏地推进流程建设工作，以支撑业务的稳健发展。

15.4.1 先胜后战，渐进式推进流程改良

企业的流程变革要的是结果最优化，而不是一场轰轰烈烈的运动。一次变革投入大、参与人员多、管理复杂，需要配套支撑。为确保流程变革的落地，流程体系的搭建需要渐进式推进，形式主义不是企业所期望的。

（1）分阶段展开变革，从虚到实

首先，展开积极培训，提高干部对流程变革的思想认知，熟悉和掌握流程变革的方法，让变革顺利导入；其次，流程变革要先行试点，总结经验教训，培育流程管理专业人才；最后，逐步推广并不断复盘，巩固成果。如此，流程变革则可渐入佳境，如图15-7所示。

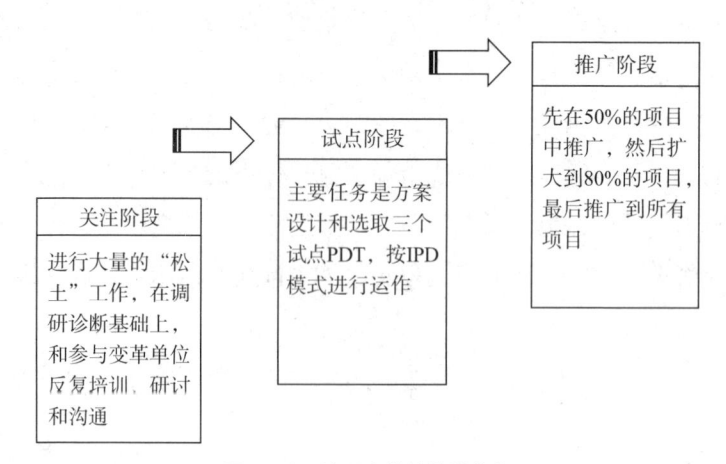

关注阶段：进行大量的"松土"工作，在调研诊断基础上，和参与变革单位反复培训、研讨和沟通

试点阶段：主要任务是方案设计和选取三个试点PDT，按IPD模式进行运作

推广阶段：先在50%的项目中推广，然后扩大到80%的项目，最后推广到所有项目

图 15-7　流程变革的推进节奏

（2）保持战略定力，稳扎稳打

流程变革并非一蹴而就，而要小心翼翼、踏踏实实、一步一个脚印，要保持耐心。有企业急于看到成果，看到流程变革持续几个月甚至是一年还未见成效就急不可耐，觉得方案不行，这是流程变革的大忌。要知道，流程变革并不会一帆风顺，甚至会倒退，这时就要求领导者有很强的定力，为流程变革提供强有力的支持。

第15章 流程变革：以战略为指引，以客户为中心，反映业务本质
CHAPTER 15

【案例】华为IPD变革稳扎稳打，不冒进

华为1998年8月启动调研，到1999年4月启动IPD体系建设，2001年7月导入试点项目运行，IBM顾问的密集服务期持续了27个月。

在华为的IPD变革刚开始时，各个产品的研发PDT已有雏形，各种计划、文档、研发活动按IPD模式进行。

当时研发流程使用的是IPD1.0，IPD的效用没有完全发挥出来，内部只是在研发活动的称呼和重要文档的输出上模仿IPD1.0的规定，IPD的核心组决策、IPMT的决策评审等未被执行，只是在两个产品线上试点。这一过程持续到2001年。

2001年，华为流程变革项目组规定，30%的产品线必须严格按照IPD2.0流程运作，其他产品线继续按照IPD1.0流程运作。

2002年，华为规定年底所有产品线，必须完全按照IPD2.0流程运作。此时，支撑IPD流程的相关人事、财务和绩效考核等制度都已建立起来。同时，华为从高层领导到基层产品开发人员对IPD的思想和流程有了比较清晰、深入的认识，华为已经具备全面推行IPD的客观条件。2003年，华为的IPD体系升级到了3.0版本。

截至2021年，华为的IPD已经优化超过了8个版本，跟20年前相比，已经发生了巨大的变化。华为IPD流程已经成为一个能够自我优化和迭代的有生命的机制，推动着华为从偶然成功不断走向持续成功。

华为的IPD流程变革不追求速度，稳中求进，这种方法值得众多谋求流程建设的企业借鉴与学习。

（3）平衡流程变革的各个环节

在流程变革中，要把握先后顺序。通常情况下，流程推广优先从内部环节开始。内部环节基本完成整合后，再整合外部环节，减少对高盈利业

务、大客户、优质供应商的冲击。

> 【案例】华为流程变革先完成内部环节整合，再向价值链的上游和下流延伸

华为前副总裁费敏在回顾华为业务变革时曾指出，业务流程变革几乎覆盖其价值链的各个环节，但唯独没有涉及CRM（Customer Relationship Management，客户关系管理，包括营销、销售和服务）部分，主要出于两个原因。

一是当时市场营销是华为的生命线，如果出现问题，将给收入带来灾难性后果。因此对于涉及营销系统的组织与流程变革华为非常谨慎。

二是2000年之前，华为主要面对的是国内市场，关系营销模式比较普遍，业务流程的作用不明显。

华为的业务流程变革先完成企业内部环节的整合，再向价值链的上游（供应商）和下游（客户）延伸。其中，内部环节的变革先从产品开发等价值链的间接环节开始。经过5年的业务流程重整，华为基本建立起了完整的端到端的业务流程。

企业在流程变革中要审视业务链条，挑选合适的环节优先展开变革，先内后外，先主后次，先点后面，避免大拆大建式的流程变革方式。这样推进流程变革，能让企业在巩固前期变革成果的同时，实现健康且可持续发展。

15.4.2　流程变革遵循7个反对原则

优秀的企业里聪明人十分多，主意也十分多。这对业务发展有利，却对流程变革非常不利。他们充满热情，会认为："这个程序只能提高70%

第15章 流程变革：以战略为指引，以客户为中心，反映业务本质

的效率，我能提高到90%。"结果牵一发而动全身，流程效率反倒下降，成本也增加了。

【管理实践】变革中要遵循7个反对原则

（1）坚决反对完美主义。不存在完美的流程，它是发展的、改变的，外部世界也在变，时间不等人。

（2）坚决反对烦琐哲学。不要烦琐，尽量简化，能够两步走的就不要增加到三步四步，对于客户来说越简单越好，管理内容也是越简单越好。

（3）坚决反对盲目创新。有很多创新是被允许的，但是不支持盲目创新，没有经过实践验证的创新是要反对的。

（4）坚决反对对全局效益提升没有益处的局部优化：只看自己那一块，没有全局观念。华为强调，如果这项变革只能给一个部门带来利益，对华为整体却毫无益处，那就保持稳定，不要去修改它！

（5）坚决反对没有全局观的干部主导变革。参与变革的人员要有全局观进行运作协同。如果主导变革的干部都不理解变革的目的，就要让路。

（6）坚决反对没有业务实践经验的人参加变革。变革就是把以前的成功经验进行复制并建立体系，如果参与变革的人不懂业务，他能有成功经验吗？参与变革的人是要有业务经验的。华为强调，变革的干部需要有丰富的实践经验。

（7）坚决反对对没有经过充分试验的流程进行使用。流程在正式推出之前要进行试点。试运行完了以后再去做适当推广，一直到最后的全面推广。

此外，在流程变革中，企业要倡导积小胜为大胜的理念，设置一些短期、速赢目标，阶段性地进行庆祝，让大家在保持合规的同时，始终保持热情。历经多年咨询实践，笔者总结出流程变革的7个一定原则：

（1）凡是不对准客户的流程，一定删除；

（2）凡是那些跨部门的流程，一定集成唯一流程文件；

（3）凡是那些优秀成果积累而成的流程，一定配套流程图、标准化模板；

（4）凡是能使用流程图表述的，一定要文字简练；

（5）凡是已实施的流程，一定要定期评估并持续优化；

（6）凡是能总结提炼的经验，一定要总结且凝练；

（7）凡是能实现信息化的流程，一定要通过信息化来固化。

企业在流程变革中，要遵循7个反对与7个一定原则，渐进改良、优化，无穷逼近合理。

15.4.3　流程变革要削足适履，先僵化、后优化、再固化

企业的流程变革不能摸石头过河，要向业界的标杆企业学习，复制先进流程体系。标杆企业的流程体系往往是经过实践检验的，是可靠的。企业在学习时，需要削足适履，先扔掉使用多年的裹脚布，狠下心给已经被缠得变形的脚，修成正常的脚的样子。这样才能穿上合脚的新鞋，走路更稳、更快。

要削足适履，穿上合脚的鞋，需坚持"先僵化，后优化，再固化"的流程变革三部曲。

（1）先僵化

先僵化，即僵化式学习，就是在流程变革的最初几年里，原样照抄。学习标杆企业是怎样做的，学习先进经验，多听取意见，不要只明白个概念就认为学会了。任正非说："我们一定要真正理解人家上百年积累的经

第15章 流程变革：以战略为指引，以客户为中心，反映业务本质
CHAPTER 15

验，不要刚刚知道一点点，就发表评论。"

【案例】华为IPD变革"五年内不许任何改良"

从1998年初开始，华为开始自己摸索IPD，成立项目组，成员主要是工商管理硕士，制定了一套基于IPD的研发体系变革方案，并进行了推广。这次IPD变革效果不如预期，基本上以失败告终。

无奈之下，1999年初，通过比较分析，华为正式决定花高价请IBM顾问来帮忙解决问题。

这也是任正非一再强调流程变革要先僵化的原因之一。他一再强调管理方面主要向IBM学习，先学会IBM的管理方法，再考虑学习其他的管理方法。

当时，面对研发部和市场部的抵触，1999年11月16日，任正非在IPD第一阶段总结汇报会上提出"先僵化，再固化，后优化"的变革方针，五年内不许任何改良，五年之后局部改动，十年以后才能结构性改动。

（2）后优化

僵化是阶段性的。僵化是一种学习方式，不是固步自封。等流程规范了、稳定了就可以进行优化，进入优化阶段。但这个改进不是全盘否定，要坚持改良主义。在流程优化方面要坚持"小改进大奖励，大建议只鼓励"的理念。大刀阔斧地改进，很可能破坏企业已经落地的流程体系。

譬如，笔者在辅导某企业开展流程变革时，当该企业的流程体系规范、成熟了之后，它就可以结合自身业务的发展进行创新。这样变革就从僵化阶段进入了优化阶段。

（3）再固化

优化是一个持续的过程，但当流程运作到一定程度后，会形成相对稳定的状态，这时候就要固化下来，在规范的体系下运行，不能盲目创新。

例行化。流程例行化就是将已有规定或已成为惯例的东西，尽快在流程上高速通过，并使还没有规定和没有成为惯例的东西有效地成为规定。

规范化。流程变革中要将管理理念、管理方法、管理体系、创新、知识技术规范化，形成一套标准。即便过五年、十年，修补一下也可以继续发挥作用。

在僵化的基础上优化，僵化是把先进流程体系照搬，但这些先进流程体系未必全都对企业有利，企业要先用一段时间，观察一下，等确定效果以后，再有针对性地进行改良，这样才能找到最合适的发展路径。

通过坚持"先僵化，后优化，再固化"的流程变革三部曲，把流程变革的结果逐步落到实处，固化到业务中，企业核心竞争力也将得到显著提升，从而为实现商业成功夯实基础。

参考资料
REFERENCES

[1] 黄卫伟. 价值为纲：华为公司财经管理纲要[M]. 北京：中信出版社，2017.

[2] 华为企业架构与变革管理部. 华为数字化转型之道[M]. 北京：机械工业出版社，2022.

[3] 弗朗茨，柯克莫. 埃森哲顾问教你做流程管理[M]. 谭静，叶硕，贾俊岩，译. 北京：机械工业出版社，2016.

[4] 郭平. 常变与长青：通过变革构建华为组织级能力[M]. 深圳：深圳出版社，2024.

[5] 施炜. 管理架构师[M]. 北京：中国人民大学出版社，2018.

[6] 戴维·海姆. 重新定义流程管理[M]. 楚进伟，译. 北京：中国人民大学出版社，2017.

[7] 拉姆勒，布拉奇. 流程圣经[M]. 王翔，杜颖，译. 北京：东方出版社，2014.

[8] 水藏玺. 不懂流程再造，怎么做管理[M]. 北京：中国纺织出版社，2019.

[9] 水藏玺. 业务流程再造[M]. 北京：中国经济出版社，2019.

[10] 黄卫伟. 以客户为中心[M]. 北京：中信出版社，2016.

[11] 陈立云，金国华. 跟我们做流程管理[M]. 北京：北京大学出版社，2010.

[12] 王玉荣，葛新红. 流程管理（第5版）[M]. 北京：北京大学出版社，2016.

[13] 王磊等. 流程管理风暴：EBPM方法论及其应用[M]. 北京：机械工业出版社，2019.

[14] 阿什肯纳斯，尤里奇，吉克等. 无边界组织（第2版）[M]. 姜文波，刘丽君，康至军，译. 北京：机械工业出版社，2016.

[15] 杨勇. 流程即组织力：华为高效增长的业务管理逻辑[M]. 杭州：浙江大学出版社，2024.

[16] 杨国安，尤里奇. 组织革新：构建市场化生态组织的路线图[M]. 北京：中信出版社，2019.

[17] 鲍玉成. 流程让管理更高效：流程管理全套方案制作、设计与优化[M]. 北京：化学工业出版社，2019.

[18] 胡伟，郑超，韩茹. 华为流程变革：责权利梳理与流程体系建设[M]. 北京：电子工业出版社，2018.

[19] 哈默，赫什曼. 端到端流程：为客户创造真正的价值[M]. 方也可，译. 北京：机械工业出版社，2019.

[20] 尤里奇克雷先斯基，布鲁克班克等. 赢在组织：从人才争夺到组织发展[M]. 孙冰，范海鸿译. 北京：机械工业出版社，2019.

[21] 华为项目管理能力中心. 华为项目管理之道[M]. 北京：机械工业出版社，2024.

[22] 刘凤军. 流程与战略协同过最佳实践[M]. 北京：知识产权出版社，2015.

[23] 华为大学. 熵减：华为活力之源[M]. 北京：中信出版社，2019.

[24] 毛万金. 华为变革法：打造可持续进步的组织[M]. 北京：中信出版社，2022.

[25] 胡荣丰，杜晴川，张美军. SDBE卓越运营：战略蓝图的高效兑现之道[M]. 北京：电子工业出版社，2024.